十二五规划教材

中国公共关系实用教程

徐永森　丁乐飞 ● 主编

北京师范大学出版集团
BEIJING NORMAL UNIVERSITY PUBLISHING GROUP
安徽大学出版社

图书在版编目(CIP)数据

中国公共关系实用教程/徐永森,丁乐飞主编.—合肥:安徽大学出版社,2011.7(2013.11重印)

ISBN 978-7-5664-0156-4

Ⅰ.①中… Ⅱ.①徐… ②丁… Ⅲ.①公共关系学—中国—教材 Ⅳ.①C912.3

中国版本图书馆 CIP 数据核字(2011)第 110334 号

中国公共关系实用教程   徐永森 丁乐飞 主编

出版发行:	北京师范大学出版集团 安 徽 大 学 出 版 社 (安徽省合肥市肥西路3号 邮编230039) www.bnupg.com.cn www.ahupress.com.cn
印 刷:	中国科学技术大学印刷厂
经 销:	全国新华书店
开 本:	170mm×240mm
印 张:	14
字 数:	240 千字
版 次:	2011 年 7 月第 1 版
印 次:	2013 年 11 月第 2 次印刷
定 价:	28.00 元

ISBN 978-7-5664-0156-4

责任编辑:王先斌   装帧设计:张同龙
责任印制:陈 如

版权所有　侵权必究

反盗版、侵权举报电话:0551—65106311
外埠邮购电话:0551—65107716
本书如有印装质量问题,请与印制管理部联系调换。
印制管理部电话:0551—65106311

编委会名单

主　编　徐永森　丁乐飞

副主编　钟　瑶　杜　娟　刘建芬　徐小平

编　委（按姓氏笔画排序）
　　　　　丁　晨　史贤华　朱　坤　庄莉红
　　　　　汪　艳　李　明　吴静波　张洪波
　　　　　张晓丽　阿迎萍　陈锦伦　秦元春

目 录

导言　公共关系教材建设的丰碑 ……………………………………… 1

A 部　公共关系基础理论与知识

第一章　公共关系发展历程 ……………………………………………… 3
　第一节　公共关系历史渊源 ……………………………………………… 3
　第二节　现代公共关系在美国的形成 …………………………………… 6
　第三节　现代公共关系在世界的传播 …………………………………… 9
　第四节　现代公共关系在中国的大发展 ………………………………… 12

第二章　公共关系基本原理 ……………………………………………… 21
　第一节　公共关系本质 …………………………………………………… 21
　第二节　公共关系构建元素 ……………………………………………… 24
　第三节　公共关系职能作用 ……………………………………………… 44

B 部　公共关系社会交往与礼仪

第三章　公共关系社会交往 ……………………………………………… 59
　第一节　公共关系社会交往概述 ………………………………………… 59
　第二节　公共关系语言 …………………………………………………… 62
　第三节　公共关系文书写作 ……………………………………………… 68

第四章　公共关系礼仪 …… 79
　　第一节　公共关系礼仪概述 …… 79
　　第二节　公共关系基本礼仪 …… 82
　　第三节　公共关系主要礼节 …… 89
　　第四节　东西方国家礼俗习俗 …… 92
　　第五节　中国民间节日简介 …… 100

C部　公共关系工作

第五章　公共关系工作程序 …… 109
　　第一节　公共关系调研 …… 109
　　第二节　公共关系策划方案 …… 116
　　第三节　公共关系策划方案的实施 …… 124
　　第四节　公共关系评估 …… 127

第六章　公共关系宣传与活动 …… 134
　　第一节　公共关系新闻传播 …… 134
　　第二节　公共关系广告宣传 …… 143
　　第三节　公共关系各种活动 …… 152

第七章　公共关系专项工作 …… 166
　　第一节　危机公共关系 …… 166
　　第二节　谈判公共关系 …… 171
　　第三节　谋职公共关系 …… 174
　　第四节　公共关系案例编写 …… 184

第八章　组织形象设计 …… 193
　　第一节　组织形象 …… 193
　　第二节　组织形象识别系统 …… 198
　　第三节　组织形象设计流程 …… 200
　　第四节　组织标识形象设计的基本技术与手段 …… 204

后语　为公共关系教与学铺好路 …… 211

主要参考文献 …… 213

导言　公共关系教材建设的丰碑

中国现代公共关系是从20世纪80年代开始引进的。随着改革开放对公共关系普及与人才教育培养的迫切需求,各类公共关系读物风起云涌,呈现出一片生机繁荣的景象。30年来国内编辑出版的书著有数百部。这些书著主要包括:广普读物:如手册、辞书、小读本等;专业读物:如公关写作、语言、礼仪、策划、案例等;正规教材,用于各大专院校、中等专科学校、中等技术学校、社会培训,这些书版本众多,影响深远,对公共关系教育起着主导性、关键性的作用。

纵观30年中国公共关系教材的编写、出版与使用,从宏观层面上看,其学科体系完整,内容大同小异,风格正统朴实,主要可分为以下几大类型:

通论型　这类教材用量大、影响广,它是公共关系教材的主流。其内容涵盖中外公共关系理论、实践与知识,其教学目的是普及公共关系知识,提高学习者理论认知水平,打好公共关系教育的基础。如明安香主编的《公共关系学概论》(1986年)、熊源伟主编的《公共关系学》(1990年)、赵传蕙主编的《公共关系学通论》(1992年)、齐冰等编写的《公共关系通论》(1993年)等。还有其他众多版本的同类教材。这些教材用于基础教育,内容主要包括:公共关系的概念与本质、历史发展、功能作用、组织机构与人员、各种传播、行业公关等。20世纪80—90年代,这类教材反复编写出版,对中国公共关系事业的发展和公关人才的培养起着极其重要的作用。

理实并重型　这类教材在阐述公共关系基本理论的同时,加大实务信息和实践操作经验做法的总结说明,理论与实践并举。其体例对正统的通论型教材有所突破,满足了现代公共关系教育的需求。如丁乐飞主编的《公共关系原理与实务》(1990年),汪秀英著的《公众关系学原理与应用》(1991年),王维平、李映洲编著的《公共关系原理与应用》(1992年),李道平、单振运合著的《公共关系协调原理与实务》(1997年),廖为建主编的全国自考教材《公共关系学》(2000年)等。这类教材用了更多、更大的篇幅说明公共关系的工作程序与各项公共关系工作,诸如新闻传播、广告宣传、专题活动、礼仪、日常工作、案例等。教学目的在于提高学生(学员)的素质与实践能力,引导学生(学员)用公共关系的理念、经验、技巧等去解决各种社会问题,为改革开放和各行业组织服务。

中国特色型 这类教材立意创新,对中国传统文化与现实两个文明建设的开拓较为深刻,突破了常用公共关系教科书的编写模式,实现了公共关系理论与实践的中国化。最典型的代表作如翟向东主编的《中国公共关系教程》(1994年),它以中国特色公共关系为主线,深入地阐述了中国传统文化与现代公共关系的融合,落脚点在于为改革开放、市场经济、文明建设服务等。书中用较多的文字书写了中国特色公共关系之路以及现代信息传播、高智能的组织策划、各种技术技巧的运用等。又如崔中义、杨毅著的《中国公共关系论》(1994年),从国情出发,分多种板块,阐明中国公共关系的方方面面。同类的还有其他书著。这类教材学术研究成分明显,运用时虽然难以直接完全地搬上讲台,但其科学思维方法和国情化的探索,启迪价值很大。

实用型 随着改革开放的深入进行和社会需求的扩大,这类教材在新世纪逐渐受到重视和推广。这类教材体例完善,内容充实,实用价值大。实用型教材的最大特点是:密切联系中国经济、政治、文化改革与建设的实际,把公共关系教育的目标、任务落实到实务工作中来,公共关系的经验性、应用性、技术性得以突显。它着力培养的是学生(学员)的实务操作水平和解决各行业的组织实际问题的能力。

如郭惠民、居易主编的公共关系职业培训和鉴定教材《公关员》,一举打破常规教材体例框架,大大压缩了理论知识部分,从沟通协调、信息传播、调研和评估、专题活动、危机管理、咨询方面等对不同等级的公关员标示出不同的技术要求,全书编写体例和风格清新实在。

又如徐永森、丁乐飞主编的《中国公共关系实用教程》,提出了公共关系教学的新思维和新模式,其主导思想重在实践应用,花大力气把教材编写的学科体系和教学的重心从通论性转化到应用性上来。全书总结了多年公共关系的实践经验与技能,分三大块,弱化了基础理论知识,细化了社交礼仪,大篇幅传授公共关系实务工作的经验、做法、技术技巧等各项实际工作。为了提高实践效果,每章除正文外,增添了"提要"、"案例点评"和"练习设计"等栏目,使学生(学员)学了能用,用了有效。

此类教材还有很多,诸如李兴国主编的《公共关系实用教程》、曾宪植等编写的《公共关系实务大全》等。

回顾中国公共关系教材建设发展的30年历史,其学科体系、主体内容、传播使用总体上是科学的、规范的、平稳向前推进的。当然,在各个不同时期,各类教材又有着微观的区别,即表现为不同的纲要、内涵和风格。20世纪80年代及90年代初期,中国公共关系教材建设较多地吸收了外来的营养,借鉴了外国的理念和经验,坚持拿来主义,洋为中用,改头换面,自成体系。90年代中后期,中国公共关系教材建设在积累一定实践经验和理论探索的基础上,大量充实了国情内涵和应用特色,或整体、或部分地改造了前期教材,实现了一次提升和飞跃。新世纪因为国内外一系列重大问题的出现和急需解决,公共关系有了更大的发展空间。考验和机遇同现,解决社会组织的各种问题,培养更多有实际工作能力的人才,充分展示公共关系的生命力和前瞻性,成为中国公共关系教材建设新的历史使命。总之,中国公共关系教材建设走过的历程和它取得的业绩,铸造了一座丰碑,值得赞赏,值得珍惜。

(本文发表于《公关世界》2010年第2期 作者丁乐飞、徐永森、王先斌)

A 部

公共关系基础理论与知识

第一章　公共关系发展历程

【本章提要】　公共关系源远流长,远在古中国、古希腊、古罗马时期就有原始的公共关系思想哲理和实践活动。现代公共关系形成于20世纪初的美国,后传遍世界各国。20世纪80年代初现代公共关系引进中国,30年来发展迅猛,成绩卓著。

第一节　公共关系历史渊源

一、古中国的关系哲理与游说

中国古代公共关系的萌芽早于古希腊和古罗马。早在春秋战国时期,中国的思想与言论就较为自由活跃,那时便出现了百家争鸣、百花齐放的文化盛世。当时产生的士阶层,在社会上举足轻重,深受各诸侯君王的器重与信赖,形成策士游说成风、舌战宣讲艺术发达的历史局面。那时的哲学、教育、文化思想,构成了中国古文化的一个高峰。

(一)关系哲理

中国古代的关系哲理十分丰富,影响深远。孔子主张仁爱、爱人;他看重人、宽待人、依赖人;提倡"和为贵",礼为尚,强调君臣关系,为人处世讲究和谐。墨子主张兼爱,交相利,互惠互利,不能只顾自己损害别人;用人以德、贤、贡献为准,公平竞争,民主、平等,反对终身制。孟子主张仁、义、礼、智;以民为本,民为贵,社稷次之,君为轻;与民同心同乐,听政于民,施教于民。在古中国,先哲们的仁、和、互利、民生等主张蕴含着丰富的原始公共关系的理念,至今对中国特色公共关系的建设仍有重要的借鉴意义。

（二）策士游说

春秋战国策士游说兴起。当时周王朝衰落,各诸侯国相互倾轧,战争连年。一些有识之士利用自己的智慧和劝服的优势,穿梭于各国之间,游说献策。据《战国策·秦策》所载:当时周王室衰微,群雄并起,倾轧兼并,战争不断,关系纵横,外交穿梭,阴谋诡计,局面错综复杂。各诸侯国为保存和壮大自己的力量,大量启用策士进行游说,论辩成风,造成战国时期崇尚策士、辩士,积极倡导游说活动的历史风尚。各国策士利用自己的观点主张以及演说的口才,四处游说。他们或分析时势,因人而发,如商鞅说服秦王改革;或辩是非,解疑难,攻心动情,如触詟说赵太后;或寓理于物,巧喻显理,如邹忌谏齐王时的比美等。其中最典型、影响最大的游说活动,就是闻名古今的纵横之争。战国时期的游说活动遍及诸侯各国,涉及政治改革、经济发展、军事战争等,促进了诸侯国内的上下沟通,处理了各诸侯国之间的争斗关系,从思想上、心理上、感情上、策略上加强了政权建设。战国游说开启了言论自由的先河,发扬了民主政治的风气,许多游说的策略技巧值得现代公共关系借鉴。

二、古希腊论辩术

古希腊推行民主政治,对话、演讲、论辩受到重视。在公元前4世纪,一批从事法律、道德、宗教、哲学研究与宣传的教师和演说家在社会上十分活跃,他们被史学家称为诡辩学者。这些人利用当时大民主的社会环境,漫游各地进行讲学,对政治和社会问题发表意见,并与不同观点的对手进行论辩交锋。他们是世界上最出色的论辩专家和思想教育家,其出众的代表人物有柏拉图和亚里斯多德等。

柏拉图是古希腊著名的教育家。他长于论辩和宣传。他认为论辩术是国家政权建设与进行民主管理的基本技术与条件。为了培养人才,他在雅典郊外办了一所学园即柏拉图学园。他提出对国家管理者要进行专门的、系统的论辩教育。他还认为要维护国家的安定与统治,必须重视舆论宣传,宣布政务的实施,规劝和收拢人心。他把演讲论辩的口头宣传看成国家管理与人际交往的重要手段。

亚里斯多德是古希腊著名的哲学家，《修辞学》就是他的代表作之一。这部著作讲的是语言修辞的艺术。他强调语言修辞在人际交往和宣讲中的重要性。他认为，修辞是沟通政治家、艺术家和社会公众相互关系的重要手段与工具，是寻求相互了解与信任的艺术。他指出，在交往沟通中，要用感情的呼唤去争取公众的了解与信任。要从感情入手去增强宣讲和劝服艺术的感召力和真切可靠性。他从语言修辞和情感感化诸方面，阐述了传播沟通的必要性及其基本原则与手段。《修辞学》中包含着丰富的公共关系思想与技术，被西方学者视为最古老的公共关系经典之作。

三、古罗马宣讲活动

古罗马的原始公共关系意识晚于古希腊，其宣讲活动形式也不同于古希腊。古罗马的宣传家们以律师、名人和帝国颂扬者的面目出现。他们通常利用大型的群众集会以及游行、庆贺的场合、方式，为贵族和帝国的统治者唱赞歌。他们的宣讲活动多以维护国家的尊严和为贵族、元老歌功颂德为主要内容。当然，他们也尊重公众舆论的价值，他们认为"民众之声是上帝的声音"。他们创造了"公众赞成"、"公众反对"的表态方式与语言词汇。古罗马的宣讲活动是以公众性的集体宣教代替了古希腊的个人论辩，其宣传效果影响更大，更有集中性。其最具代表性的人物是恺撒。

恺撒在政治上推行民主，他是一位精通沟通之道、善于言辞的军事家与政治家。他在任职期间，首设"每日纪闻"公告牌，公布元老院的活动，争取平民对政府的了解与支持，让平民及时了解国家大事。在罗马出军远征时，恺撒作为军事统管，经常派使节携带军事战况返回罗马，在广场向公众宣扬战果。他不仅塑造了罗马民族的自尊与自信，而且不断树立自己的"神圣"形象。他在高卢任职期间，安抚部落，架设桥梁，抵御日尔曼人的入侵，一度率军远征不列颠。后来他成为罗马的皇帝，维护了共和国的体制，控制了元老院。他写作的《高卢战记》记载他的业绩和功德，成为一部纪实性的经典之作而广泛流传。国外的公共关系学者称这部书是出色的公共关系宣传佳作。

古中国、古希腊、古罗马的原始公共关系意识和理念，主要强调的是思想伦理哲理、演讲论辩及劝服的传播形式，重视民主政治建设和赞扬形象价值。但它受到生产力不发达和传播技术的限制，再加上政治制度的束缚，不可能形成系统的公共关系科学与实践,但它的启蒙价值对后世的影响很大,特别是对现代公共关系早期建设十分重要。

第二节 现代公共关系在美国的形成

一、亚当斯时期——现代公共关系的萌芽

美国现代公共关系的萌芽最早可追溯到18世纪中期的反殖民主义斗争,其代表人物是塞缪尔·亚当斯。美国原为英国的殖民地,18世纪中期,革命先驱塞缪尔·亚当斯等革命者,发起反对英国殖民统治的斗争。他们于1766年在波士顿建立"解放之子",1775年又建立"公众宣传委员会",利用当时已较先进的传播技术与工具,出版各种宣传小册子,1750-1783年,各种出版物有1500余种。

塞缪尔·亚当斯和他的同事为了达到反对殖民政策和争取独立解放的目的,成功地抓住舆论工具,通过编印宣传材料、发布新闻消息、游说演讲、制造轰动社会效应的一系列事件,进行有效的反对英国殖民主义的革命宣传与活动,唤起美国公众的爱国激情与反英意识,为现代公共关系积累了宝贵的经验。斯科特·卡特李普、阿伦·森特、格伦·布鲁姆在他们的权威著作《有效公共关系》中,曾对亚当斯时期的宣传意识、宣传技术和宣传经验给予很高的评价。他们认为,当代公共关系中的组织公众舆论的技术,是由亚当斯及其同事创造的。

二、巴纳姆时期——现代公共关系的发端

19世纪中叶在美国风行的报刊宣传活动,被当作现代公共关系的发端。当时最具代表性的人物就是巴纳姆。巴纳姆时期的公关思想和实践,第一个特点是不重视公众利益。其宣传往往围绕企业形象,通过情节性的故事编写来提高自身的知名度或美誉度,从而开创了利用新闻媒介传播企业形象的先河。第二个特点是几乎所有的报刊宣传员都以获得免费的报纸版面为目的,不择手段地制造各种假新闻,欺骗公众。

这使整个巴纳姆时期在公共关系历史上成了一个不光彩的、有人称之为"公

众受愚弄的时期"、"反公共关系的时期"或"公共关系的黑暗时期"。后来，人们以此为鉴，明确了在公共关系活动中必须奉行诚实、公正和维护公众利益的原则和精神。

三、艾维·李时期——现代公共关系职业化

19世纪末20世纪初，西方社会处在从自由资本主义向垄断资本主义过渡的阶段，各种矛盾空前尖锐，工人运动此起彼伏，美国民众已厌恶巴纳姆式的宣传活动，于是由新闻界带头发起了一场"扒粪运动"，在报纸上揭露资本家的各种丑陋行为，短短十几年间就发表此类文章2000多篇。在这一背景下产生了以艾维·李为代表人物的新型公共关系的思想和活动。

艾维·李的贡献主要有两个方面：一是要求企业在宣传活动中向公众讲真话。1905年他向新闻界发表了著名的《原则宣言》，提出"我们的计划，是代表企业单位及公众组织，对于公众有价值且为公众所乐闻的话题，坦率而公开地向报界和公众提供迅速而准确的消息"。这些思想后来被人们称为企业的"门户开放原则"。二是使公共关系成为一种职业。1904年，艾维·李与人合作在纽约创办了世界上第一家正式的公共关系公司——派克与李公司，向社会提供宣传方面的咨询服务，并收取费用。《原则宣言》就是艾维·李向新闻界散发的该公司的服务宗旨。公司成立后，前来洽谈业务的公司络绎不绝，其先后接受了美国电话电报公司、洛克菲勒公司、宾州铁路公司、无烟煤公司的邀请，处理劳资纠纷和社会摩擦，都取得了很大的成功，尤其以解决洛克菲勒公司的问题最为出名。洛克菲勒在"扒粪运动"中被搞得狼狈不堪，艾维·李建议他改变保持沉默的做法，对工人罢工的原因进行调查，并将事实真相公布于众，同时改善工人待遇，多做慈善事业。这些建议被采纳后，洛克菲勒最终摆脱了困境。

艾维·李作为公共关系之父，不仅首创了"公共关系"这一专门职业，而且，他提出的"说真话"、"公众必须被告知"的命题，将"公共利益与诚实"带进了公共关系的领域，使公共关系这门学科从对一些简单问题进行探讨上升为探求带有某些规律性的原则和方法，大大推动了这门学科的发展。

四、爱德华·伯内斯时期——现代公共关系科学化

爱德华·伯内斯1913年受聘于美国福特汽车公司，担任该公司的公共关系经理。第一次世界大战期间，他又在威尔逊总统成立的官方公共关系机构"克里

尔委员会"担任委员,专门负责向国外的新闻媒体提供有关美国参战情况的背景和解释性材料。第一次世界大战结束后,伯内斯及其夫人在纽约开办了公共关系公司。1923年,他以教授的身份首次在纽约大学讲授公共关系课程,同年出版了被称为公共关系理论发展史"第一个里程碑"的专著——《舆论明鉴》(也译为《舆论之凝结》)。在书中,伯内斯首先详尽阐述了"公共关系咨询"这一概念,而且提出了公共关系的原则、实务方法和职业道德守则等。1928年,他写出《舆论》一书。1952年,他又出版了《公共关系学》教科书,从而形成了较完整的公共关系理论和方法体系。

伯内斯的主要贡献在于,他把公共关系理论从新闻传播领域中分离出来,并对公共关系的原理与方法进行较系统的研究,使之系统化、完整化,最终使之成为一门独立完整的新兴学科。伯内斯在理论上作出的贡献,对于公共关系学科的形成和进一步发展具有划时代的里程碑的意义。

伯内斯的另一重要贡献是提出了"投公众所好"这一公共关系宣传的基本原则。他认为,公众需要什么,组织就应提供什么,公共关系贡献给公众的应是他们最迫切希望得到的,为此,组织应确切了解公众的需求与利益,在此基础上开展传播活动,以迎合公众的要求。他认为,为了得到稳定而持续的发展,组织不仅要使公众了解自己,更重要的是必须获得他们的谅解与合作。因此,他提出,公共关系的重要职责是向组织提供政策咨询,而不仅仅是向社会作宣传。伯内斯提出公共关系活动的八个程序,包括计划、反馈和重新评估等,为公共关系职业化、科学化作出了不懈的努力。

五、现代公共关系在美国形成的诸因素

现代公共关系形成于19世纪末20世纪初的美国,之后在世界各地迅速传播、发展。促使现代公共关系在美国形成的原因是多方面的。

(一)商品经济的高度发展

商品经济的高速发展是现代公共关系产生的前提。商品经济以社会化生产、社会化交换为其重要特征。市场需求、消费者心理、公众态度成为影响一个企业生存与发展的重要因素。企业开始面向公众,他们通过各种渠道寻求公众的了解、信任与支持,为企业获得更大的发展与实际利益。公共关系的作用与意义已被企业家和公众所认识,逐渐成为加强经济管理与沟通各种关系的法宝。

(二)政治民主化

民主政治的高度发展为现代公共关系提供了政治条件。政府需要民众的支持,民众的意见与要求已成为政府制定政策的重要依据,而政府颁布的方针、政策又必须让广大民众了解。因此,必须努力通过传播媒介来促进双边沟通及对话交流。"自由"、"平等"、"法制"、"参政"、"普选制"等民主政治元素,在客观上促进了人们主体意识的觉醒。彼此了解、相互依赖、互惠互利、真诚合作的社会风尚已形成。所以,社会政治生活的民主化,是现代公共关系赖以产生和发展的重要条件和基本保障。

(三)传播技术现代化

传播技术的高度发展是现代公共关系兴起的物质技术基础。在资本主义大工业时代,日益精细的社会化分工,使组织之间、公众之间的纵横交错的联系与相互沟通日趋加强,科学技术的进步使人们的传播沟通成为可能。交通的发达、通讯传播技巧的迅速发展,为现代公共关系创造了优越的条件;印刷术的提高使报刊媒介将信息传遍千家万户;电子技术的不断进步,带来了广播、电话、电影、电视等电子传播媒介的普及;空间技术的进步和计算机的应用,带来了地区乃至全球信息网络的形成。伴随着传播媒介的多样化、传播技术的现代化和信息传播的高速化,公共关系活动更是如虎添翼,日益显示出它促进社会进步的神奇力量。

第三节 现代公共关系在世界的传播

一、美国公共关系的发展与繁荣

20世纪30年代以后,现代公共关系在美国迅速发展,公共关系不仅在企业和工商业界取得了重要的地位,而且扩大到政府机关、社会团体、医疗卫生及文化教育部门,覆盖面深入各个领域。其具体表现可以概括为以下几个方面:

(一)专业公共关系公司大批涌现

1927年,新闻记者约翰·黑尔与唐·诺尔顿在克利夫兰市创办了黑尔—诺尔顿公司。1930年,黑尔又到纽约开办黑尔—诺尔顿公司。该公司现拥有600

多名专业人员,在美国40多个城市和世界20多个国家和地区设立分支机构,成为世界上最大的公关专业公司之一。之后及达利、伟达及博雅等影响较大的公司又相继成立,其中,伟达公司现拥有上千名顾问人员,在世界各地设有53个办事处,为世界800多个官方机构和工商企业服务,他们还第一个在北京设立办事处。博雅公司拥有专家和有经验的专业人员2000余人,在世界43个国家和地区设有办事处,为世界500多家有影响的客户服务。据美国《企业周刊》统计,1937年美国有专业公关公司350家,到了1960年增加到1350家。

（二）公关教育成果斐然

继伯内斯首开公共关系课后,美国公共关系协会创始人之一的哈罗博士于1937年在斯坦福大学开设公共关系课程。1947年,波士顿大学创办第一所公共关系学院。20世纪50年代后,许多大学纷纷设置公共关系专业,一些院校设立公关学士、硕士乃至博士学位,提高了人才培训的层次与规格。

1977年的一项社会调查显示,美国的公共关系专业人员中有54％具有学士学位,29％具有硕士学位。美国各高等院校及职业培训机构,根据公关工作的人才需要,进行多层次不同规格的人才教育与训练,为美国的公关事业培养了雄厚的人才队伍,使一批又一批训练有素的公关人才源源不断地走上专职岗位,承担起日益复杂的、繁重的公共关系工作。

（三）公共关系协会成立

1947年4月东海岸公共关系委员会与西海岸公共关系委员会在芝加哥聚会并通过决议,决定组建一个新的全国性组织——美国公共关系协会(简称PRSA),它是美国最具权威的公共关系组织。该协会的董事会由13人组成,下设13个部,出版刊物《公共关系月刊》、《PRSA全国通讯》、《政府联络指南》、《PRSA通讯录》等。该协会目前拥有会员1200余名,有91个分会,14个特别委会员,一个研究与教育基金会。该协会汇集了美国众多的公共关系杰出人才,标志着美国公共关系已发展到十分成熟的阶段。

（四）公关理论的新发展

继伯内斯第一部公关理论专著问世后,美国公共关系的理论科学研究大有起色,并受到公关界的重视。从不同角度、不同行业、不同分类立论出版的学术专著日益增多,公关实践开始得到理论的总结与指导,其中影响最大的是1952年美国著名的公共关系学者斯科特·卡特李普、阿伦·森特、格伦·布鲁姆合著的《有效公共关系》。该书运用系统论、信息论和控制论等新的理论,将现代公共关系的理论与实践结合起来,提出了"双向对称"的公关新模式、新思维,强调组织与公众之间的双向传播与沟通,完整地论述了公关的理论原则和实用方法技巧,成为现代公共关系的重要标志。这部著作作为权威教材几十年来被各公关教育部门长期采用,在美国已再版6次,被译成多种文字介绍到意大利、西班牙、日本、中国等国家,在美国被誉为"公共关系的《圣经》"。20世纪80年代以来,随着公关的发展和传播技术的改进,公共关系方面的杂志、报刊、论文、专著大量问世,公共关系学科的健康发展得到了理论上的保证。

二、英、法、日本等国的公共关系

（一）英国的公共关系

1920年公共关系最先传入英伦三岛,并受到英国政府的重视。1924年,被称为"政府公共关系部"原型的英国交易局开始利用大规模的宣传来促进贸易。1926年皇家营销部成立,这是英国第一个公共关系机构。该组织利用各传播媒介进行公共关系活动,促进了英国市场经济的发展,即使在经济大萧条的时期,公共关系也显示出它对英国社会发展的积极作用。

90年来,公共关系在英国得到较快的发展。1948年,鉴于公关活动的普及与全国公关工作的需要,英国公共关系协会宣告成立。该协会是英国专事公关研究与传播的唯一的全国性的统一组织。它是由工商界、中央及地方政府中从事公关工作的官员和学者创办的,1964年成为合法的法人团体。该协会有完备的章程、行为准则,其主要目标是促进英国公关事业的发展,制定职业道德行为准则并加以监督,进行专业教育与考核,提供信息与研究阵地,加强国际交流,每月出版业务通讯以及半月刊《公关简报》等。该协会是欧洲最大的公关组织,有顾问协会等170多家,拥有一些享誉世界的公关专家。弗兰克·杰夫金斯就是其中的一个杰出代表。他是英国公共关系协会顾问、英国公共关系学院教授。他早年主攻经济学,曾在伦托基尔公司从事公共关系工作,主要负责处理科技公共关系。他在英国开办了公共关系学校,讲授公共关系、广告和市场等方面的课程,成为一位出色的公共关系教育家。英国公关协会的成立与活动,在英国得到了政府与社会公众的承认,并对现代世界公共关系事业作出了贡献。目前英国是仅次于美国的公共关系事业发展得很好的大国。

（二）法国的公共关系

1946年,公共关系在法国立足。对于先进的公关思想与技术手段,法国的经济学家大为赞赏。针对法国经济闭塞、劳资关系紧张、生产者与消费者关系脱节等弊端,1952年,法国10家主要大企业的公共关系机构组建了名为"玻璃屋"的公共关系俱乐部,呼吁企业家们离开"象牙之塔",面向社会,扩大透明度,敞开"玻璃之屋",进行现代经营管理,建设开明的现代企业。这个运动便是闻名于世的"玻璃之屋运动"。该运动改变了企业家的观念、行为与管理方式,有利于法国经济的稳步发展。这一成功的实践活动使公共关系在法国获得了社会地位与声誉,并长盛不衰,法国公共关系成为欧洲公共关系的主要力量之一。

(三)战后日本的公共关系

战后日本的公共关系也是从美国传播过来的。第二次世界大战后,美军进驻日本。为了恢复经济、传授美国的经营管理方式,1948年,驻日本的盟军总部以行政命令的方式在日本各府县设立"公共关系办公室",进行公关思想与技术的传播。1957年以后,公共关系作为一种独立的行业在日本进一步发展起来,企业的经营管理人员已经认识到公共关系在争取公众支持公司工作和接受产品方面所具有的功能。由日本人自己创办的公共关系公司也陆续诞生,比如日本国际公共关系公司、日本公共关系公司等等。它们不但与世界上许多国家和地区的公关公司保持联系和合作,有的还在纽约、香港、巴黎等地设立了分公司。1964年,日本公共关系协会成立。西方学者认为,战后美国导入日本的公共关系,成为促使日本经济突飞猛进的一个重要原因。

第四节 现代公共关系在中国的大发展

中国公共关系尽管历史悠久,但作为一种全新的思想理论和社会职业,是伴随我国改革开放的步伐进入中国大地的。

一、现代公共关系引进中国的社会条件

党的十一届三中全会确定把工作重点转移到以经济建设为中心的轨道上来,为我国的建设和发展开辟了一条新路,也为公共关系的传入和发展提供了可能。

(一)经济体制改革为现代公共关系的引进提供了现实土壤

十一届三中全会后,我国的社会生产力得到迅速的发展,许多商品由供不应求变为供大于求,商品市场竞争日趋激烈,绝大部分产品已逐步由卖方市场转入买方市场。商品丰富了,就要在市场上接受消费者的挑选,谁的商品质优价实,谁就能赢得消费者。同时,市场行情千变万化,一个经济组织要发展生产,占领市场,必须以最快的速度捕捉到多变的市场信息,准确把握日益复杂的消费心理与需求。在竞争中,经济组织必须走出原来封闭的环境,主动去处理各种复杂的公共关系。再者,经济体制改革使国内经济结构呈现多层次、多成分的格局。不同层次、不同经济成分之间的商品交换需要处理公共关系。

(二)改革开放为现代公共关系的引进提供了强大动力

当今世界是信息社会,各国间的合作日益密切,人们对世界有了更多的了解,接触了许多新的观念、新的管理思想、新的科学技术,促使人们不断思考、探索和实践。对外开放,吸引外资,引进先进设备和生产工艺,要求经济组织对国际经济技术、金融市场等各种关系进行深入了解,以互惠互利的原则协调各方面的关系。

(三)政治民主化为现代公共关系的引进提供了政治前提

我国的改革开放是史无前例的,也是非常复杂和艰巨的,新旧体制的矛盾错综复杂,改革中出现的阵痛和暂时困难需要广大人民群众的理解和共同克服。公众的呼声与要求需要通过各种渠道畅通无阻地反映上去,做到上情下传、下情上达。组织和个人所处的角度不同,相互间有各种各样的差异和距离,这就需要借助公共关系协调好不同的社会利益,处理好矛盾关系。

(四)中国文化为现代公共关系的引进提供了文化渊源

现代公共关系在中华大地上迅速生根、开花、结果,更深层的原因是它借重和融合于博大精深的中华文化。中华文化中"敬人者人恒敬之"、"与朋友交,言而有信"、"以德服人"、"兼相爱"、"交相利"等优秀传统文化与现代公共关系的许多原则是相吻合的。

(五)国际交流与合作为现代公共关系的引进提供了广阔舞台

改革开放使我国结束了长期闭关锁国的状态,借助公共关系可以使我们加强国际间的交往,了解国际上的信息,改善我国的投资环境,增强竞争实力,促进我国经济社会的发展与繁荣。

二、现代公共关系在中国发展的走势与特点

20世纪80年代现代公共关系被引进中国后,得到迅速发展,30年来发展的历程大体上可以分为三个阶段,即引进期、发展期和成熟期,而且每个阶段的发展有不同的走势与特点。

(一)引进期(20世纪80年代)

第一,企业公关起步。现代公共关系在20世纪80年代初,随着改革开放,从美国、英国和中国香港引进中国大陆。最初主要是集中在特区的宾馆酒楼以及少数的合资企业。这些单位运用国外的经营和生产营销模式,设置独立的公共关系部,开展公关服务工作,引起公众的注意。后来,一些国企和民企也仿效外国的做法,增设公关机构,配备专职人员,为自己走向市场服务。

第二,"公关小姐"、"公关先生"风行。最早接受和从事公共关系工作的是一批年轻有为、能说善道、能歌善舞的人员。他们利用自己的热情和活力,为社会组织进行宣传、接待、服务工作,人们称他们为"公关小姐"和"公关先生"。这些年轻的公关工作者引起广大社会青年的羡慕,公关工作随之成为时尚。随着电视连续剧《公关小姐》的播出,公共关系影响遍及全国。

第三,形成"公关热"。20世纪80年代中后期,公共关系发展突飞猛进,众多的公关社团组织纷纷成立,《公共关系报》、《公共关系导报》、《公共关系》杂志先后创刊,《经济日报》等大媒体开始报道和介绍公共关系。各地公共关系培训风起云涌,一些翻译和编写的公共关系著作陆续出版,职业化的公关公司也在中国出现。于是,20世纪80年代后期在中国形成了"公关热"。

纵观20世纪80年代的中国现代公共关系,主要是借助美、英等发达国家的公关理论和实践,"拿来主义"明显,还没有形成自己的特点,而且活动也比较简单,内容比较肤浅。

(二)发展期(20世纪90年代)

现代公共关系在中国经过10年的发展与实践,到20世纪90年代发生了很大的变化。其表现是:

第一,公共关系中国化。20世纪90年代,国内召开多次全国公关理论研讨会,中国特色公关形成。人们从实际工作中逐步明确了中国现代公共关系要以邓小平理论和党中央改革开放政策为指导,充分认识到必须适应社会主义市场经济,传承中国优秀的传统文化,走中西合璧、以中为主的路线,建设有中国特色

的公关理念和实务操作,公关教育和组织建设也离不开中国的实际,公共关系开始步入民族化和本土化阶段。

第二,公关策划活动活跃。20世纪90年代,中国公关突破了简单的宣传和接待模式,各大组织开始公关策划。专业化的公关公司和各级公关协会聚拢了一批公关人才,组织了一系列公关策划活动,并取得了良好的效果。诸如新闻发布会、庆典活动、赈灾捐助活动、组织形象设计和产品展示,各种文化搭桥、经济唱戏的大型办节活动等都搞得有声有色。中国出现第二个公关发展高峰——"公关潮"。

第三,延续20世纪80年代中国公关社团组织建设的大好形势,90年代,国家级、省市级的公关协会、研究会、联谊会、学会等成批涌现。这些社团组织借助于各级党政领导人的挂帅和一批专家、学者、经营家的努力,有力地推动了中国公共关系事业的发展。

回顾20世纪90年代中国现代公共关系的发展,可以看出,公共关系适应了中国改革开放的大潮,实事求是,解放思想,迈大步伐,以高智能、成规模、讲实效大大提高了公共关系的理论与实践水平。

(三)成熟期(新世纪)

经过20余年的发展,中国现代公共关系在新世纪已经逐步成熟起来。其表现是:

第一,公关职业化、规范化。20世纪90年代末和新世纪初,国家劳动和社会保障部总结了20年来公关教育培训大好形势和存在的种种问题,经过专家们的论证,将公共关系纳入《中华人民共和国职业分类大典》,制定了具体的公关员职业标准和五个等级层次,并在全国推行公关员的职业鉴定考核认证工作。中国现代公关正式告别了"公关小姐"和"公关先生"的时代,不同层次的公关员以职业化、规范化的姿态出现。

第二,公关理论新的突破。进入新世纪,人们对公共关系的认识又有了很大的提高。胡锦涛和党中央决策构建和谐社会,公共关系和谐理念被提出。学者们撰写论文、出版书著、召开研讨会进行论证,公关和谐理论的科学内涵被发掘出来,中国传统文化的"和谐"哲理和现代文明有机地结合起来,公共关系的本质被重新认知。公关和谐论为中国政府公关、企业公关、国际公关的实务工作提供了正确的、高效的理论指导。新世纪的中国公共关系事业呈现出全新的面貌。

第三,公关实践业绩突出。2008年中国影响最大的公关形象建设和危机处理震撼了全世界。汶川大地震发生后,中国政府危机公关处理的能力得到国内外公众的肯定和赞扬;而北京奥运会的成功举办更是调动了亿万人民,树立了中国的良好形象。再加上企业和政府大量的公关实践,极大地丰富了公共关系实务经验。新世纪的中国现代公共关系多点开花,成绩卓著。

目前,金融危机对全球的影响尚未消退,中国现代公共关系业界应紧跟政府的脚步,利用其解决危难的历史经验,为国家和人民献策。面对严峻的金融危机的考验,中国现代公共关系任重而道远。

【案例与点评】

案例:中国现代公共关系大事记

1. 现代公共关系引入"特区"

1980年《广东省经济特区条例》的颁发,为国外现代公共关系的引入提供了政策上的保证。一批中外合资企业,如深圳竹园宾馆、广州中国大酒店、广州白云山制药厂等,先后引进现代公共关系,设立公共关系部,开展公共关系工作,引起了人们的关注。后来以此为背景拍摄的电视连续剧《公关小姐》在全国放映,引起轰动,"公关小姐"和"公关先生"成为时尚人物风行全国,现代公共关系迅速在"特区"和全国各大城市传播。

2. 公共关系的第一

1985年,中山大学第一个成立公共关系研究会,深圳大学第一个开设公共关系专业。1986年,中国第一家专业公关公司——中国环球公关公司宣告成立,开展职业化的公关工作。第一本专业公关理论著作——《公共关系学概论》出版,有力地推动了公关的普及与传播。1988年,中国第一家公关报纸——《公共关系报》在杭州发行。同年,全国第一次省市公关组织联席会议在杭州召开。1989年,中国第一份公关杂志——《公共关系》在西安创刊。现代公共关系作为新生事物在20世纪80年代形成"公关热"。

3. 成立公共关系协会组织

1986年,上海市首先成立公共关系协会。1987年,全国综合性的中国公共关系协会在北京成立,首任主席为安岗。1991年,全国性的中国国际公共关系协会在北京成立,柴泽民任会长。20世纪80年代末至90年代初,各省市纷纷成立公共关系协会、学会等社团组织,众多的党政领导担任了要职。这些组织的成立及其开展的工作,大大调动了各方积极因素,成功地开展了各种公共关系活动。中国现代公共关系迈进了有组织、有秩序、有活动的新时期,开创了现代公共关系在中国的蓬勃发展与繁荣的新局面。

90年代还成立了全国性的专业公关社团组织,如中国公共关系专业委员会(后改名为中国高等教育学会公共关系教育专业委员会)。该组织团结了几百所大学的公关教研人员,有力推进了公共关系教育与科研的大发展。

4. 公共关系教材建设

公共关系教材建设是中国公共关系大普及的基础建设,伴随着中国公共关系30年的发展,数以百计的公共关系教材陆续编写出版。影响较大的有明安香主编的《公共关系概论》、熊源伟主编的《公共关系学》、翟向东主编的《中国公共关系教程》、公共关系职业认定教材《公关员》等。

5. 公共关系理论研讨

由中国公共关系协会学术委员会牵头,从20世纪90年代起成功地、频繁地召开了各种主题的公共关系理论研讨活动,并由翟向东、汪钦主编出版了各次会议的优秀论文集——《公关策划之道》、《中国公共关系特色初探》、《公共关系与市场文化》、《名牌竞争的公共关系战略》、《中国公共关系基本理论大论辩》、《中国公关市场探索》、《中国优秀公关论文集》、《公关名人与策划案例》等。这些理论研讨,提高了公共关系的科研层次,总结了中国公共关系实践发展的经验,取得了重要的成果。

6. 中国特色公共关系

1992年和1993年中国公共关系协会学术委员会在山东莱芜和北京怀柔召开了以协会学术委员为代表的全国知名的公关学者和专家会议,会议集中就中国公共关系社会主义特色的议题进行深入探讨。经过热烈的论争,最终达成一些共识,后来形成翟向东主编的权威之作《中国公共关系教程》。20世纪90年代中后期中国特色公共关系逐步形成体系。新世纪丁乐飞、徐永森主编的《运筹帷幄行大道——实用公共关系》进一步将它归纳为洋为中用、中西合璧、以中为主的中国公关之道,将其内涵细化为七大方面,中国特色公关丰富成形。

7. 大型公共关系辞书

1992年由全国24个省市、38所高校与科研机构的150余名专家学者,经过3年半的时间编著的《中国公共关系大辞典》由中国广播电视出版社出版,受到业界和领导的高度赞扬和肯定。这部550万字的大作,是当代篇幅最长、资料最丰富的公共关系巨型工具书。

2002年另一部公共关系辞书大作《中国公共关系大百科全书》也由中共中央党校出版社出版。这部300余万字的辞书,是由24个省市、40多所院校、几百名公共关系专家学者与党政干部共同编写的。这本书全面地总结了中国现代公共关系20余年的发展历程,汇集了国内外重要的公共关系理论与实践经验,也是一部难得的大作。

8. 公关员职业认证

1999年国家劳动与社会保障部批准成立国家职业资格工作委员会公关专业委员会,并制定《公关员国家职业标准》,其后在全国各地试行公关员资格考试和认证。公关员作为新兴的职业被列入《中华人民共和国职业分类大典》。新世纪公关员的教育、培训、鉴定等一系工作得到进一步的规范。

9. 公共关系评选表彰

自1991年起,全国公关评选活动多角度、多领域地陆续展开。1991年全国十大杰出企业公关经过认真的评选浮出水面,在北京隆重举行颁奖仪式。中共中央政治局常委李瑞环、薄一波向会议发了重要的贺词。贺词对中国公共关系作了精辟的理论阐述和工作指导。其后各种评选活动很多,尤其是优秀公关案例的多次评选,受到公关界的肯定。

2006年由中国经协会主办、中国公关协会学术委员会和《公关世界》杂志社共同承办的"中国公关教育20年突出贡献奖评选"经过中国公关界专家学者的初选、初评、复评和终审,最终评出深圳大学文学院传播系等23个单位、丁乐飞等53位人士荣获"中国公共关系教育20年突出贡献奖",另有10人荣获"杰出人士"称号。这次影响很大的评选表彰活动的颁奖典礼在人民大会堂隆重举行。

10. 公共关系新理念

2005年以来,丁乐飞等根据多年的研究提出了中国公共关系新的和谐理念,指出和谐是公关的最高境界和本质,并发表论文和出版《公共关系教程》、《中国现代公共关系学》、《运筹帷幄行大道——实用公共关系》等对其科学内涵进行详细的分析归纳。这一理论适应了党的十六届四中全会提出的构建社会主义和谐社会的重大战略决策,引起公关界的重视。中国公共关系协会学术委员会又专门召开"公共关系和谐社会的全国理论研讨会",并取得较好的成效。

11. 政府大公关

2008年中国发生两件震撼世界的大事:四川汶川特大地震和举办北京奥运

会。《公关世界》应急发表了两篇重要的公关特稿：

一是发表于第 6 期由丁乐飞、王先斌等人合写的醒目特稿——"危机公关的伟大创举"。文章从"超快应对"、"高效决策指挥"、"精心布置谋划"、"公开透明宣传"、"凝聚一心救援"等角度，全面地报道和总结了规模空前的中国政府公关在汶川大地震救援中的出色运用和创造性的工作。这场特大危机的高效处理受到世界各大媒体和各国政要的一致赞扬。

二是发表于第 9 期由汪秀英撰写的重要特稿——"北京奥运中国国家形象一次空前大展示"。文章从无与伦比的"设计水平"、"中国文化"、"奥运服务"、"竞技水平"等角度，全面描绘和展示了奥运史上最美好的、宏大的、壮丽的、无与伦比的北京奥运盛会。

12. 世界公共关系大会

2008 年第十八届世界公共关系大会在北京举行。来自 50 多个国家和地区的 700 多名代表参加了大会。大会的主题是"公共关系构建全球化时代的和谐社会"。中国国际公关协会会长李道豫主持了大会，2008 年度国际公共关系协会主席罗伯特·格鲁普致开幕词，全国人大常委会副委员长韩启德、外交部部长杨洁篪等领导作了重要讲话。会议加强了中外公共关系大交流，扩大了中国公关界的国际影响。

（案例编辑　丁晨　丁乐飞）

点评：

这篇案例用简洁的语言对中国现代公共关系事业 30 年的大发展作了撷取、概括和归纳。其编写方式打破了按具体年、月、日罗列现象记录式的传统写法，以大时间为线索，以 12 项大事为中心，进行逻辑组合，既勾勒了中国公关发展的轨迹风貌，又突出了相对集中的诸多大事。

在写作上，案例抓住有代表性的大事，筛选整理出有价值意义的材料。它从纵向和横向两个方面，告诉了读者明确的信息和理念。大事记的这种写法不仅风格一新，而且内容上有利于把握事物的脉博与规律，有利于弘扬成绩，增强自信心与历史感。

总之，这篇创新编写的公共关系案例，其所写的大事鲜明、宏大而翔实；记载的史料线索清楚、主次详略有序。

【练习设计】

1.填表：

现代公共关系在美国的形成

时期	代表人物	主要贡献
萌芽		
发端		
职业化		
科学化		

2.解析中国特色公共关系的几种关系：

(1)公共关系与改革开放；

(2)公共关系与传统文化；

(3)公共关系组织与党政领导。

第二章 公共关系基本原理

【本章提要】 经过近一个世纪的发展,现代公共关系已形成一门完整的科学。由于各国诸多不同因素的影响,国内外公共关系学者和组织,对公共关系的本质与核心理念有着不同的认识和理解,对构成公共关系元素的分析和归纳也呈现不同的深度和广度。至于公共关系的职能作用,人们则是一致肯定的。

第一节 公共关系本质

公共关系源于美国,其英文是 Public Relatinos,缩写为 PR,中国学者将它翻译成公共关系。公共关系的本质与核心理念是什么,国内外公共关系学者和社团组织说法多样,表述各异。

一、欧美公共关系学者和组织的认定

影响最大的、具有代表性的说法主要有:

(一)管理职能论

管理职能论把公共关系认定为一种特殊的经营管理或职能管理或传播管理,认为公共关系的核心理念和本质哲理是管理。其代表性的、影响很大的本质归纳与界定有:

1. 美国雷克斯·哈罗博士的观点

"公共关系是一种特殊的经营管理功能,它有助于建立和维持一个组织与其公众之间的相互沟通、理解、接受和合作;负责解决和处理各种公众问题;有助于对公众舆论不断了解和及时作出反应;强调和认定以公众利益为核心的经营管理责任;有助于经营管理活动与有效地利用各种变化保持一致;既能作为一种早期警报系统,也有助于预测未来的发展趋势;公共调研、传播、合乎道德的沟通交往作为公共关系的基本手段而被广泛运用。"

哈罗博士是美国公共关系协会创始人。他经过大量的调研和考察,查阅了大量书刊资料,最终总结出一个著名的公共关系定义。该定义突出了公共关系经营管理的特有功能,并把这种功能归纳为沟通处理公众关系、公众舆论和利益、公众调研与预测等方面,概括得很全面而且表意明确。这个定义对美国等国家包括20世纪80年代现代公共关系刚引进后的中国影响很大。

2. 学者斯科特·卡特李普的认定

"公共关系是一种管理职能,它用以认定、建立和维持某个组织与各类公众之间的互利关系,而各类公众则是决定组织成败的关键。"

斯科特·卡特李普是美国著名的公共关系理论家,他与人合著的《有效公共关系》成为美国最权威的著作与教科书,并被译成多种文字在世界各地传播。他强调公共关系的管理职能,强调社会组织与其公众间的利益,充分肯定公众的重要性。

3. 现代学者詹姆斯·格鲁尼格的最新观点

"公共关系是一个组织与公众之间的传播管理,其目的是建立一种与这些公众互相信任的关系。"

该观点把管理与传播结合在一起,突出了对公众的信任,即在解决管理功能的同时,还必须解决传播沟通的问题。对此,他在卓越公共关系理论的研究中则作了全面的诠释。

4. 国际公共关系协会定义

"公共关系是一项经营管理功能,属于一种经常性和计划性的工作,不论公私机构或组织,均通过它来得到其相关公众的了解、同情和支持,亦即审定公众的意见,使本机构的政策与措施尽量与之配合,再运用有计划的大量的资料,争取建设性的合作,而获得共同利益。"

这个定义综合了美、英等国公共关系学者和协会的说法,强调了公共关系作为经营管理功能的计划性和解决公众合作与利益的问题。

(二)传播沟通论

公共关系传播沟通理论,把公共关系的侧重点放在沟通、交往、理解与努力上。其中具有代表性的有:

1. 英国弗兰克·杰夫金斯的观点

"公共关系工作包括了一个组织与其公众之间各种形式的、有计划的对内对外交往,旨在获取与相互理解有关的特定目标。"

弗兰克·杰夫金斯是英国著名的公共关系教育家和理论家,一生著述很多,多次到各国进行公共关系教育讲座。他把公共关系看作一门操作性很强的有计划的交往沟通工作,重视公共关系操作的程序性和规范性。

2. 英国公共关系协会中类似弗兰克·杰夫金斯观点的定义

"公共关系的实施是一种积极的、有计划的和持久的努力,以建立和维持一个机构与其公众之间的相互了解。"

该定义认为:公共关系是一种应用性很强的、有计划、有秩序的工作,它要通过不断的沟通协调,达成组织与公众的相互信任与了解,并在工作中实现其目标和成效。

上述两种观点,在20世纪80年代和90年代初期流行于中国,国内出版的众多书著,或全部或部分地借用外来的思想理念,再结合中国的实际,变换各种语言文字进行表述。这在普及公共关系知识和教材建设中起了很大的作用。

二、中国公共关系学者的论见

在10余年公共关系实践经验的基础上,到上世纪90年代,有中国特色和内涵的公共关系本质理论有了新的突破。其影响较大的有:

(一)形象论

形象论把形象塑造看成公共关系的核心,认为公共关系寻求的目标和完成的主要任务就是形象。

熊源伟主编的《公共关系学》提出公共关系形象的新理论,并认为组织形象是公共关系理论的核心。这本书因作为全国通用教材而影响很广。在书中,他把公共关系定义为:"公共关系是社会组织为了塑造组织形象,通过传播、沟通手段来影响公众的科学与艺术。"

主张形象论的还有早期的公关学者明安香,他在《公共关系——塑造形象的艺术》一书中写道:"公共关系是用传播手段塑造自身良好形象的艺术。"

(二) 社会关系论

社会关系论是中国公共关系协会学术委员会主任翟向东在总结两次中国特色公关研讨会的基础上提出的。中国公共关系协会组织编写的权威著作《中国公共关系教程》将公共关系定义为："中国的公共关系就是在建设中国特色的社会主义理论指导下，社会组织（党政团体、企业单位）通过沟通信息，协调利益，化解矛盾，理顺和改善人际、社际和国际间在经济、政治、科技、文化等方面的关系，调动各种积极因素，促进社会主义物质文明和精神文明建设的一门学问和艺术。"

这个定义从中国的国情实际出发，以人们常用的语言，对中国公共关系的核心思想——社会关系进行归纳表述。由于这个富有特色的定义融进了党和国家领导人李瑞环、薄一波的重要贺词，又表达了中国公关协会的心声，权威性强，影响大。后来在苏州召开的全国公共关系理论研讨会也肯定了这一思想和理念。

(三) 和谐论

和谐论是在新世纪党的构建"和谐社会"伟大决策下，由丁乐飞等总结中国公共关系发展的理论与实践时提出的，并在书著《中国现代公共关系学》和《运筹帷幄行大道——实用公共关系》及多篇专论中得到完善和科学的表述。和谐论认为："公共关系是一门和谐、双赢的科学艺术。它通过传播手段实现社会组织与公众关系的和谐、发展、合作与双方的共同受益。"

和谐论把和谐定位为公共关系的核心理念，是公共关系的最高艺术境界和最终实现的理想目标。和谐是古今中外公共关系重要的管理哲理思想、道德准则。它的科学内涵包括：和为贵、平等、互利双赢、诚信、两个文明、良好形象、各种关系的和谐等。公共关系和谐论对发展公共关系事业，促进政治、经济、文化的发展以及建设和谐社会、和谐世界具有重要的意义。

第二节 公共关系构建元素

一、社会组织元素

(一) 一般社会组织

社会组织是公共关系活动的组织者、策划者，是构成公共关系的三大要素之

一。了解社会组织的性质及类型,是有效开展公共关系活动的重要保证。一般社会组织可分为四种具体的类型:

1. 竞争性的营利组织

这类社会组织有明显的经济利益目标,受利益的驱动,在激烈的市场竞争中,组织为了自己的利益,会积极主动地开展公关活动,争取公众的信任和支持。这类组织包括工商企业、金融机构、旅行社、宾馆等。

2. 竞争性的非营利性组织

这类组织多以服务公众为目标,没有明显的经济利益目的,如学校、医院、慈善机构、福利组织、敬老院等。这类组织为了自己的生存与发展,比较注意社会舆论和对公众的信誉度,尽可能广泛地建立和发展自己的公共关系,并通过公关活动争取公众的支持和信赖。

3. 独占性的非营利性组织

这类组织追求的目标是维护社会经济、社会公共秩序,以保障国家和公众的利益。如政府、公安、军队、法院等组织。这类组织往往借助于强制的权力,极易高高在上,缺乏社会竞争的机制与活力,会忽视自己的公众。这是其公共关系中的薄弱环节。因此,这类组织应重点开展形式多样的公关活动,廉政为民,取得公众的信任。北京市公安局成立公共关系部是一个很大的社会进步。

4. 独占性的营利性组织

这类组织对自己的产品和服务具有垄断性,并以营利为目的,如自来水公司、煤气公司、电力公司、电信公司等。这类组织具有特殊性,又受营利目的的驱动,且没有与之抗争的对手,易产生损害公众利益的行为。这样的组织应该确立公众至上的服务理念,开展实际有效的公关活动。当然,这类组织需要进行市场化改造。

(二)公共关系专业组织

1. 公共关系部

组织内部公共关系机构的名称没有统一的规定,有的叫公关信息部,有的叫公关销售部,有的叫公关事务部,有的叫公关广告部,但大部分称为公共关系部。

公共关系部的职责与工作是:

(1)决策的咨询与建议。公共关系部首要的职责在于对收集到的各种情报进行及时认真的分析、整理,并将结果迅速反馈给组织领导层或其他相关职能部门,为领导的决策提供咨询与建议。如为协调组织与环境的关系而制定的可供领导选择的行动方案;协助决策者分析权衡各种利害得失,预测组织的政策和行为将产生的影响或效果等。

(2)信息的收集与处理。为决策提供咨询与建议需要大量的信息,公共关系部的一个重要的职责在于信息的收集、分析与处理。公共关系部通过自己的信息网络系统,了解社会的政治、经济、文化等因素的变化,监测社会环境,并预测其未来趋势;了解外部公众对组织方针、政策、行为的反应等。公共关系部应注意建立广泛的社会联系和通畅的信息网络系统,发挥"耳目"的作用。

(3)关系的协调与沟通。公共关系部还负责协调与沟通组织内外的关系,处理组织面临的各种矛盾。对内,公共关系部对信息进行反馈,上情下传,下情上达,担任着员工与领导、部门与部门之间联系和交流的中介,使管理工作民主化、决策科学化,提高了组织的透明度。对外,公共关系部要接待来访,处理信函,必要时还要协助组织进行协调各种关系的谈判、沟通活动;为组织开展社交活动,广泛接触各界组织和人士。通过公共关系部的协调和交往沟通活动,加强横向联系,减少摩擦,广交朋友,建立良好的社会关系网络,赢得社会的理解和支持。

(4)新闻的制作与宣传。公共关系部担负着向公众宣传、解释组织的有关政策和行动以及传递有关信息的重要职责。其具体工作有:组织各类展览会、联谊会、信息发布会、记者招待会、经验交流会和各种专题活动,使内部公众认识、理解本组织的政策,加强执行的自觉性。对于外部公众来说,能使他们了解、谅解、理解本组织的政策与行动,并给予合作和支持。

2. 公共关系公司

公共关系公司不同于公关关系社团,它是一个社会经济实体,一个职业化的机构,它有明确的组织目标,有严格的组织机构,有共同遵守的规章制度,有受过专业训练的专门人才,有周密的发展规划。公共关系公司的职能是为客户提供公共关系的全部或单项服务,对客户的公共关系工作进行指导、督促,提出切实可行的建议并帮助实施,协调客户沟通与社会公众之间的信息,以提高客户的良好信誉和形象,获得最佳的社会效益和经济效益。公共关系公司的主要工作内容有:

(1)确立目标,调查研究。根据客户所要实现的公共关系目标,通过市场调查、民意测验等手段,调查研究影响公共关系目标实现的因素,分析现状,提出解决问题的方法。

(2)在确立目标、找出问题之后,帮助客户制定有效的公共关系计划,并逐项实施。

（3）针对客户的要求，有针对性地提供咨询服务，为决策提供依据，向委托单位提供解决问题的具体方案。

（4）为客户进行公共关系策划，代理公共关系业务，帮助客户树立信誉，塑造形象。

（5）协助客户编制公共关系预算。

（6）协助客户评估公共关系计划实施的结果。

（7）职业培训。

3. 公共关系社团组织

公共关系社团，泛指为现实目标而组织起来的、非营利性的、从事公共关系理论研究和开展公共关系实务活动的群众组织和社会团体。公共关系社团组织类型有：

（1）综合型社团。这主要指不同地域范围的公共关系协会。如中国公共关系协会，中国国际公共关系协会，北京、上海、陕西、安徽的公共关系协会等。

（2）学术性社团。这主要包括公共关系学会、研究会、研究所、研究中心等学术团体。这是专业性较强、层次较高的组织形态。

（3）行业性社团。这是一种行业公共关系组织。由于行业的不同，公共关系工作的特点也有所不同，因此，公共关系活动和组织的行业化在国际上已成为一种发展趋势。

（4）联谊型社团。这种类型的公共关系社团形式比较松散，一般没有固定的活动方式，没有严密的组织机构，如公共关系俱乐部、公共关系联谊会等。

二、公众元素

（一）公众

1. 公众元素的含义与特征

公共关系的对象是公众。公众是公共关系服务的对象，在公共关系活动中具有关键的作用，人们称之为公共关系的客体。公众是公共关系的核心概念，搞清它的基本含义，把握它的基本特征和分类，对于公共关系工作目标的实现、公共关系活动的成效有着直接的影响。公众一词源于英文 public。它在中文里一般情况下与"群众"、"民众"、"大众"同义，指"社会上的大多数人"。公共关系学领域的"公众"是一个专门术语，指以具体社会组织为依托的、与具体组织之间有某种利益关系的个人、群体或组织。公众是社会赖以生存和发展的基础,也泛指工作的主要对象。公共关系也叫公众关系。

公众具有如下特征:

(1)整体性。公众是由各种性质的组织和不同个性的个人共同构成的,是一个整体。公共关系工作不能只注意其中某一类公众而忽略了其他公众。因此,要用全面系统的观点来分析公众,注意各类组织与各类公众之间的整体平衡。

(2)共同性。公众不是独立的互不关联的人,他们构成一个群体,同一类公众面临着共同的问题,有着共同的意识,他们为了共同的需要、共同的目标而连接在一起。这些共同点使他们具有相同或类似的态度或行为,从而构成组织的特定公众。因此,要了解自己的工作,找出其内在共同性质,在实际的公共关系活动中及公众群体中区分出某次活动的具体对象,即具体公众。

(3)多元性。公众既可以是与社会组织有关的个人,也可以是一些社会团体和社会机构。这就决定了公共关系必然是一种立体的、多维的、全方位的社会关系。

(4)多变性。一个社会组织所面临的公众不是一成不变的,而是处于不断的变化发展之中。社会组织在运行过程中解决了原来所面临的公众问题,原来的公众自然解体;随着新问题的出现,又产生了新的公众。

(5)相关性。抽象地看,社会上的任何个人都有可能成为一个社会组织的公众。但在实践上,一个特定组织的公众是具体的人,因而确定公众的条件也是有限的,凡不与这个社会组织发生关系的人,都不应该是这个组织的公众。

2. 公众的类型

从不同的角度进行划分,公众的类型也不同。根据社会组织对公众的影响程度及与公众发生关系的密切程度,可把公众分为以下四类:非公众:他们(团体或个人)完全不受组织的影响,对组织也不发生任何实际影响。潜在公众:有两种情况,其一是还没有同社会组织发生关系,但将来会;二是还未有意识地付诸任何行动的公众。知晓公众:指那些面临共同问题、本身也意识到问题的存在但还没有付诸行动的公众。及时对知晓公众开展公共关系工作,是公关成功的关键。行动公众:指那些不仅意识到问题的存在而且已经采取某种实际行动的公众,他们的形成对社会组织构成直接影响。从非公众到行动公众是一个连续发展的过程。

根据社会组织的内外区别,公众又可分为以下两种。内部公众:指组织内部成员,如企业的管理者与职工、股权持有者等。外部公众:指除内部公众以外的与组织有联系的公众。

(二)公众分析

1. 企业公众关系

(1)企业公众关系的含义与特征

企业公众关系,是指企业在经营过程中,有意识、有计划地与社会公众进行信息双向交流及行为互动的过程,以增进社会公众对企业的理解、信任和支持,达到企业与社会协调发展的目的。

企业公众关系除了具有一般公共关系的基本特征外,还呈现出以下特点:

① 以顾客为主要公众。企业进行公关活动的目的最主要是求得顾客的信任与支持,这就意味着企业必须将顾客利益置于首位。

② 以美誉为目标。追求美誉、塑造良好的企业形象,是企业公共关系活动的基本目的。这样才能使企业获得良好的生存和发展环境。

③ 以长远利益为方针。企业追求持续发展,公众对企业的认识与评价也是在企业长期发展过程中逐渐形成的。因此,处理企业公众关系必须着眼于长远效果。急功近利,只会适得其反。

④ 以真诚为本。公众对企业的理解、信任都是建立在企业以诚为本这一基础上的。因此,不真诚面对客户,企业无法与客户进行有效的沟通,就谈不上取得客户的信任与支持。

⑤ 以沟通为手段。沟通是形成和发展企业与公众关系的桥梁。企业要想更富有实效地发展与公众的种种联系,必须重视对多元化沟通手段的研究与运用。

⑥ 以互惠为原则。企业公众关系的形成是以一定的利益关系为基础的。换言之,在市场经济中,互惠互利是企业与社会公众共同发展的基本保证。这就意味着,实现公众与企业的"双赢",才能推动社会经济的长久发展。

(2)企业公众关系的职能

① 信息搜集职能。信息搜集、整理、分析与评估的作用,在于监测企业的外部环境的变化,使企业与其外部环境的变化保持动态的平衡。企业的外部环境是由外部以及影响企业生存、发展的社会政治、经济、文化等因素构成的。企业只有对外部环境的变化保持高度的敏感性,特别是对其中潜在的问题和危机及时察觉,并能够随机应变,采取科学的对策,企业才能顺利地经营下去。

② 决策咨询职能。企业公众关系的咨询范围主要包括：确定目标公众；设计企业的公众形象；制定企业的传播方案与策略，即选择媒介、实施的时间与地点、预算传播费用等；制定公共关系应变对策。企业公众关系咨询的方式主要有：为确立决策目标提供建议；为决策提供各种所需信息；协助拟定决策方案；从公众角度评估决策效果。由此可见，在决策的全过程中，企业公共关系部门均发挥咨询和参谋作用。

③ 传播推广职能。公众对企业的了解、信任与支持，都同企业公共关系部门传播推广的作用大小密切相关。企业公关部门通过运用各种传播媒介，将企业的经营宗旨、目标、方针、战略等信息，及时传递给公众，求得社会各界的理解和认同，进而争取公众的关心与支持。为此，要完成以下几方面的任务：制造舆论、告知公众、强化宣传、扩大影响、引导控制、塑造形象。

④ 协调沟通职能。企业的经营面对的是错综复杂的社会、经济与人际关系，因此，建立一种有效的协调沟通机制，是企业公关的一项基本的职能。它起到减少矛盾、调解冲突、疏通渠道、发展关系的诸多作用。协调沟通的目的是实现内求团结、外求发展的良好生存状态。协调的主要对象包括管理人员与员工、企业与顾客、企业与社区、企业与政府及其相关职能部门、企业与媒体、企业与合作者。

（3）企业公众关系的基本内容

企业公众关系包括企业内部和外部两种公众关系。企业内部公众关系是指企业与员工、经营管理者、企业各部门以及股东之间的关系。内求团结是企业内部公众关系的基本目标。企业外部公众关系是指企业与社会公众的关系，包括顾客关系、媒体关系、社区关系、供应商关系以及与政府及其相关职能部门关系等，主要是与消费者之间的关系。

2. 政府公众关系

（1）政府公众关系的含义与特征

政府公众关系是公共关系学的一般理论在政务活动中的具体运用，即政府与公众之间进行良性互动，为政府塑造良好形象，最大限度地争取公众对政府工作的理解和支持。政府公众关系的特征有：

① 主体的权威性。政府是从社会中独立出来高居于社会之上的特殊社会权威管理组织。其区别于其他社会组织的突出特征就在于它拥有政治权力，具有权威性和强制性。同时，政府还具有唯一性。

② 客体的复杂性。政府公众关系客体不仅数量庞大,而且显示出极为复杂的结构。以一定的利益关系为基础而结合在一起的社会公众,可划分为不同的利益群体,既有共同的社会利益,又有各自的特殊利益。

③ 目标的独特性。让公众了解政府及其制定的有关政策是政府公关的首要目标,政府开展公众关系活动的另一重要目标是提高政府的美誉度,政府开展公关活动的最终目标是提高社会效益,其价值追求表现为公共取向。

④ 传播的优越性。政府掌握大量的大众传播工具,政府的组织传播也是严密有效的,所以政府公众关系在传播上的优越性是非常明显的。

⑤ 性质上的民主性。民主改革是全球政府政治发展的必然要求。社会主义国家的政府是由社会主义民主政治制度所产生的民主政府,我国政府的公众关系作为一项行政传播管理职能,是以社会主义民主政治关系为根本依据的。

(2)政府公众关系的职能

① 决策咨询职能。政府公关人员向决策层或管理部门提供的咨询主要有政府形象咨询、公众心理咨询、领导决策咨询等方面的内容。

② 信息交流职能。政府公关作为一种双向的传播管理职能,其中一个重要的职责和功能就是管理信息。政府公众关系的信息交流主要表现在政策形象、管理水平、行政效能、领导者形象等信息的交流上。

③ 舆论引导职能。行政管理中的一个明显事实是:公众舆论影响行政决策,而公众关系对舆论又可以通过有计划的传播、沟通而加以引导和影响,以优化行政环境,推动、协助决策的实施。

④ 协调沟通职能。政府公众关系协调沟通主要包括内部协调沟通和外部协调沟通两个方面。内部协调沟通包括协调政府内部领导者与一般公职人员的关系,协调政府内部一般员工相互间的关系,协调沟通政府内部各部门之间的关系。外部协调沟通主要包括协调政府辖区内的广大公众、社会组织及辖区外的公众和国际公众的关系。

⑤ 形象塑造职能。政府公众关系主要不是靠为政府"美容"来为之树立良好的形象,而是靠完善政府形象的内涵,靠实际行动,靠理性说服、思想沟通和情感交流去提升、塑造政府形象。

⑥ 公众服务职能。政府公众关系的服务职能主要表现在:在政府组织内部为各个业务和职能部门提供信息性、事务性的辅助和支持,使各个职能部门之间配合得更加融洽,整个组织机体运作更加协调、组织的专业职能发挥出更好的效

果；向外部提供社会服务和便民服务，以良好的服务去树立政府信誉，争取民心。

3. 事业单位公众关系

（1）事业单位公众关系的含义

事业单位与企业单位的划分管理是我国社会组织管理的重要模式。国外事业单位一般属于非政府组织范畴（NGO）。在我国，事业单位是指国家为了社会公益目的，由国家机关举办或其他组织利用国有资产举办的，从事教育、科技、文化、卫生等活动的社会服务组织。其上级部门多为政府行政主管部门或政府职能部门，其行为以及有关法律、所作出的决定多具有强制力，其人员工资来源多为政府拨款。事业单位的特殊性决定它与企业、政府的公众关系有着诸多的不同。

（2）事业单位公众关系的特性

首先，事业单位公众关系的出发点在于发挥组织的社会效益，这是由事业单位目标的非营利性所决定的。其次，在公关内容方面，事业单位公众关系一般不直接进行营销活动，开展的具体公关活动往往具有公益性，如学校举办校园文化节、医院举办药品知识讲座等。第三，事业单位公众关系对象没有明确的目标市场、消费公众定位，体现了对象的大众性。第四，事业单位公众关系注重将经费使用在花钱不多的公关项目上，如节日宣传、咨询服务、新闻报道等方面。

4. 国际公众关系

（1）国际公众关系的含义与基本原则

国际公众关系是指针对国际公众开展各类公共关系活动的总称。一个国家的政府、企事业单位、社会团体等都可以成为国际公众关系的主体。首先，国际公众关系必须坚持国家利益原则。企业或政府等组织在开展国际公众关系活动时，必须顾及国家的整体利益和尊严，维护国家的整体形象和声誉。其次，坚持尊重与平等的原则。在国际公众关系行为准则中，交往的双方不应该因为国家在国际上的经济、政治地位的弱小而采取歧视性的公众政策，应平等对待各类国际公众，尊重他们应有的权利。最后，坚持充分理解的原则。由于国际间的文化、语言、意识形态、社会制度等方面存在很大差异，甚至对立，处理国际公众关系时应充分理解对方的风俗和社会心理。

（2）国际公众关系的工作

①充分了解国外公众的政治、经济、文化、风俗、习惯、历史等背景因素，不同国家、民族的文化差异很大，若不深入了解，组织就无法制定有效的国际公众关

系策略。

②善于运用外国公众经常接触的传播媒体。

③既要符合公认的国际规范,又要保持自己的民族特色。

④善于运用本土化策略。

⑤适当增加联谊与宣传的经费。

三、传播元素

(一)公共关系传播

1. 公共关系传播的含义

它主要包括两个方面:其一,传播是人们之间共同分享信息的活动,是双向的信息沟通,是交流双方建立共知、共识、共感的过程。在传播过程中,传播者和受传者在信息的传递、交流、共享及反馈等方面实现双向互动、共同享用,使双方在最大限度内取得理解、达成共识。其二,传播是通过信息交流有目的、有计划地向公众施加某种影响的过程。"有目的"是因为整个公共关系的传播过程都必须按照社会组织设定的总体目标进行。"有计划"是指整个公共关系传播过程必须依据传播学的"五W模式"有步骤地展开,回答下列五个问题:谁(Who)?说了什么(Says What)?通过什么渠道(In Which Channel)?对谁(To Whom)?取得了什么效果(With What Effects)?这就是后来被广泛引用的"拉斯维尔模式",也称"五W模式"。该模式用最简明的方法分析了传播基本过程的主要环节和主要因素。

2. 公共关系传播活动的类型

(1)宣传性公共关系传播。宣传性公共关系传播即社会组织运用各种传播媒体和活动类型进行传播,使各类公众充分了解,以获得更多的合作者与支持者,达到促进社会组织发展的目的。

(2)交际性公共关系传播。交际性公共关系传播一般通过人与人的直接接触和交流,进行感情上的联络,广交朋友,广结良缘,建立广泛的社会关系网络,形成有利于社会组织发展的人际环境。

(3)服务性公共关系传播。服务性公共关系传播以向公众提供各种实惠服务为特点。将良好的组织形象与优质服务融合在一起,感化公众,赢得公众的理解,在公众的心灵上刻下难忘的印象,以具体实在的实际行动向公众证明组织的诚意。

(4)社会性公共关系传播。社会性公共关系传播是指社会组织通过举办公益性活动提高社会声誉,扩大社会组织影响,赢得公众支持的传播活动。这些活动虽然不能给社会组织带来直接的经济利益,而且会付出额外的费用,但从长计议,它也为社会组织创造了良好的发展环境,体现社会组织的实力。

(5)征询性公共关系传播。征询性公共关系传播是指社会组织在发展中广泛征求公众意见的传播活动,就市场、社会情况及公众意向进行调查研究、民意测试,采集信息,供决策参考,同时因在征询中传播、在传播中征询而树立社会组织形象。这类活动形式包括发布征询性广告,公开征询方案设计,进行市场调查,造访用户,建立质量服务跟踪卡、信访制度、接待机构及监督电话等。

(6)建设性公共关系传播。建设性公共关系传播是指社会组织在初创时为打开局面而开展的公共关系活动。它包括社会组织主动向公众介绍自己,给公众留下良好的第一印象。例如,通过招聘、开业、新产品介绍、推出新服务项目、酬宾、赠送、优惠以及积极参与社区活动等,使社会组织获得良好的开端。

(7)维系性公共关系传播。维系性公共关系传播指社会组织在稳定发展之际,巩固与公众关系的做法。它通过实际行动,以渐进的方式进行传播活动,持续不断地把信息传递给公众,使社会组织的良好形象始终保留在公众心目中。它虽然不能取得立竿见影的效果,但可始终维护一种有利于社会组织的良好关系的气氛,造成有利的公众心理定势。

(8)防御性公共关系传播。防御性公共关系传播是社会组织在公共关系可能出现不协调或者已经出现不协调时,提前采取或及时采取的传播、沟通和交流措施。这是一种"居安思危"、"防微杜渐"的做法,或者"防患于未然",或者通过努力变不利为有利。它不是被动应付,而是"以退为进"、"以攻为守"的做法。

(9)矫正性公共关系传播。矫正性公共关系传播是社会组织在其形象出现危机、关系严重失调时所进行的活动。这种危机可能是由于自身原因,也可能是由于外在原因,使社会组织形象受伤害或被歪曲所引起的,需要及时调查研究,查明原因,采取措施,积极补救,将真相公之于众,挽回影响,平息事态,矫正形象。

(10)进攻性公共关系传播。进攻性公共关系传播是社会组织以相当力度,创造条件调整自身行为,主动出击,积极进取,开拓局面,创造态势,甚至造成"出奇制胜"、"一鸣惊人"的轰动效果。

3. 公共关系传播的功用

（1）向公众提供组织的有关信息。社会组织要使公众对自己的工作、行为、目标有所理解和支持，要使组织在公众中建立起良好的形象，其根本前提就是要让公众对组织的行为、目标有所了解。这就要求公共关系人员借助最有效的传播和沟通手段，经常地向公众提供及时、准确和有说服力的组织最新信息。

（2）影响和改变公众对组织的态度。公共关系传播活动就是运用各种传播手段和媒介来促使公众对组织产生好感，由负面态度转变为正面态度。

（3）引起社会组织所期待的公众行为。公共关系传播除了向公众提供信息、改变公众的态度以外，更主要的是促使公众对组织采取理解和支持的行为，这是因为，人们有了一定的态度并非有一定的行为。比如：人们尽管对某一企业组织很有好感，但并不一定购买该企业的产品。人们的态度和行为之间还有一系列的中间环节，如：人们的需要、动机、外部的环境压力等，这就需要组织进行公共关系传播对公众予以启发和引导。总之，公共关系传播的功用就在于使社会组织适应公众环境，使公众环境适应社会组织，从而使社会组织同公众之间达到完美、和谐的统一，使组织的诉求与公众的行为形成共振。

（二）公共关系大众传播与媒介

1. 大众传播的性质特点

大众传播，指职业传播者或者机构，通过专业传媒向社会公众传播的扩散性活动。大众传播同人际传播的主要区别在于它使用专业化传播媒介。

大众传播的特点：

（1）公众的广泛性和异质性。大众传播拥有人际传播无法比拟的广大社会公众，接受传播的人数可以从几百到成千上万乃至数以亿计，他们处在不同的社会群体中，因此具有异质性。

（2）传播者是专业性传播机构，在信息通道上布满"把关人"。大众传播同其他几种传播形式的一个很大的区别就是传播者是一个拥有现代传播媒介的组织机构，大众传播的信息由职业传播者（编辑、记者）及其组织发布，即"把关人"。因此，信息传播是有组织的，目的性、针对性强，意图、倾向、观点明确。

（3）信息传递的即时性和超越性。由于信息传播的公开化、社会化，影响面大而深，这就要求传播的信息真实而又准确，否则，负面影响极大。

（4）间接性和不确定性。由于大众传播基本上是单向传递信息，受众不确定，所以它具有间接性、不确定性和无限性。大众传播来自受众的反馈是有限的,需要一个周转过程,在时间上滞后一步。大众传播有特定的程序,传播的周期长、费用大、成本高。

2. 主要的大众传播媒介及其特点

随着科学技术的发展,大众传播媒介的种类也越来越多,成为公共关系传播的最主要途径。大众传播媒介可以分为两大类:一是印刷类大众传播媒介,如图书、报纸、杂志等。其中,报纸的可选择性最强,有较高的周详性,成本低,便于携带,但速度较慢;杂志、图书的容量大,具有规范性、权威性、易保存的特点,但速度慢。另一类是电子类大众传播媒介,如广播、电视、电影、电子邮件、互联网等。其中广播的传播迅速及时,传播面广,受环境因素和公众因素的限制较少,节目制作相对简易、方便而迅速,但储存性差,缺乏形象性。电视的真实感强,具有综合效果,迅速实效,但成本高。网络则几乎具有上述媒介的所有优点,它的优势在于:范围广(无边界媒介),超越时空,高度开放,双向互动,个性化,多媒体,低成本。

(三)公共关系组织传播与媒介

1. 组织传播的含义

组织传播指组织和其成员、组织和其所处环境存在共同的目的、利益、价值观念,进而同心协力完成与环境有关的特定任务所开展的传播活动。任何组织都是与信息传播同步生成的,组织的目标、系统、规范的形成和运作都离不开传播,而组织传播活动又必须凭借组织的系统才能进行。一个组织与其内部公众之间的传播,就是我们所说的内部公共关系工作。组织传播是公共关系自身理论的一部分。因此,了解组织传播,对深入理解内部公共关系有很大的意义。

2. 组织传播的形式

从组织的结构来看,一个组织内部的信息流向有下行传播、上行传播和平行传播三种。

(1)下行传播。下行传播就是指组织的上层将信息往下传达的过程。下行传播由管理者发布指令,争取全体职工合作与支持及采取行动。

(2)上行传播。上行传播是指在一个组织中,下级人员向上级表达意见与态度的传播。所谓反映情况、汇报思想,就是上行传播。

(3)平行传播。平行传播是指组织内部各层级的横向交流,如部门与部门、科室与科室、车间与车间之间的联系。平行传播最重要的任务是协调组织内部各单位间、各职员间的关系,使之能以合作一致的态度,去完成共同的任务。

（四）公共关系人际传播

1. 人际传播的含义和特点

人际传播指个体与个体之间的交流，是最常见、最广泛的一种传播方式，也是人类社会赖以生存和发展的最基本形式。在现代社会中，没有良好的人际关系，任何组织难以创造出更多的社会财富，也无法在激烈的竞争中立于不败之地。良好的人际关系通常表现为交际双方的相互认同、情感相容和行为近似。而良好的人际关系，有赖于有效的人际传播和沟通。

人际传播有两种类型：一是面对面的直接的人际传播（语言、动作、表情等）；二是通过中介进行的间接人际传播（电话、电报、书信、网络等）。在现代社会中，第二种传播方式所占的比重在不断增大。

人际传播的特点：传播双方都有明确的自我意识和对象意识，即明确自己的身份特点和对方的身份特点；人际传播具有双向性，参与传播的双方既是"传送者"又是"接受者"，在传播过程中，双方不断更换角色；人际传播具有较为及时的反馈性，面对面传播是反馈性最强的交流形式。

人际传播的优点：亲切感人，含义丰富，反馈迅速，自由度大。人际传播的缺点：传播面窄，影响小，准确性低，易失真，难度较高。

2. 公共关系口语传播

公共关系口语传播是指在公共关系活动中以口头语言为主要媒介的传播，它是公共关系人际传播的主要形式，在公共关系人际传播中发挥着重要的作用。口语是有声语言，是公共关系社交中最重要的沟通形式与手段。它通过说与听进行思想、情感的交流，行为的沟通与协调，最终达到相互理解、形成共识的目的。

公共关系口语传播中常用的口语形式有对话、商讨、提问、介绍、称谓、说服、赞扬、批评、谢绝和道歉等形式。

四、人员元素

公共关系人员元素是公共关系构成的重要组成部分。无论是专业的还是非专业的公共关系人员，都必须具备良好的素质。它包括职业道德、知识基础、思维意识、心理素质、工作能力等。

（一）公共关系人员的职业道德

1. 遵纪守法、对社会负责

《中国公共关系职业道德准则》（草案）指出："每个公共关系从业人员必须使

自己的公共关系实践和理论符合我国的宪法、法律和社会工作的道德规范,必须铭记他们自身的一举一动都将影响到社会公众对这种职业的总体评价。"法律是由国家权力机关制定认可、并由国家强制力保证实施的行为规范,法律对公共关系有制约和保证作用。因此,公共关系专业人员一方面要从各个关系角度配合党和政府的各项方针、政策的贯彻执行;另一方面必须具备法制观念,主动争取法律的保护。

2. 公道正派、实事求是

公道正派、实事求是也是公共关系人员的道德准则。在开展公共关系活动时,作风正派、办事公道、言行一致、实事求是,不仅表现在口头上,而且表现在行动上,贯穿在一切公共关系活动之中,这样才能获得较好的社会评价。如果弄虚作假、文过饰非,将会失信于人而走向反面,丧失信誉,损害组织形象。综观各国的公共关系职业准则,他们都谈到要公道正派、实事求是。我国公共关系协会也把"实事求是、诚实正直、正视现实、勇于纠错"作为职业道德的要求。

3. 谦虚诚恳、宽容大度

对于公共关系专业人员来说,谦虚诚恳、宽容大度也是必备的美德。在公共关系活动中,最忌讳的是高傲自大、目空一切,那样只能使人敬而远之。只有虚怀若谷,才能在开展业务活动及人际交往中,得到来自各方面的有益的意见和建议,才能对一个企业或一个组织的现实状况和真实形象作出比较合乎实际的判断和评估,获得比较准确的信息。

4. 服务公众、乐于奉献

服务公众是公共关系工作的宗旨。在我国,"为人民服务"的口号早已深入人心,并扩展到各行各业。在党政干部中的"公仆意识"是服务观念的体现,在商业及服务业中的"上帝意识"也是服务观念的体现。中国公共关系组织把"公关从业人员必须做到全心全意为我国社会主义事业服务"、"公众为首先应考虑的利益"作为准则。因此,公共关系专业人员必须坚持从公众的实际需要出发,急公众之所急,想公众之所想,为公众排忧解难。要做到任何场合下都尊重公众,平等相待,竭诚服务,大力维护公众利益,做公众可以信赖的朋友。

公共关系工作是一项实干的事业,公共关系专业人员需要有坚强的意志以及吃苦耐劳、任劳任怨的奉献精神,才能做好工作,有所建树。认为公共关系工作轻松浪漫,只不过是伴舞陪酒、迎宾随游,则是对公共关系的浅见和曲解。

(二)公共关系专业人员的知识基础

1. 扎实的公共关系理论知识

公共关系专业人员必须有扎实的公共关系理论知识,熟知公共关系的基本概念、公共关系的历史沿革、公共关系的职能、公共关系的程序以及社会组织、公众和传媒三大要素的概念等。了解中国公共关系发展的历史以及有中国特色的公共关系理论。根深才能叶茂,有了较深厚的理论修养,才能克服盲目性,才能用以指导实践活动,有所创新,并在实践中逐步完美。

2. 丰富的相关学科的知识

公共关系是一门边缘学科,它与其他学科的交叉点很多。公共关系专业人员还必须具有丰富的相关学科的知识,才能如鱼得水,游刃有余。这些学科知识包括:

(1)组织管理知识。如科学管理、行政管理、经营管理、社会学、心理学、行为科学、社会调查与研究等。

(2)各种传播媒介的知识。如新闻学、广告学、传播学、舆论学、编辑学、写作学、艺术学等。

(3)企业财务知识。如企业管理、市场学、谈判学、财务管理学、会计学、统计学等。

(4)社会学科的其他知识。如政治学、管理学、法学、演讲学、外语等。只有具备多方面的知识,工作起来才得心应手。当然,不能要求每个公共关系专业人员都成为所有学科的行家里手,但对相关学科的基本知识有所了解,则有利于公共关系工作的开展。具有较高的文化修养和广博的知识,多才多艺,应该说是公共关系专业人员要求自身发展的方向。

3. 一定的社会实践知识

由于公共关系工作的牵涉面比较广,公共关系专业人员要接触各种事物,与各种各样的人打交道,最好积累一定的人生阅历和社会经验。在教育部门、政府部门、服务行业等部门工作过或实习过,具备一些社交经验,对公共关系人员非常重要。

(三)公共关系专业人员的思维意识

1. 塑造组织形象的意识和能力

组织形象是公共关系理论的核心概念,是公众对于组织的总体评价。国内外公共关系学者给公共关系下过许多定义。但异中有同的是,绝大多数定义都强调公共关系工作的一种重要目的,即塑造组织的良好形象。因为良好的组织形象是一个组织的无价之宝,珍惜信誉、重视形象的塑造是公共关系意识的核心,公共关系专业人员首先必须有塑造组织形象的能力。

关于组织形象的因素很多,其中最基本的指标就是知名度和美誉度。具有塑造组织形象意识的公共关系专业人员,应该清醒地意识到知名度和美誉度对自己组织生存、发展的价值,应该抓住每一个机遇塑造组织形象。1989年初布什总统访华前夕,一位美国外交官的夫人来到我国某葡萄酒厂,建议该厂把一种很适合欧美人口味的葡萄酒拿到布什总统访华的国宴上去,让各国的使节和来宾感受一下中国佳酿的风味,为它进入国际市场打开大门。厂方一方面满口答应,一方面又在送外交官夫人离开前提出一个条件:由外交官夫人先垫付2000美元。结果摆上国宴并因此扬名的却是另一家酒厂的新产品——长城干白葡萄酒。后者抓住名人效应的机遇,开拓了市场,扩大了知名度和美誉度。前者则目光短浅,斤斤计较,被排斥在潜在市场大门之外。从思维上看,该厂负责人就是没有基本的公共关系意识,没有起码的塑造组织形象的意识和能力,因而与良机失之交臂。

2. 创新审美能力

良好的组织形象一旦塑造起来,就需要保持相对的稳定。而因循守旧、墨守陈规,则不是真正的稳定,在发展基础上的稳定才是真正的稳定。必须有所突破、有所创新。

首先是公关活动的策划与设计要有创新。公共关系是一门科学,也是一门艺术,它有相对的规律可寻,它又有突破固定程式、注重创造的特点。公共关系人员要养成勤于思索的习惯,要勇于创造,选择新的公共关系活动形式。只有创新,才能使组织形象具有鲜明的个性,引起公众的注意。如一般的饭店开业往往都是在报纸上发条消息、开个庆典仪式就完了,他们一般都是面向国内普通顾客。而北京长城饭店则不同凡响,开始就争取到了美国里根总统的答谢宴会在饭店举行,其随行的500多名记者争先恐后向世界各地发布消息。这家饭店后来又相继接待了37位国家元首和政府首脑,他们的客人中有98%是外宾。

人们总是按照美的规律去改造世界,良好的组织形象也应是美的。唯有美的形象,才能为人们所欣赏和接受;唯有美的活动,人们才会踊跃参与。公共关系专业人员的形象应该是组织形象的一面镜子,有时还是组织的代表。有无端庄的仪表,这一点至关重要。相貌粗俗的人固然不宜从事公关工作,但那些徒有其表的先生、小姐也未必合适。合格的公关人员应该相貌端庄、衣冠整洁、举止大方,一言一行都要表现积极向上的精神风貌,举止谈吐落落大方,给人一种自然、潇洒、愉快、亲切的美的享受。

3. 互惠持久的意识

互利互惠是公共关系的功利意识。组织是有自身的特定利益的,不同的组织会有不同的利益需要,但在追求自身利益的同时,一定要给公共关系客体(公众)、给社会带来利益。两者有对立的一面,也有统一的一面,其纽带是互利互惠,兼顾双方利益,共同发展。日本经营之神松下幸之助曾经说过:"一般人认为企业的目的在于追求利益,但追求利益不是最终目的。最终目的在于以此提升共同生活的水准,完成这项最基本的使命,利益才能显示它的重要性。从这个角度来看,经营企业非私人之事,乃公众之事,企业是社会的利器。所以,即使是私人企业,也不应该仅仅站在个人的立场上考虑,一定要经常想到它是否对人类共同生活提升有所裨益。"松下幸之助的话着眼效益、互利互惠,包含着深刻的公关意识。组织对公众"投之以桃",组织的公众也会对组织"报之以李",否则,"一厢情愿",只顾组织一方的利益而不顾组织对象的利益,损人利己,必将失去自己的利益,损害组织的信誉。

4. 沟通交流意识

组织为了塑造良好的形象、更好地为公众服务以实现其公众目标,公共关系专业人员必须有沟通、交流意识。一方面,组织向外部传递信息;另一方面,注意搜集信息。前者是使公众认识、了解自身;后者是吸取公众意见来调整、改善自身,利用双向交流的方法应对环境的变化,保护组织的生存,促进组织的发展。

公共关系专业人员要熟悉各种传播媒介的特点,抓住机会,根据信息的不同性质和内容有选择地传递,要重视信息的真实性和适用性。搜集信息时,要重视准确性、系统性。为了科学地实施组织与公众之间的双向交流、沟通,还需要采取一定的方法,如访谈调查法、问卷调查法、引证分析法、资料分析法等,以便进行定量分析和定性分析。

另外,要建立相对稳定的公共关系网络,加强与社会各界的联系、沟通。如参加有一定组织形式的联合体、系统行业协会、区域经济集团,参加有关部门主办的展销会、联谊会、庆典、纪念会等,形成一个立体交叉式的网络结构。它既可以树立组织形象,强化企业的信誉,扩大知名度,又可以通过这些渠道高速度、高密度地传递和收集信息,增强企业活力。

(四)公共关系专业人员的心理素质

1. 自信心理

自信是公共关系专业人员的重要心理素质。若是缺乏自信、自惭形秽,不能正确地评价自己,这样在人际交往中,就会过分约束自己,不能充分表达自己的思想感情,潇洒不起来,其效果是可想而知的。要使别人信任你、看重你,首先必须相信自己——无论与哪类公众打交道都要充满自信。只有树立自信心,自我感觉良好,在交际中才能灵活自如。因为情绪是相互感染的,自己有了热情才能激起别人的热情。在充满自信的情况下工作,才会使别人信任你。如果你要别人喜欢你,就要让对方知道你是一个有自尊心、也有强烈的成功意识的人。抬起你的头,看着对方的眼睛,微笑着面对一切,那么,你就是一个具有魅力的人。"自信则人信",这可以看作一条人际交往成功的座右铭。另外,公关工作所面临的情况也是千变万化、错综复杂的。有了较强的自信,就可以以顽强的毅力、稳健的姿态,信心百倍地去努力处理各种棘手的问题,使组织转危为安。正如法国哲学家卢梭所说的:"自信心对于事业简直是奇迹,有了它你的才智取之不尽、用之不竭。一个没有自信心的人,无论他有多大才能,也不会有成功的机会。"另外,情绪的稳定性也非常重要。许多人认为公共关系人员应具备外向型性格。其实,具有外向型性格的人固然有许多优点,如开朗、健谈、善交际、喜聚会、谈吐动听、有许多朋友,但他们容易激动,常凭一时冲动作出某种行为,容易粗心大意。情绪的稳定性有助于公关工作。公关工作包括繁杂的日常事务和对各种重大事件的处理,要有稳定的情绪、冷静的态度、温和的声音,努力克制自己,有忍耐精神,使人感到自然、亲切,这样容易制造交流思想、交流感情的气氛,便于解决问题。如果情绪不稳定,不善于控制情感,动辄狂喜狂怒,咄咄逼人,好为人师,容不得不同意见的存在,情绪大起大落,就会使言行失去理智控制,造成失误,甚至会使长期的努力毁于一旦。

2. 热情心理

从事公共关系工作的人员应具备热情心理,因为公共关系工作是需要付出大量的智力和体力劳动的艰辛工作。遇事漠不关心,待人接物冷冰冰的,没有热情,没有全身心的投入,是不能做好公共关系工作的。热情能使人精神振奋、头脑敏锐、兴趣广泛,对事物的变化敏感而机警,从而充满想象力和创造力,思想活跃会使语言机智而幽默。在社交中或处理问题时,待人接物始终保持热情,会使人感到亲切,自然容易创造交流思想、情感的环境,从而使得沟通顺利,给别人留下很好的印象。要注意的是，过犹不及，热情也要把握分寸，不可过分。过分则使人感到虚情假意，令人生厌，别人会认为你别有所图而关闭沟通的大门。

3. 开放心理

开放心理，首先表现为宽容大度，能够接纳各种各样与自己性格不同的人，并与他们搞好关系；能够接受不同的意见，从中吸取对自己有益的东西。如果别人无意中冒犯了你，要宽宏大量地原谅他，不要斤斤计较、患得患失。另外，要与时俱进，以开放的心胸，不断接受新的事物、新的知识、新的观念，并融会贯通地运用到实际工作当中去，这种修养对公共关系工作的开展是大有裨益的。冷静地对待工作中的困难和挫折，也要具有开放心理。工作中遇到困难和挫折在所难免，要实事求是地承认它，才能进行理性分析，越过坎坷，达到胜利的彼岸。

（五）公共关系专业人员的工作能力

能力就是运用知识和智力成功地进行实际活动的本领，是人的素质在各种条件下的综合表现。

1. 组织能力

组织能力是指公共关系专业人员有从事公共关系活动的计划、组织、安排、协调等方面的能力。公共关系专业人员组织任何一个公关活动，都要有章法、有条理、有计划，还要负责实施。这种工作很繁杂，没有良好的组织能力是难以顺利进行的。

2. 社交能力

衡量公关关系专业人员能否适应现代社会需求的标准之一，就是看他是否具有社交能力。公共关系专业人员所面临的是各种各样的公众，要赢得他们的好感，取得他们的理解和赞同，就必须与他们交往、沟通。在诸多的公众之中，有来自四面八方的人，他们的国籍、性别、年龄、职业、宗教信仰、生活习惯、个性特征都不相同。公共关系专业人员要理解、宽容别人，要具备并利用渊博的知识和他们交朋友，这样才能游刃有余。因此，运用各种社交手段建立广泛的联系，对于树立组织形象来说是十分有利的。

3. 口语表达能力

口语表达能力即口才，这是一种运用最广泛也是最重要的能力。在第二次世界大战时，美国人曾将舌头、原子弹和金钱称为赖以生存和竞争的"三大战略武器"。公共关系专业人员要掌握各种语言表达技巧，根据不同对象、不同情况采取相应的表达方式，清晰、简洁、明了地表达思想，并能充分运用动作、表情等非语言手段辅助表达,熟练地运用语言进行演讲、谈判、辩论、交谈,从而吸引对方、打动对方、说服对方,完成传播沟通的公共关系使命。

4. 书面语言表达能力

书面语言表达能力就是写作能力。它以文字为媒介、传播为手段,沟通处理主体与客体的关系,为组织树立良好的社会形象,进而促进事业成功。它具有实用性强、周密性强、庄重典雅、便于传播、便于保存等特点。公共关系专业人员写作的范围非常广泛,与新闻媒介打交道要写新闻稿,组织活动要写演讲稿、宣传资料,策划公共关系活动时要写计划方案,还有信函、致辞、公关广告等等。这些都要求写作速度快,文辞优美,富有感情色彩。因此,有扎实的文字功夫,是对公共关系专业人员的基本要求。

第三节 公共关系职能作用

公共关系的最终目的是塑造、建立和维护组织的良好形象,以促使组织和谐、可持续发展,围绕这一目标开展的工作活动便形成它的职责范围。公共关系职能是指公共关系机构或人员在组织中应承担的职责和功能,一般包括以下几个方面:提高素质、传播信息、协调关系、塑造形象、咨询顾问、化解纠纷。

一、提高员工素质

员工素质是指员工的知识技能、情感态度、价值观以及道德观、绩效观等方面的综合品质。员工素质状况决定着组织整体的质量。通过公共关系管理,组织可以在以下方面提高员工的素质:

(一)公众至上意识

树立公众至上意识是指树立全体员工的公众意识,提高为公众服务的自觉性;通过公共关系教育,使员工真正认识到公众就是市场,就是资源;使员工准确理解组织的角色定位,明确组织对社会和公众的责任。在市场经济条件下,无论组织目标,还是个人目标,都必须立足于满足公众需求的基础之上。"顾客第一"、"公众至上",是任何组织都应当坚持的基本立场。

(二)交往合作意识

树立交往合作意识是指树立交往合作的观念,提高社交能力。现代社会是一个开放的社会,任何组织都不能脱离社会的大环境进行闭门造车式的活动。公共关系带给我们一种现代化的交际观念,即组织与组织之间、个人与个人之间只有沟通信息、加强合作,才能实现自己的社会目标。通过公关知识及技能的培训,员工可以养成一种开放的心态,掌握各种交际的礼仪和技巧,能够进行各种沟通活动。

(三)个人形象意识

树立个人形象意识是指树立注重个人形象的观念,提高自我调节能力。公共关系虽然是一种塑造组织形象的艺术,但组织形象需要通过个人形象去展现,通过持之以恒的公关教育,也可以使组织中的每一个人树立注重自身形象的意识。

(四)与时俱进的意识

树立与时俱进的意识指的是树立与时代共同进步的意识,提高创新能力。组织的工作人员要树立与时俱进的观念,随时注意观念的更新。与剧烈变动的时代及不断求新、求异的社会心理相适应,组织的工作人员应在自己所从事的各种岗位上,树立求实创新的意识,提高创造性工作的能力,从而使组织永远保持竞争的优势。

二、传播信息

一般来说,公关关系传播的信息主要包括建立信息系统和开展公关宣传活动两个方面。

(一)建立一个可靠的信息系统

现代社会已进入信息时代,市场竞争激烈,环境瞬息万变,建立一个迅捷可靠的信息系统,是保证组织生存和发展的一个重要条件。因此,公关关系从业人员要广泛收集公众信息及社会环境信息,建立起具有快速反应机制的高性能信息采集和处理系统,对收集到的信息进行加工和整理,并向组织的决策层进行汇报,为组织作出决策、制定工作计划提供信息。

(二)公关宣传活动

组织要在公众心目中树立良好的形象,获得广泛的合作与支持,就必须宣传自己。公关宣传活动是组织为了与其所处的社会环境建立和保持和谐关系而进行的各种宣传活动,其形式也是多种多样的,如发行组织宣传刊物、举办各种形式的联谊活动、节假日的宣传推广活动、盛大的周年庆典活动等。举办大型公关活动以引起大众传媒的注意和报道、主办新闻发布会等为传媒提供报道的材料,是现代公关活动的一种重要手段。

三、协调关系

协调关系即组织运用各种手段,为组织疏通渠道,发展关系,广交朋友,或减少摩擦,化解敌意,调节冲突,成为组织运作的润滑剂、缓冲器,为组织与各类公众交往架构桥梁,为组织生存发展创造和谐的环境。

协调关系主要包括以下两个方面的内容:

(一)协调组织内部关系

组织内部协调就是通过建立和完善组织内部沟通协调机制,促进内部信息交流的顺畅,包括纵向的上下级关系和横向的平级关系两大类。

公共关系工作通过有效的信息沟通和交流,可以更好地促进组织内部领导者与员工之间、组织内部各职能部门间的和谐关系,以提高组织的向心力、凝聚力。组织内部团结是外求发展的基础,公关部门应为营造内部和谐的人际关系而努力。

(二)协调组织外部关系

组织在运行中,要注意协调好各种外部关系,处理好组织与外部公众的相互关系,特别是把与组织目标直接相关的公众作为协调的重点对象。在组织发展中,当组织处于不同状态时,协调关系的方法侧重点不同。

1. 当双方处于和谐状态时

协调工作的重点在于通过不断传播组织方面的业绩以保持和强化公众心目中已树立的良好形象。有着卓越声誉的组织,同时也拥有比较良好的公共关系。通常可以通过开展周年庆典等活动来加强自己在公众心中的良好形象。

2. 当双方关系处于不和谐状态时

此时,协调关系工作的重点首先是自我反省,然后客观地分析双方的情况,提出改进双方关系状态的具体方法和措施。

3. 当双方关系处于不明朗状态时

此时,协调工作的重点首先是组织主动沟通,用真诚的态度来表达自己的立场与主张,竭力消除公众紧张或戒备等逆向心理因素,为双方交流创造好条件。

同时，组织应向公众交底交心，努力使公众明白双方关系的状态，以利于以后关系的建立和发展。

四、塑造形象

在公众面前树立良好的组织形象是公共关系的核心工作，公共关系形象既包括社会组织展现给社会公众的各种感性的、行为的、整体的诸如社会组织的整体形象、人员素质、管理水平、服务水平、工作效率、经济实力、产品特点等，也包括公众对社会组织的总体印象和评价。

评价组织形象有两个基本标准：知名度和美誉度。

（一）知名度

知名度是一个组织机构产品或服务被公众认知的程度。这是评价一个组织名气大小的客观尺度，是公众从量的方面对组织形象进行的评价。

（二）美誉度

美誉度是一个组织获得公众信任、赞许的程度。这是评价组织对社会影响好坏的指标，是公众从质的方面对组织形象进行的评价。

拥有良好形象的组织，知名度和美誉度很高，这样的组织在开展一系列公共关系活动时，能更好地获得外部公众的肯定与信任，获得更多的支持与投资，还可以加强企业内部公众的归属感和自豪感，加强企业的向心力和凝聚力。

（三）信誉

组织信誉是指企业在市场上的威信、影响以及在消费者心中的地位、形象、知名度。信誉是组织形象塑造的基础，是组织的生命线。公共关系的根本目的是通过细致入微、持之以恒的具体工作为组织树立良好形象和信誉，以取得公众理解、支持和信任，而良好形象和信誉的树立，又会促进组织目标的实现和效益的获得。

五、咨询顾问

咨询顾问是指公共关系专业部门或公共关系专业人员向组织领导提供有关组织形象和公众动向方面的情况说明和参考意见，其主要内容是为组织形象管理决策提供科学依据。

公共关系咨询顾问职能一般包括以下几个方面：

（一）公众情况咨询

公众情况咨询包括公众一般情况咨询和公众深层的心理状况分析。

（1）公众的一般情况咨询是对公众现状的分析和说明，主要向决策者提供组织与公众关系状态的情况说明，如组织树立美誉度和知名度、公众对公司产品和服务的反映、关于组织的社会舆论及同行间的竞争状况等。目的是让决策部门全面了解和掌握公众的一般情况，以便适时调整组织运行机制，为实现组织目标创造有利条件。

（2）公众深层的心理状况分析是指对公众的心理和行为进行分析预测。随着社会环境的不断变化，公众的心理和行为也会发生变化，公众心理和行为变化与组织的运行密切相关。假如公众的心理和行为发生了重大变化而组织仍按原来的模式运行，势必对组织和公众的沟通与合作造成障碍，也将给组织目标的实现带来一定的影响，因此，公共关系专业部门应在全面而详实地掌握公众信息的基础上，对公众的心理和行为变化进行科学的分析和预测，为组织决策层提供咨询顾问。

（二）为完成组织目标方案提供咨询顾问

（1）为制定组织目标提供咨询顾问，以是否满足公众利益的尺度来衡量决策目标的社会制约因素和影响效果，努力使决策目标同公众需求、社会发展相一致。

（2）协助组织拟定和选择方案。决策方案是实现决策目标的各种方法措施的总和，公共关系专业人员在对收集来的信息进行全面而科学分析的基础上为组织决策层制定决策目标提供客观依据。同时，运用各种公关手段帮助决策者评价选择实施最佳的决策方案，为增进组织社会效益和经济效益服务。

（3）协助组织调整决策目标、完善决策方案，即分析决策组织实施的效果，特别是分析评价目标公众的影响和产生的社会效果以及这种社会效果对决策目标的制约和影响作用。公共关系专业人员要善于运用公众网络和大众传媒对已付诸实践的方案进行追踪与反馈，并将结果及时反馈给组织的经营管理部门和决策部门，以便其适时调整决策目标，完善决策方案。

六、化解纠纷

常见的公共关系纠纷表现为政策实施引起的纠纷、工作进程引起的纠纷和利益分配引起的纠纷。

(一) 防止公共关系纠纷的出现

现代企业面临的各种社会关系异常复杂,而且这种关系处于动态变化之中。由于企业与公众存在着具体利益的差别,在公共关系中充满着各种矛盾,如果对这种状况缺乏正确的认识,对问题处理不当,就会产生公共关系纠纷。公共关系纠纷一旦发生,对企业、对公众、对社会都会带来极大的危害。所以,公共关系专业人员应强化防范纠纷发生的意识,尽可能使纠纷不发生。这要求企业制定防范公共关系纠纷出现的措施,企业管理层和公共关系专业人员应具有防范公共关系纠纷发生的意识。

(二) 建立"预兆报警"、"信息系统"

为了更好地反映舆论,要建立各种调研制度。首先要建立预兆报警的信访制度;其次要广泛开展民意测验、走访公众等调研活动;第三要建立企业自查制度;最后要建立公共关系预测的评估制度。

(三) 妥善处理纠纷的方法

公共关系纠纷一旦发生,公共关系专业部门要协助领导及时妥善地加以处理,争取圆满解决。在处理公众投诉、妥善解决纠纷时,公关人员要注意如下几点:

必须诚恳、耐心地倾听公众的意见,在倾听的同时表示同情与理解,争取在感情上和心理上与之产生共鸣,千万不能急着为自己辩解,更不能企图压服公众,否则,不但解决不了问题,反而会强化对立情绪。

设置专门的接待室,并由公共关系专业人员负责处理顾客纠纷。

倾听完公众的投诉后,公共关系专业人员立即表态,其中第一个姿态应是向投诉者表示真心实意的感谢,肯定他们的投诉是对本组织的爱护。

如果公众投诉合理,应当即提出处理意见,或退或赔,并立即与有关部门取得联系,如果是本组织业务人员态度问题,应马上赔礼道歉,最好让肇事者自己表示道歉。

如发现公众投诉具有普遍意义,应马上发布广告启事;如果产品质量不过关,应登报进行召回。如接到信函投诉,应记下对方通讯地址,处理完毕即向对方汇报,忌用铅印定型的复函,否则即使做了补救也不完满,因为对方会觉得太过程式化而有冷冰冰、不近人情之感。

【案例与点评】

案例一：一次有特殊意义的论辩会
——记中国公关协会学术委员会四届一次(扩大)会议

(1997年8月23日于苏州)

在中国公关协会成立10周年、全国正迎接党的十五大召开之际，为了更好地服务于深化改革和扩大开放大局，促进市场经济的发展和两个文明建设，中国公关协会学术委员会于1997年8月20日至23日，在江南名城苏州市召开了四届一次(扩大)会议。出席会议的有本届学术委员会委员、特约研究员、特邀代表41人，收到论文24篇。

在开幕式上，中国公关协会常务副主席兼学术委员会主任翟向东同志发言，阐明了这次会议的主题，提出了开好会的希望。他指出："前几年的研讨会，理论与实际结合，偏重于研究中国公关为中国的宏观目标服务、走有中国特色公关之路的问题。这次会议要偏重于学术性研讨，探讨中国公关基本理论如核心概念、定义、定位等问题。"他强调，要进一步解放思想，各抒己见，勇于论辩，寻求共识，求同存异，明确中国公关的本质特征，在建设有中国特色公关理论方面迈出新的步伐，显示中国公关的特有形象。

江苏省苏州市委常委、秘书长黄炳福同志到会，介绍了苏州转变观念、抓住机遇、加速发展上新台阶的经验。承办单位苏州铁道师范学院陈志豪副院长和协办单位创捷企业集团沈晓春总经理、迈克汀营销培训中心陆志忠主任分别致词祝贺。

与会代表认为，会议以公关基本理论问题为研讨主题，十分必要，不仅有现实意义，也有继往开来的历史意义。大家围绕着中心议题，首先回顾了现代公共关系在中国十几年的发展和六次理论研讨会、两次中国公关特色研讨会和四次全国高校公关教学研讨会等活动所取得的成果与进展，对构建有中国特色的公共关系理论体系的关键问题，采取了客观冷静、积极认真的态度，运用科学严谨的方法，各抒己见，畅所欲言，热烈争论，深入研讨，寻求共识，明确了一些问题，廓清了一些问题，也提出了一些新问题。大家一致认为，这是中国公关理论界一次有特殊意义的会议，其成果定将在今后的公关理论研究中日益显示出来。

会议就以下几个问题取得了基本的共识。

1. 关于公共关系的概念问题

会议上明确了"公共关系"是一个多义词,首先应将其认定为一种"社会关系",以此作为它的属概念。对于由这种"社会关系"的存在而派生出来的与之相关的有些概念,例如"公共关系活动"、"公共关系工作"、"公共关系意识"、"公共关系学科"等等,宜采取逐个分别界定的方法,以避免出现学科中概念混淆和交叉使用的混乱现象,影响人们对公共关系的正确认识。

2. 关于"公共关系学"的学科归属问题

绝大多数代表认为,虽然公共关系学有交叉学科、边缘学科的性质,但从整体上看,从其本质属性上看,还不能说它是自然科学、社会科学之外的又一种科学。它仍然应属于社会科学,社会科学中一门独立的、综合性的应用学科,不可将其排除在社会科学之外。即便它目前还不十分完善,但必将随着实践的发展和研究的深化而逐渐完善起来。

3. 关于公共关系的"核心概念"问题

代表们首先回顾了"核心概念"在中国多年来不断进行探索、论战的成果,认为1989年在深圳举行的第一届全国高校公关研讨会上,为证明公共关系学具有学科独立性而论证了公共关系有其核心概念,这一讨论,在中国公关学科研究史上起了重要的催发作用。此后多年来的探讨,呈现出多样化、本土化、丰富化的特征。而今,全国已至少有500所院校开设了公关课,公共关系已列入教委(现为教育部)专业目录中一些专业的必修课程。国家社会科学基金资助项目已将公共关系学科列入社会学范畴。公关学士、硕士和博士(方向)及高级职称,已经得到社会与有关部门的认可。公关学有自己特定的研究领域,其学科独立性已成为不争的事实(虽然其体系尚待完善)。

其次,公关界有些同志从不同角度、不同侧面与不同学科背景进行探讨,先后提出以"传播"、"塑形"、"管理"、"协调"等作为公关的核心概念,深化了公共关系学的研究,都是有益的。但作为反映事物的特有属性(固有属性或本质属性)的思维形态的"概念",是人们长期在认识客观事物的过程中逐渐认识并进行概括而得出的。目前的多种说法,任何一种都不能得到公关界的一致认同,说明尚在认识过程中。这就需要我们认真思考,是不是一定要找到一个核心概念,公共关系才能叫作一门学科?大多数代表在讨论中认识到,长期以来,一门学科的建设,需要寻找的实际上是这门学科的逻辑起点,其基本问题、核心内容,是指导公关事业的指导思想,而不是核心概念。一个概念承担不了构建如此巨大系统的任务。1989年提出的被当作核心概念来论证的,也是学科的基本问题。如哲学的"物质与精神"、"存在与意识"不仅仅是核心概念,而且不只是一个概念。

目前,大家有不同看法是正常现象,随着公共关系的发展,哪种说法比较符合公共关系发展的本质规律与特征,有待继续探讨,需要取得更多人的共识,并在实践中经受检验。

再次,不确定核心概念,也并不影响公共关系学科的确立和具备独立性。大多数代表认为,一门学科的确立,关键在于是否有自己特定的研究目标、研究对象,是否有自己的逻辑起点和研究领域。大多数学科都有自己的研究对象、研究的基本矛盾、基本问题,并非先创出一个核心概念,而后开展学科研究。中国公关理论的研究对象和领域是明确的,今后应更加注意研究基本矛盾、基本问题,加强学科体系的科学性、系统性、严谨性,尤其应注意对公关的基本矛盾、基本问题进行深入探讨。

4. 关于中国公共关系的定义问题

代表们认为,对中国公共关系的本质属性作一个确切而简要的说明,形成定义,极有必要。但"公共关系"一词多义,内涵与外延繁多,难以简要概括。应区分源与流,遵循严谨的逻辑规则,具体情况具体分析,寻求科学的定义。对那些即兴解释,不按照科学定义方法作出的语义定义的描述、可以有多种解释的比喻,以及似是而非的所谓定义,应排除在科学定义之外。会上对中国公共关系的含义进行了讨论,并各自以文字简要表述了自己的见解。这些表述反映出在互相启发后,大家普遍吸纳了他人的见解,在有些问题上扩大了共识,也有的坚持自己的见解。这充分体现了求同存异的精神。对中国公关含义的继续研讨、进一步明确,也将发挥它一定的导向作用。

5. 关于公共关系学的中国特色问题

代表们一致认为,公共关系的一些基本原理,在全世界是有共性的。但各国的国情不同,实施中都必须结合各国的实际。我国是一个社会主义国家,处在初级阶段,为建设有中国特色的社会主义,正在加快社会发展和社会主义现代化建设,改革在深化,开放在扩大,市场经济在进一步发展,若想更好地发挥公共关系的作用,公共关系的研究必须联系中国的国情、文化背景、社会制度,以及联系国家走向21世纪的宏观目标,鲜明地突出中国公共关系的个性和特色。

与会代表还对公共关系学的定义表述、公共关系学的理论体系构建、公共关系的构成要素、公共关系工作的价值目标、公共关系学与学科的界定等问题,进行了有益的探讨。一些代表提出了新颖的和很有价值的见解,对公共关系理论探讨的深化发展,作出了积极的贡献。学术委员会希望公共关系界同仁就上述问题进一步进行探讨,把公共关系理论建设推向新阶段。

会议期间,代表们还对公共关系的职业化问题和它在两个文明建设中的作用以及公共关系事业发展趋向问题进行了讨论,议定要根据中国公共关系从业队伍发展的现状,参照世界惯例和发达国家的先进经验,起草报告送劳动部,争取职业榜上有名,为中国公共关系的职业化开辟道路。

会议坚持理论联系实际的原则,会内围绕主题热烈讨论,气氛和谐友善;会外参观了中国皮件商城,听取了经验介绍,进行了现场咨询服务;并与当地合办了报告会和研讨班,有5名学术委员和特约研究员进行了演讲。学术委员会还听取了与会同志的意见,就今后的工作进行了商议。

与会同志一致认为,这次会议方向明确,主题突出,学风客观务实,发言认真严谨,充溢着浓厚的学术探讨气氛,形成了一些共识,有利于公关理论研究继往开来,有利于引导中国公关顺利走向新世纪的旅程。

(本文引自《中国公共关系基本理论大论辩》一书)

点评:

这是一篇全国公关理论研讨会的纪要,它所记述的问题十分重要。20世纪80年代初现代公共关系引进中国后,由于没有自己的现成的经验和理论,人们大多借助美欧发达国家的实践操作经验和学科理论。直到90年代,中国的学者、专家才开始多方面地探索符合中国国情的新问题,力图使公共关系中国化。

苏州全国公关理论研讨会正是在上述背景下召开的。会议的内容为公共关系若干基本理论问题,这些问题在当时还众说纷纭,难得统一。这次会议通过众多国内知名学者、专家的研讨,甚至争辩,终于在一系列问题上取得了共识:如明确了公共关系属性的"社会关系",相对独立的社会科学归属,形象论、社会关系论、协调论、传播论等核心理念,中国特色公关以及科学定义等。会议大体上总结了中国公共关系15年的实践与理论成果,对若干基本理论问题不同程度地达成了共识,其意义深远,价值重大。

这篇案例的编写抓住了若干关键的论争问题,观点鲜明,文字简练。当然有一些具体问题难以统一说法,案例也力求客观介绍,留有余地。

进入新世纪,在党的和谐社会战略政策指引下,公共关系学科理论又有新发展。公关和谐理论的提出和倡导,不仅观念新,而且符合中国传统文化和现实国情。这是公关理论研究的一次飞跃和深层的提高,它对中国未来公共关系事业的发展将起重要的指导作用。

案例二:政府公关

2001年7月13日,随着奥委会主席萨马兰奇的一声"Beijing",全国都沸腾了,中央电视台随即在屏幕上打出四个大字:"我们赢了",各地也举办了多种多样的庆祝活动。可以说,北京申奥的胜利,也是中国政府公关的胜利。北京申奥过程是经过精心策划而实施的。申奥政府公关的主体是中国,是北京。国际奥委会执行委员何振梁则说:"选择北京,你们将把奥运会第一次带到拥有世界上1/5人口的国家,让十几亿人民的创造力和奉献精神为奥林匹克服务。"担任国际奥委会主席长达21年之久的萨马兰奇卸任时最大的心愿就是把奥运会带到世界上人口最多、又有巨大经济潜力的中国。由此可见,中国已经成为受世人关注、有重要影响力的大国。北京申奥成功的一个重要原因是具有最高的民众支持率。中国95%支持北京申奥的民众和受中国奥运情绪感染的国际奥委会委员,这是北京申奥最重要的目标公众。

北京奥申委确定了"新北京、新奥运"的申办口号,提出了"绿色奥运、科技奥运、人文奥运"的申办理念,提供了一部长达500页、涉及17个主题的申办报告,并把"95%的公众支持率"的调查结果写进其中,还制作了精美的北京申奥宣传片。在投票前夕的新闻发布会上,北京奥申委秘书长慷慨陈词:"我们有信心创造历史。这将是奥运会第一次来到有近13亿人口和五千年文明史的东方大国。"

2001年4月4日,是申奥结果揭晓倒计时100天,北京奥申委提出了4月4日为全国支持北京申奥统一行动日的倡议。这个倡议得到了全球华人的积极响应。5月8日,全球华人、支持北京申奥联合委员会在德国杜塞尔多夫市举办了以"全球华人心连心,齐心协力申奥"为主题的系列活动。6月16日,中华全国体育总会和中国台北田协共同举办了"北京奥运,炎黄之光"海峡两岸长跑活动。6月23日,美国西部华人在雄伟的居庸关举办了祝北京申奥成功的"奥运龙——大地艺术作品展示"活动。所有这些都是加强内部公共关系行为的体现。

2001年6月12日,北京奥申委派代表参加了在肯尼亚举行的非洲国家奥委联合会第9次大会。6月23日晚上,古老的紫禁城飘荡起世界三大男高音帕瓦罗蒂、多明戈和卡雷拉斯激昂高亢的歌声,全世界都为这种中西文化合璧之美而赞叹,这是一个难眠的"6.23"奥林匹克之夜。作为中国国际奥委会主席、北京申奥代表团顾问的何振梁,从2001年2月以来的5个多月里,他就有69天在国外和飞机上,出访11次,走了20多个国家和地区。所有这些都是为发展外部公共关系而作出的努力。

北京奥申委吸取了悉尼申奥成功的经验,主动与西方媒体广泛接触,邀请外国记者来华访问,让世界了解中国、了解北京。2001年2月21日,以海因·维尔布鲁根为主席的国际奥委会评估团一行17人,对北京进行了为期4天的考察。7月13日北京申奥团陈述报告一结束,立即就有各国奥委会委员轮番提问,涉及环境、场地、语言、运动设施、反兴奋剂、资金盈余等问题。代表团成员用英语一一作答,列出了令人信服的事实数据。

北京申奥团的陈述与众不同。它包含了三个基本方面:一是坚实的保证;二是明确的优势;三是调动国际奥委会委员的情感。在看似平淡中隐含着"玄机",那就是中国人民的真诚、朴实和实在。2000年9月9日,国家主席江泽民致信国际奥委会主席萨马兰奇,表明中国政府完全支持北京申办2008年奥运会。2001年7月13日,北京申奥代表团第一个出场陈述李岚清副总理的庄严承诺:"如果此次奥运会发生盈余,我们将用它建立一个奥林匹克友谊基金,来帮助发展中国家的体育事业。如果发生赤字,将由中国政府承担。"这不仅增加了国际奥委会委员对办好2008年奥运会的信心,而且激发了国际奥委会委员对中国的好感和敬意。这为中国塑造了良好的公众形象……

点评:
申奥是亿万中国人民关注的大事。申奥成功,举国欢腾,中国政府公共关系取得重大胜利。案例从政府公共关系的角度,回顾和总结了申奥的历史进程,并在千头万绪中理出几个典型的层面,把申奥升华到卓越公共关系的高度和境界。

第一,案例通过几位中国领导人的讲话,突出中国在改革开放以来所取得的伟大成就,并以此为依托,着重表述中国令世界瞩目的政治、经济、社会文化、人口以及95%民众申奥支持率的巨大优势,在申奥战略上夺得先机和主动。

第二,案例以富有深意的申办口号和理念,用多位名人精彩而有特色的陈述、表态,向世界作出承诺。同时利用游说、劝服、宣传活动,在竞争中赢得广泛的支持和认同。

第三,案例较具体地揭示了政府公共关系在处理公众关系、传播沟通活动、树立良好形象和强化科学管理策略诸方面的公共关系本质,将公共关系主体、客体、媒体三要素整合起来。

这个经验总结式的案例,其结构安排由两大部分组成:案例的主体部分,重在记叙、描述申奥的经典过程,抓要害、摆事实、说事理,娓娓道出获胜的成功"秘诀"。别开生面的理性总结,思路清新,不同于一般行文的写作。当然,抽象说理只是一种经验的升华,应力求精练,留有余地。

【练习设计】

1. 解释下列概念:

(1) 公共关系

(2) 雷克斯·哈罗博士

(3) 弗兰克·杰夫金斯

(4) 公关部

(5) 公关公司

(6) 公关协会

(7) 公众

(8) 政府公共关系

(9) 大众传播

(10) 知名度

(11) 美誉度

(12) 公关员

2. 试比较公共关系本质理论中形象论与和谐论的内涵与区别。

3. 比较公关部、公关公司和公关协会的不同职责与工作。

4. 以宾馆或学校为例,画一个内部公众和外部公众图表。

5. 结合一项企业的公共关系工作,说明"公关协调关系"的重要性和方式方法。

B 部

公共关系社会交往与礼仪

第三章 公共关系社会交往

【本章提要】 社会组织在与公众进行交往活动中,为达到预期的行为效果,需要运用公共关系的技巧来进行信息沟通、公众交往、关系协调。成功的公关人员需要具有出色的语言表达能力,这不仅是公关中展现个人魅力的需要,更是社会组织在公众中赢得良好评价和形象的重要基础。富兰克林说过,说话和事业的进展有很大关系,你如果出言不慎,那么你将得不到别人的合作、别人的助力。那么,如何全面地认识和提高公共关系交往能力,使公关活动有效而顺利地开展呢?这将是本章研究讨论的话题。

第一节 公共关系社会交往概述

一、公共关系社交的性质与特点

公共关系社交就是通过语言、文书等多种交往形式,直接与公众进行交流沟通,以达到互相了解。情感交流、互相信任,营造富有人情味的合作气氛,从而促进组织利益和公众利益的共同实现。

每一个社会组织都是不能孤立存在的,它需要同周围的许多组织和个人发生联系。社会交往是公共关系的重要职能之一。公共关系活动离不开正当的社会交往,但是公共关系社交与一般的社会交往有所不同,在以下几个方面应注意：

有组织　公共关系社交是公共关系专业人员在组织的特定公共关系战略策略指导下开展的；它的交往对象不是根据公共关系专业人员的个人喜好随意选择的，而是与组织有一定关联的特定社会公众；它的交往过程应获得组织人力财力的支持，组织应给以必要的监督。

有热情　公共关系专业人员对于交往的公众对象应当抱有极大的热情，在交往活动中力求避免个人情绪的影响，在交往中要谦虚有礼，不可狂妄自大、盛气凌人，要使对方感受到真诚与恳切。

有原则　公共关系专业人员开展社交活动，要热情而不失立场，保持自己的尊严和自信心，不在别人面前奴颜媚骨，讨好别人。不拿原则做交易，杜绝交往中的不正之风，自觉抵制庸俗关系学。不做违反国家法律、政策的事，不做违背组织发展、有损组织利益的事。

二、公共关系社交的基本形式

我们可以根据不同的标准将公共关系社交分为以下不同类型：

（一）横向交往和纵向交往

根据公共关系社交工作的不同方向，可以分为横向交往和纵向交往。横向交往就是平行交往，泛指组织机构内部工作人员的交流与沟通以及平行组织机构之间的业务交往，它是公共关系社交的主要形式。纵向交往即上下行交往，它包括上行交往和下行交往。上级机关将方针政策、计划任务等向下级布置或传达通常被称为下行交往。弥补下行交往不足的是上行交往，即下级向上级部门报告信息的表现形式。仅有下行交往，只是单向沟通，具有局限性；仅有上行交往，将矛盾上交，也可能造成隔阂与阻塞。所以，一般提倡上行交往和下行交往同时使用，互为补充。

（二）语言交往和非语言交往

根据公共关系社交工作的不同方式，可以分为语言交往和非语言交往。语言交往又可以分为文书交往和言语交往——文书交往是指用文字发布或信息交流的行为；言语交往是指用口头传递或信息交流的行为。非语言交往是指用非语言方式（比如表情、眼神、手势、身姿等）进行交流与沟通，例如交往时保持双方的位置，把握声调和频率以及留意神态等，都有利于提高交往的效果。

(三)有意识交往和无意识交往

根据公共关系社交工作的不同目的可以分为有意识交往和无意识交往。凡有明确目的的沟通行为都是有意识的交往,比如组织机构的广告宣传、决策指挥、思想政治工作、人际关系的组织协调等一系列行为,都存在着有意识的交往因素。无意识交往是指人们在接触中不知不觉地互相接受对方的影响,即俗称的潜移默化。无意识交往对人们的心理和行为变化具有重要影响,在某些情况下比有意识交往影响更大。

三、公共关系社交的基本需要

交往是人的社会关系和个性关系的实现,人的所有关系都是在交往中实现的,离开交往,关系就会消失。公共关系社交有其基本需要,这与公共关系社交心理有关。公共关系社交心理是指人们在公共关系社交的过程中所形成的一定的心理联系。它在通常情况下是难以直接观察到的,但每一个交往着的人确实体验到自己从交往中得来的印象和情绪的变化。从社会心理学角度讲,无论是组织的还是个人的沟通交往都离不开互动、影响公众和表达感情这三种最基本的需要。

(一)互动的需要

人是社会人,组织是社会的组织。人需要在人际互动中认识自己、认识他人和认识社会。不同的人会有不同的互动需要,有人喜欢与人结交,乐意与人分享信息,渴望了解别人和被别人了解;有人则孤芳自赏,不善于结交,既不想了解他人,也不愿他人了解自己。但各种情况均会随着环境的变化而发生变化。社会组织与社会组织之间也有互动的需要,这种互动往往取决于组织的领导人,因而它是人际互动的整体表现形态。

(二)影响公众的需要

每个公共关系专业人员在社会组织中均占有一定的位置,扮演一定的角色。角色关系在人际关系交往过程中往往会决定着谁对谁具有更大的影响力。人不仅有表现自己意志的倾向,还有以自己的思想和行为来影响他人的需要。有组织的公共关系社交更是希望通过交往活动自觉地对目标公众施加影响,从而达成组织与公众的一致态度和合作行为。在组织内部公共关系活动中,领导人总是想以自己的观点和行动来影响组织的其他成员;而组织的其他成员也不总是被动的,他们一般会以积极工作的态度和突出的成绩来影响领导,彼此之间相互影响。

(三)表达感情的需要

社会交往在很大程度上是感情的沟通。人总是通过人际信息交流来表达自己的喜怒哀乐。组织内部各成员之间、组织成员与其他组织成员之间、组织成员与公众之间都会通过沟通建立一定的感情关系,也都会通过表达和接受感情,进一步沟通,从而形成良好的、亲近的心理关系,并对双方往后的交往产生一种特殊的影响。

第二节 公共关系语言

一、公关语言的含义

语言是人类使用频率最高、最重要的交际工具,是维系人际关系的重要纽带。人类创造了语言,语言又服务于人类。语言是人类表达感情、沟通思想、传递信息的最基本、最重要的媒介。

(一)公关语言是语言在公关实务领域的具体运用

公关语言是为实现特定的公关目标而进行的语言活动及其结果。公关语言是一种应用范围广泛、具有很强实用价值的语言。公关活动的目的就是树立组织形象,协调组织内外各种关系。公关语言的运用是实现组织目标的重要因素。

(二)公关语言以礼貌语言为基础

公关语言首先必须是礼貌语言,但又不仅仅停留在礼貌语言这个层次上。运用公关语言与公众交流,要认真遵循、充分体现真诚、平等、互利的原则。

(三)公关语言要有公众意识

在信息传播中,应根据不同的公众对象,选择不同的语言材料和表达方式,以期达到最佳的传播效果。这就是公关语言的公众意识。例如:可口可乐在美国推广的广告语言:"妈妈知道你往水里加几块冰了吗?可口可乐知道。"显然,从这则广告语可以看出,它是面向少年儿童及其父母,它的公众对象是少年儿童,运用这种广告语言会激起孩子与其父母的购买行为。

（四）公关语言具有感染力，能打动对方

国外有这样一则故事：有一位盲人在路旁向人乞讨，他在面前放着一张纸条，上面写着："我的眼睛瞎了，请给我几个钱吧！"路上来来往往的行人从他身边匆匆走过，很少有人施舍。有一位诗人路过这里，盲人向他乞讨。诗人说："我今天没有带钱，但可以为您写两句诗。"诗人在盲人的纸上写道："阳光多么美好，可惜我看不见！"过往的行人看到这简短的两句诗非常感动，纷纷为盲人解囊。前一张纸条写着字要钱却得不到钱，而后一张纸条对钱字只字未提，行人却主动施舍。其原因就在于后一种语言是能打动人心的公关语言，诗句引起了人们的怜悯之心。

二、公关语言的基本要求

公关语言不同于一般日常用语，它除了要表达思想、传递信息之外，还必须围绕组织目标，恰当地运用公关技巧与艺术，美化语言。在与公众进行语言交流时，公关人员的语言应尽可能地准确、完美、耐听。为达到此目的，对公关语言有以下几点基本要求：

（一）原则性与灵活性统一

每个人都有自己为人处世的原则，这些原则从他的说话方式、语气、语调等方面也可以体现出来。每个组织都有自己的原则立场，公关人员作为组织形象的代表，应坚持和维护组织的原则立场。

（二）遵守公认的语言规范

公认的语言规范指的是国际国内公认或法定的语言、文字、语法标准。不同国家、不同地区的语言规范各不相同。世界通用的语言是英语。我国采用汉民族共同语为国家通用语言。普通话是现代汉民族通用的语言，也是中华各民族之间交际的通用语言。普通话是一种规范的语言，它的语音、词汇、语法都有明确的规范标准。公共关系专业人员能说一口标准流利的普通话是其基本素质之一，也是开展公关工作的必要条件之一。当然，在某些特殊场合，如在少数民族区域或偏僻山区，方言的适时运用可能更有效。

（三）语言文明礼貌

组织成员的言行必须考虑到公众的愿望和利益以及社会影响。无论在什么情况下，公关语言都应该注重文明礼貌，尊重公众。语言粗俗、生硬、偏激、过火等是公关的大忌。

公关语言的文明礼貌表现在语言内容、语言形式、语言行为三个方面。它要求说话时举止文雅、态度诚恳、谈吐谦和,不强词夺理、不蛮横无礼、不欺诈、不粗俗。具体要求是:语调亲切柔和,口气温和委婉,措辞庄重典雅。

公关语言具有极强的艺术性。由于公关语言应用范围极广,从非正式的社交寒暄,到正规的宴会致辞;从人数不多的对话谈判,到面对大众的演讲报告,都需要公关语言,因此,掌握公关语言的表达艺术至关重要。

三、公关语言表达

(一)赢得对方的信任

与人交谈说话,一个关键的因素是:你是否能赢得对方的信任。如果对方信任你,你的话就易被对方接受,否则,就难以取得效果。一个不够真诚、不被人信任的人,说话时碰到的最常见的情况是:别人要么对他心存芥蒂,或爱搭不理、心不在焉,要么就是虚情假意,逢场作戏。因此,与人说话时,要想达到目的,首先要赢得对方的信任。那么,如何才能做到这一点呢?

1. 纯洁动机

淡化或消除说话的利己意识。要让人感受到:你的动机是纯正的,没有什么不良的意图。纯洁动机的最好方法是站在对方的角度看待问题,多说"you"(你)如何如何,少说"I"(我)怎样怎样。一旦对方觉得你的话是从他的利益出发,也就容易与你沟通了。

2. 言为心声

说话要做到言为心声,真诚待人。1968年,美国心理学家诺尔曼·安德森对信息传播者的个性品质进行了专门研究。他列出了555个描写人的个性品质的形容词,然后让大学生挑选出他们最喜欢的形容词。研究的结果表明:大学生们评价最高的个性品质是真诚。因此,说话的态度要真诚,这是语言传播沟通的一个基本原则,也是获得对方信任的前提。要特别注意的是,心直口快,直来直去,这是一种真诚,但未必是最佳的说话方式,甚至常常会适得其反,不能取得满意的沟通效果;而说话时,若能根据具体的情况,灵活地加以处理,却不失机智,与真诚也能并行不悖,倒更能表现出说话的艺术。

(二)不同情况下的表达交流方式

1. 根据不同身份说话

这句话的意思是,说话要看自己的身份。如果像许多人喜欢的那样把人生比作一个舞台,那么,在这个舞台上要演好自己的角色,就要遵循演戏的基本规则,不干不符合自己角色的事,不说不符合自己角色的话。问题的难度在于:生活比演戏难,因为一个人一生中要扮演许多不同的角色。拿破仑说:"我不是我,我是系列的我。"他指的就是这个意思。一个人既是儿子,又是父亲;既是学生,也是老师;同时,还可能是恋人,是炒股票者,是领导……

在生活中,人们常犯两种错误:一是不能变换角色,老用一种角色的口气讲话。比如,一个领导,不论是在家里,还是在朋友面前,或是在公共场合,总是教训人,打官腔;二是说话超越自己的身份。比如,刚毕业走上工作岗位的大学生,在还不了解本单位十分复杂的人际关系的情况下,就冒冒失失地提出这改革措施、那创新方案。纠正这两种错误的有效方法,就是致力于培养说话的"角色意识"。

与人说话交流要灵活运用 PAC 沟通理论。人格结构的 PAC 沟通,是人的三种心理状态的简称。其中 P(Parent State)表示"父母状态";A(Adult State)表示"成人状态";C(Child State)表示"儿童状态"。这里的"父母"、"成人"、"儿童"不是实际的指称,而是抽象意义上的概念。"父母状态"通常以偏执、批评、抚养等行为向外表现,而内心充满了权威与优越感;"成人状态"通常以符合逻辑、客观理智等行为向外表现;"儿童状态"则往往具有服从或任性等行为特征。在通常情况下,一个人只有处于"成人状态",明白自己的身份和处境,并与对方进行平行沟通,才能取得较好的效果。在一个成人环境中,用"父母状态"的语言说话,往往会引起反感或对抗,而用"儿童状态"的语言,则显得幼稚、无知或令人厌烦,都达不到沟通的目的,而这都是因为语言与自己的身份不符造成的。

2. 根据不同对象说话

(1)看对方的年龄说话。比如,和年长者说话就要保持礼貌、尊重、谦虚、耐心,让对方有一种受尊敬的感觉。

(2)看对方的性格说话。对性格内向的人,说话要主动积极,用热情去感染他;对开朗、活泼,比较注重自我感觉的人,说话以配合为主,多听少说,反倒能给他留下一个好的印象。

(3)看对方的职业说话。用世俗的眼光看,一个人的职业与他的社会地位、身份、价值密切相关,因此,个人的职业感需要得到尊重和保护。如果对方的职业高雅,说话要给他以职业的优越感;反之,如果对方的职业低下,说话时则应避免刺激他那敏感的神经,以维护他的自尊。

(4)看对方的知识水平说话。对方的知识水平不同,那么所采用的说话方式应有较大的差异。对方的文化层次较高时,与他说话要求深刻、文雅,有知识深度;对方的文化层次较低时,与他说话应通俗易懂,否则,难以沟通。

(5)看对方的心境说话。说话时察言观色,是指说话要照顾对方的情绪,符合对方的心境。别人高兴了,你尽可以眉飞色舞,多说一点,给他助兴;别人愁眉苦脸,闷闷不乐,你若想谈正事,最好免开尊口,以免自讨没趣。

此外,还要看对方的文化背景说话,看对方的宗教信仰说话,看对方的兴趣爱好说话,看对方与你关系密切的程度说话……

3. 说话要看场合

所谓场合是指说话的地点与氛围。场合可划分为多种,如正式场合与非正式场合,公共场合与私下场合,严肃场合与轻松场合,喜庆场合与悲伤场合,自己人场合与外人场合等。说话时要记住:场合是决定说话效果的重要因素,特定的话题只能在特定的场合下说。

(1)不说与场合不协调的话。在特定场合,不能说与当时氛围不协调的话。这也可以说是人对现实环境的一种顺从。例如,在追悼会上,说俏皮话显然是不妥的。再比如你在为长辈祝寿时大谈火葬的好处,没有不遭亲属白眼的。20世纪60年代陈毅总理出访某信奉佛教的国家,当他接过该国元首赠送的佛像时,陈毅幽默地说:"靠老佛爷的保佑,从此我再也不怕帝国主义了。"陈毅的话当即赢得了热烈的掌声。在这样的外交场合,陈毅的话既表达了对该国宗教信仰的尊重,又巧妙地表达了一个社会主义国家当时的政治立场,显示出高超的语言艺术。

(2)积极选择适合自己话题的场合。人们应积极选择适合自己话题的场合,而不是消极地、被动地去适应场合。这一点比上一点更为重要,是实现语言有效沟通的重要方法。有诗云:"月上柳梢头,人约黄昏后。"为什么要"人约黄昏后"呢?这是因为花前月下的幽静场合,更适合人情感的表达,贴合意境。特别值得注意的是,选择场合时,要选择对自己有利的地点。所谓有利地点,就是自己力量能施加影响的范围,自己的地盘自己作主。比如班主任喜欢在办公室找某个学生谈话,依据的就是这样的道理。

四、提高公关语言能力的训练

(一)树立正确的观念,培养自信心

自信是成功的法宝。卡耐基曾说过:"只有你具有了信心,你才开始有行动,你才能言善辩。世上没有天生的演说家,任何成功的讲演者都是一步一步地来的。所以,对于初涉此道的你们,千万要记住,要有自信。要敢讲,你才能会讲!"

要尽力克服自卑,自己鼓励自己,自己给自己打气。要勇敢地面对听众,把听众想象成全力支持你的亲朋好友,鼓足勇气、放松心情、倾注热情、击退恐惧。把自己准备好的话清楚地说给大家听。

(二)克服乡音、土语;控制音调、语速

乡音、土语只是在特定的区域和范围内有一定的作用,而在更大的社交范围、更广的区域内就会形成语言障碍。你的乡音、土语不被更多的听众认可,或者大家根本听不懂,失去了语言交流的基础,结果是可想而知的。在公关交往中要自觉运用普通话,以提高情感表达和语言沟通的有效性。

另外,音调、语速掌握控制得如何也会影响交流效果。不加调整,一路高音调,或一直保持低沉的音调以及语速太快或太慢都不适合。音调太高,听众易疲劳;音调太低沉,不能激起听众的情绪。要抑扬顿挫,有起有伏。语速要适中,太快太急,听众会听不清;而太慢又会显得拖拖拉拉。要善于把握音调的高低,善于调整语言的速度和节奏,运用声音的美感增强交流效果。

(三)强化口语训练

口头语言表达能力的培养和提高需要在长期的实践中强化训练。只有多听、多学、多练才能逐渐达到表达的准确、流畅。在校的青年学生处于一生当中最美好的年华,精力充沛,记忆力强。应充分利用在校时的有利环境,多读书,读好书,丰富自己的知识内涵。同时,生活在社会之中,要处处观察、研究社会,多参加社会实践。俗话说"见多识广"、"行万里路,读万卷书",有了一定的生活实践,就会扩大视野,给自己的公关语言注入新的鲜活的内容。加上良好的心理素质,语言交际的水平会迅速提高。

第三节　公共关系文书写作

一、公共关系文书的概念与类型

公共关系文书,是一种广泛使用的传播工具,也是公共关系的重要手段。公共关系文书可沟通组织与公众之间的联系,促进相互了解。常用的公共关系文书有新闻稿、演讲稿、广告稿、调查报告、年度报告、宣传资料、信函、请柬等。

二、公共关系文书的特点

公共关系文书从写作过程来讲,需要提炼主题,选择材料,组织结构,安排层次,最后通过语言文字、标点符号加以表述。在表现方法上,需要采用记述、叙述、说明、议论等手法,偶尔也用点抒情或描写。从实现公共关系的目标和职能出发,公共关系文书又有它自身的一些特点:

(一)内容真实、题材新颖

公共关系的目标,简而言之,就是通过信息传播去赢得公众的信任与合作。所传播的信息首先必须是真实的、准确的、可信的,容不得半点虚假和所谓的艺术加工(夸张或缩小,改头换面或移花接木)。否则,不仅达不到预期的效果,反而会引起公众的反感,损害组织的形象。

追溯现代公共关系的源头,被称为"公共关系之父"的美国人艾维·李之所以成功,就在于他首先提出并自始至终贯彻"公众应该被告知"原则而反对认为可以任意制造神话般新闻的巴纳姆所提出的"公众可以被愚弄"的主张。艾维·李所代理公关业务的企业,不仅其成就被广泛地宣传,而且他们的失误,包括严重的事故、工人罢工也被如实地、详细地公之于众,结果仍然取得了公众的信任与合作。可以说,真实性是公共关系文书写作的生命。但秉笔直书并非有闻必录,真实性并不等于有效性。写进每一篇公共关系文书的材料都必须根据写作的主体——组织和客体——公众两方面的需要选择,即它必须既是组织要求传播的信息,又是公众愿意并乐于接受的信息。这就是考虑它的第二个要求,即题材的新颖性。公共关系写作的题材是很有限的。它不像文艺创作以整个社会为题材,而只是以组织自身和与组织有关的公众为题材。任何组织都在一定的社会环境中生存,又在社会环境中发展。发展中的组织应把自身的变化、进步、改革、创新的情况告诉给公众,突出一个"新"字,使公众感受到组织的成长,组织的生命是和他们息息相关的。公众注意到组织的每一步变化,关心组织的每一点成功,进而会支持和帮助组织不断地进取和发展。而公共关系写作人员应从组织自身和周围的有限公众中,去发掘这些新鲜的写作材料。

（二）行文亲切,直接沟通

公共关系文书的职能是在组织与公众之间的双向沟通。这种沟通是直接的、及时的、准确的传播与反馈。这就首先要求公共关系文书表达信息要内容明白、清楚,不能过于含蓄,更不可含糊不清。要使公众容易理解、正确领会,而不能如读文艺作品那样可以"仁者见仁、智者见智",又不能像公文那样强制人们接受、执行,必须使公众自愿、乐意接受。这就更需要行文多一点人情味,使公众读来有亲切感。

行文亲切不仅仅表现在语气委婉动听方面,如同知己密友面对面地娓娓交谈,更重要的是在于公共关系文书作者的心中要时时装着公众,写作时要想到公众的利益、公众的意愿、公众的兴趣和爱好。伯内斯所提出的"投公众所好",应该作为公共关系文书写作的一条指导原则。

公共关系文书不能一味地只宣传组织如何如何。如果这种宣传和公众的利益、意愿、兴趣、爱好毫不相干,甚至明显地只是组织要从公众身上获取某种利益,那么公众不仅会对它置之不理,甚至会加以抵制。公共关系文书应该重点宣传组织对公众的关心,重点宣传组织对社会和公众的贡献。一切内容都要从这个角度出发进行表述。至少也要宣传组织与公众利益的一致性。

（三）文笔生动,引人入胜

公共关系文书要求直接、明白、清楚地表达信息内容,但在表达方式和语言文字上又不能过于平淡无奇、毫无吸引力,而应该力求形象、生动、具有可读性。应该采取多种能吸引公众关注的表达形式,如提出一个公众普遍关心的问题;先写一句意味隽永的格言或箴言;叙述一个饶有趣味的小故事;先写出引人注目的结果;引用名人名言;借用重大新闻等等。

中间行文也有多种手法,或是叙述中有情节发展,引人入胜;或是说理中逻辑严密,丝丝入扣;或是列出整齐而醒目的小标题引导读者;或是靠优美的散文诗般的文句吸引读者;或是以崭新的信息内容激起公众的求知欲望,使其感到非一口气读完不可。

结果要不拘一格,重要的是能给读者留下一个深刻的印象或有余味;或是获得了新的知识与信息;或是在感情上引起共鸣;或是汲取了经验教训;或是促使公众从理论上去思考。

(四)把握分寸,注重礼仪

公共关系文书的作者,必须明白自身有很大的局限性。他不像作家创作,以表达个人感受为主,可以自由发挥;又不如公文作者,有法定的权威性;也不如记者,由其职业的客观性而在公众中具有先天性的可信度。公共关系文书的作者通常就是组织内的公共关系专业人员,公众一旦了解作者这种身份,很容易产生一种不信任感:你是某组织的公关人员,当然是为某组织说话的。在这种思想支配下,对公共关系文书就会看是仍要看,但保持着一种防范心理,甚至故意挑剔。

针对这种情况,公共关系文书作者为了弥补这种职业局限性,在写作时特别要注意把握分寸,要尊重读者,也即尊重公众。

把握分寸,首先是把握信息内容的质与量。从信息内容的质而言,除了必须是真实的之外,还必须是对公众有价值的;从量来说,不宜过多,也不能太少,过多使人难以接受、消化,太少又有欺人之嫌。其次是把握表达和宣传上的度:不宜自吹自擂,而要实事求是。考虑到公众的多方面、多层次性,专业化太强的内容要深入浅出,便于人们广泛接受、领会。行文要亲切、生动,但又不可圆滑、轻浮。礼仪性文书,要讲求格式,文词应庄重典雅。

三、日常公共关系文书写作

(一)公文

1. 公文的概念

公文是国家机关、党政机关、社会团体、企事业单位用以处理公共事务、开展公务活动的一种具有法定效力和规范格式的文书,是依法行政和进行公务活动的重要工具。

2. 公文的特点

(1) 坚定的政治性。公文是一定的社会政治集团及其组织机构表达意志的工具。在我国现阶段,它承担着传达党和国家的路线、方针、政策,实施党的领导和国家行政措施,指导和体现党和国家各级行政机关、各类单位行政活动的职能。公文的内容,总是直接反映出党和国家明确的政治意向、政治立场和坚定的政策原则，直接反映最广大人民群众的根本利益。因此，它必然带有鲜明的政治色彩。从广义上讲，它本身就是政治的一种表现。

(2) 法定的权威性。公文是党政机关、社会团体、企事业单位为办理特定公务，根据法定的权限和职责制作和发布的。公文一经发出，受文单位及有关人员就要根据公文的要求作出相应的反应。下级机关对上级机关下达的公文，应按要求贯彻执行，予以办理；上级机关对于下级机关呈报的公文，也应及时处理或作出答复。不管什么单位，如果无视公文的权威性，对应予处理的公文置之不理，那就意味着失职或渎职。情节严重的，还会受到应有的查处。这就是公文权威性的具体体现。

(3) 特定的规范性。特定的规范性，是公文区别于其他文章的一个重要标志。这种规范性体现在公文形成和处理的整个过程中，其严密程度也是其他任何文体都无法比拟的。从公文的撰拟上讲，公文有特定的文体名称，有规定的写作格式，有严格的语言文字规范；从传递上讲，公文有特定的行文规则；从公文处理上来讲，公文有特定的办理程序和原则等。

(4) 限定的时效性。所谓时效性，是指公文特别讲究时间性和实际效用。首先，公文有很强的时间性，任何公文都要求在一定时间内完成撰写和传达，并在一定范围内发挥作用。公文所要求办理的内容，也都有时间限制。如果延误了时间，就会影响整个工作的开展。

(二) 通知

1. 通知的概念

通知是用于发布行政法规和规章，转发上级机关、同级机关和不相隶属机关的公文；批转下级机关的公文，传达要求下级机关办理和有关单位需要周知或共同执行的事项、任免和聘用干部的一种公文。通知在公文中使用最为广泛，使用频率最高，上至方针政策、下至具体事务都可发通知。

2. 拟发通知的注意事项

(1) 内容单一。无论哪一种通知，都必须注意内容单一，即一份通知只写一项事情。

(2) 简练明确。通知中的目的、事项、要求是什么，执行什么任务，采取什么措施等等，都应表达得简练、清楚、明确。

(3) 据实而下。任何一种通知都要实事求是，根据实际情况拟发，针对性要强。

(三) 书信

书信分日常书信、专用书信、礼仪书信等,其格式大同小异,主要区别在于其用途。不同书信往来中要讲究如下礼仪。

1. 使用规范信封

使用规范信封,并按规范要求写信,是表示对收信人(或单位)的重视与尊敬。组织形象设计,就是从小处(一个信封、一张信纸、其他办公用品等)做起,十分注重留给社会公众一个良好的印象,一点一滴地从平时做起,才能在公众心目中树立起组织的良好形象。

信封的规范写法:信封左上角为收信人(或单位)的邮政编码。上方是收信人(或单位)的详细地址,中部写收信人的(或单位)姓名,下方和右下角为寄信人的(或单位)地址、姓名和邮政编码。

2. 书信内容

书信内容可分为四个部分:

第一部分为称呼。从称呼中可看出地位、职务、文化层次、思想性格、感情习俗等,也能分出高雅与粗俗、真诚与虚伪等。因此,称呼应十分注意礼貌礼节,了解地域习俗,使信中称谓合乎身份、地位,用语应情真意切,谦虚懂礼。

第二部分为正文。即全文的中心内容,每段第一行空两格,转行后顶格。

第三部分为结尾。结尾的谦辞、祝颂语要得体,对尊长、平辈、晚辈的祝颂语要有区别;对不同行业、不同场合的谦辞祝颂也应有所不同。

第四部分为署名、日期。书信的署名、日期是不可缺少的组成部分,应予以重视。如果是打印的书信,其署名应亲笔书写。

(四) 请柬

1. 请柬的概念

请柬又称请贴、邀请书。它是单位、团体或个人邀请有关人员参加重要纪念活动等所用的一种应用文。它既表示对被邀请人的尊敬,也表明邀请者对此事的郑重态度,在比较大型的宴会和一些特殊场合下,还具有证明的性质和入场券的作用。

2. 请柬礼仪

(1)请柬的发出要及时、规范。所谓及时,是指请柬至少要在活动开始一周前发出并送到对方手中,以便对方有所准备。临场才发请柬,不仅给对方以逼人就范的感觉,而且是非常不尊重对方的。所谓规范,是指请柬款式装帧要美观大方,语言文字要简明典雅。

(2)外交用请柬,需按不同国家的标准要求和相应语种书写。

(3)请柬不管是留交、带交,还是邮递给对方,均应按礼仪惯例,封装递送,否则,将是很失礼的。

(五)聘书

1.聘书的概念

聘书是聘请书的简称。它是用于聘请某些有专业特长或名望权威的人完成某项任务或担任某种职务时的书信体文书。

2.聘书的格式

(1)标题。聘书往往在正中写上"聘书"或"聘请书"字样,有的聘书也可以不写标题。已印制好的聘书标题常由烫金或大写的"聘书"或"聘请书"字样组成。

(2)称谓。聘请书上被聘者的姓名称呼可以在开头顶格写,然后再加冒号;也可以在正文中写明受聘人的姓名称呼。常见的印制好的聘书则大多在第一行空两格写"兹聘请××……"。

(3)正文。聘书的正文一般要求包括以下内容:首先,交待聘请的原因和请其所承担的工作,或聘请担任的职务。其次,写明聘任期。再次,聘任待遇。聘任待遇可直接写在聘书上,也可另附详尽的聘约或公函写明具体的待遇。最后,聘书的结尾一般写上表示敬意和祝颂的结束用语。如"此致 敬礼"、"此聘"等。

四、公共关系专业文书写作

(一)新闻稿

新闻稿,是传播速度快、传播面广、影响较大的大众传播工具。它包括报纸上刊登供阅读的文稿,也包括电台、电视台口头播讲的文稿。后者在文字上要求更浅显、更口语化些。

新闻稿的特点,一是"新",新近发生的事,或虽早已存在却有新发展、新变化的情况;二是"闻",公众喜闻乐见的、开卷有益的新鲜事物、事理。由新而派生出"快"、及时、迅速,慢了就成了"旧"闻,成了历史。是闻必须"真",编造出来的假新闻一文不值,反而会混淆视听、扰乱社会秩序。

新闻又不完全等于"新奇"。西方新闻界有种论调:狗咬人不是新闻,人咬狗才是新闻。那是不足取的。新闻除了有知识性、信息性、趣味性之外,还有其严肃性和一定的社会价值。

公关新闻以报道组织的公共关系活动、组织与公众的联系为主要内容。撰写新闻稿必须遵循新闻的六要素,即回答六个问题:什么时间、什么地点、什么人、发生了什么事、什么原因、什么结果。重要的新闻还要写清事情的过程和事情发生的背景以及主要当事人的背景。

为了便于读者有选择、分层次地阅读,新闻通常采用倒金字塔结构,即重点在上、在前,头重脚轻。先用标题标出新闻的要点;然后用一两句导语写出几个要素;最后才是主体部分,以较多的文字叙述事实过程或提供背景材料。读者对一般新闻可能只浏览标题,有兴趣再看导语,认为重要者才看完全文。因此,新闻的标题显得特别重要。标题既要完整、具体地概括内容,又要生动、新颖、醒目。既不能如文艺作品的标题那样简短、含蓄、具有象征性,又不能像公文标题那样呆板、程式化。通常用一虚一实正副标题,其后附以简要的导语,引出较为详尽的正文。正文内容丰富、篇幅较长,可分段用小标题冠之。

(二)公共关系简报

1. 概念

公共关系简报是机关、团体、企事业单位为反映情况、汇报工作、交流经验、揭露问题而采用的一种简短、快速的文体。简报,有时也被叫做"情况反映"、"内容参考"、"简讯"、"工作动态"、"快报"等。

2. 作用

公共关系简报作为一种具有汇报性、指导性和报道性的应用文体,有着重要的作用。

(1)反映情况。公共关系简报可以报呈上级,为上级提供情况,做到"下情上达",使领导及时掌握下情,更好地指导面上的工作;也可以为领导机关制定方针政策提供依据。

(2)指导工作。公共关系简报可以发送下级,传达、解释上级的文件精神,做到"上情下达",使下级领会有关政策和领导机关的意图,做好各项工作;可以介绍其他单位的工作经验、教训,为下级机关做好工作提供借鉴;还可以表扬先进,批评错误,使下级机关学习典型推动工作。

(3)交流信息。公共关系简报可以抄送兄弟单位,起到互通情况、交流经验、探讨问题、取长补短、互相促进的作用。

(4)宣传教育。公共关系简报可以抄送宣传部门,可以为报刊、电台、电视台的宣传报道提供线索和资料。

(三)公共关系广告文案

1. 概念

公共关系广告是企事业、社会团体等组织向社会广大公众公开宣传某种产品、某项服务的信息传播形式,旨在使公众对组织机构有整体的、全面的了解和信任,建立组织的声誉,扩大组织的知名度和美誉度。

2. 主题

为了使公共关系广告取得应有的效果,即宣传组织、树立组织形象、扩大组织在公众中的影响并使组织形象在公众心目中牢牢扎根,需要确定公共关系广告的主题内容。

(1)声誉主题。公共关系广告采用最多的是声誉主题。为了树立组织的形象,提高信誉,应向公众宣传组织的历史沿革、创始人和主张、政策、规模、产品与服务,以及组织的建立、成长、发展状况、市场范围、技术、人才实力等等。运用给贵宾送礼的方式,树立组织的良好形象,提高产品或服务的知名度,并通过新闻媒体作为专题新闻广泛传播,增加可信性,这是许多组织乐意采用的方法。比如英美烟草的绿色办公室公关项目:有私车却搭乘公共交通工具,有打印机却选择发送电子邮件,有电灯却尽可能地采用自然光……在集团(BAT)北京办公室,这些看似简单却不易坚持的行为已成为一种时尚。这一切,源自融创公关公司为其策划、执行的绿色办公项目。而这个项目由于其符合时代特征,体现了社会组织感恩公众、回报社会的行为。

(2)服务主题。服务主题可通过协助解决地方性或全国性的社会问题,提高组织在外界的知名度。如向灾区和贫困地区捐款、捐物;为文教、科研、慈善事业募集资金;为广大公众及公共设施提供服务与便利,等等。北京的同仁堂是旧中国规模最大的药店之一,同仁堂在争取公众的好感方面,下了很大功夫。当时北京城每年都要挖城沟,到了晚上,挖沟的地方一片漆黑。同仁堂就在所有挖沟的地方挂置路灯,灯笼上书写"同仁堂"三个大字。盏盏红灯闪耀在夜空中,既方便了挖沟的民工和路上的行人,又巧妙地宣传了同仁堂的形象。

(3)组织内部关系主题。在组织中,可利用公共关系来协调内部员工的关系,其内容涉及员工的福利、就业安全保障、工资标准和其他利益关系。采用这一主题能提高士气,保证组织稳定发展,例如造访、做思想工作、祝贺生日、参加婚丧喜事,以及逢年过节送慰问信、慰问品,慰问军烈属、先进工作者、离退休职工、孤寡老人等等。

(4) 人事关系主题。主要讨论组织的人事状况及相关政策,改善职工的家庭关系,争取社区人士对组织的好感。日本著名建筑公司"鹿岛建设"主要承担大坝建设和超高层建筑等大型工程,职工成年累月在外奔波,工伤事故时有发生,家庭纠纷经常出现。为稳定士气,促进公司健康发展,前总经理鹿岛守之倡议成立了"鹿岛建设妇人会",从总经理开始,每个职工的妻子都被吸收入会。该会除组织家属参观施工现场外,还召开演讲会、报告会等活动。主要负责人亲自介绍企业情况,希望家属体谅丈夫的辛劳,支持丈夫搞好工作,"妇人会"还对贡献大的家属进行表彰奖励。这种形式的公共关系广告对职工工作的促进作用非常大。职工家庭成员共同语言多了,关系也更融洽了。

(5) 特殊事项主题。引导新闻媒介报道团体或企业的创新公共关系活动。比如建厂40周年在电视台举办文艺晚会庆祝;新厂、宾馆落成典礼;汽车出厂、第500万辆汽车下线庆贺;重要交通枢纽竣工剪彩等等。

【练习设计】

1. 什么是公共关系社交?
2. 公关语言交往的技巧有哪些?
3. 分析自己在交际中存在哪些语言障碍。你准备如何突破自己的语言障碍?
4. 写一篇短小精干的演讲稿,然后在全班同学面前演讲,演讲要注意公关语言的运用。

【案例与点评】

案例:读《论语》看职场:讲话的艺术

「《论语》原文」

孔子曰:"侍于君子有三愆:言未及之而言,谓之躁;言及之而不言,谓之隐;未见颜色而言,谓之瞽。"

「译文」

孔子说:"陪君子说话有三种过失:没有轮到自己说时,就先说了,这是急躁;该自己说了却不说,这是错失良机;不看别人脸色便轻率开口说话,这叫睁眼瞎。"

有个笑话,说的是一个人请客吃饭。第一次仆人问主人:"客人中只有一人没到,可以开席了吗?"主人说:"唉,该来的没来。"有位客人很敏感,听了这话以为说自己不该来,就拂袖而去。主人见状,意识到刚才走的客人误会了自己的意思,便说:"不该走的却走了。"剩下的客人一听,都认为自己是该走的,于是纷纷离席而去。虽然这是个笑话,可也反映出会讲话有多重要!俗话说,会讲话让人笑,不会讲话让人跳。

周游列国、专门向国君游说施政纲领的孔子,想必独自一个人的时候,也专门思考过讲话的艺术。所以,他总结了三条准则:第一,没有轮到自己讲就讲了,这是急躁的表现;第二,轮到自己讲却不讲,这是浪费机会;第三,讲话不看对方脸色,这是睁眼瞎!温柔敦厚的孔子居然用"睁眼瞎"来批评讲话不看对方脸色的人,可见,孔子确实十分看重讲话的艺术。

作为现代职场中人,不妨也学学孔子这三条准则。

首先,不要急于"表达"自己。无论你是参加新公司的面试,还是接受上级指派的任务,抑或是参加小组讨论,你都要先听,认真地听,仔细地听,让自己完整、准确地了解对方的意思,然后再有针对性地表达自己。时常见到这样的情景:领导交待一个任务,还没说完,员工就已经自作聪明地以为领会了领导的全部意图,立即就去做了,结果当然不如人意。面试时也常见到这样的情形,面试官一个问题还没问完,求职者就滔滔不绝地介绍了起来。如面试官想问"请谈谈你在大学期间的表现,重点说说你的专业成绩",可刚说了前半句,面试者就开始回答,结果当然没有答中要害。这些都是急于表达所造成的失误。而急于表达还有另一个可怕的后果,那就是容易给对方留下"信不过"的印象。所以,孔子对讲话艺术的第一个建议就是倾听。认真地、完整地倾听对方的意思,边听边思考,为发言作缜密的、充分的准备,这才是聪明的讲话者应做的事情。

终于,轮到自己发言了。可是有人认为,自己口才不好,还是不说了。现代企业的运作模式,要求任何一名合格的职场人士都必须具备会讲话的能力,也就是清晰、准确表达自己意图的能力。如果你有一个很好的策划方案,但是你担心别人会有更好的,你的方案说出来会让大家笑话,所以你就不说了,虽然你确实规避了被人笑话的风险,可是久而久之,大家会认为你是一个毫无创造性的员工,甚至会认为你根本就不胜任这份工作。再比如,你是一个部门领导,明明你的部门工作做得很好,可是你羞于总结,因此在和其他部门主管一起汇报工作时,显得你的部门工作做得最少,功劳也最小,那么,你的"不言"害的就不仅是你个人,还连累了整个部门。由此可见,在现代职场,轮到你说的时候,一定要敢于说。当然,为了能说得好,说得"有料",平时就要多下工夫了。

最后一条,也是最有趣的一条,就是说话要看对方的脸色。孔子是圣人,但亦深谙人情世故。这里的"脸色"不是指对方的心情,而是指对方的反应。既然你是对人"言",那么你必须留意别人的反应。不顾对方反应而自顾自地发表意见,那就成了"唱独角戏"。

所谓反应,既包括面部的神态,或喜,或怒,或思索,或认同;也包括肢体语言:身体前倾,表示很有兴趣;身体后仰,表示兴趣不大;眼睛直视,表示重视;眼睛斜视,表示怀疑……总之,密切留意对方的反应,随时调整自己的讲话思路和讲话方式,以期达到最好的效果。你要明白的是:有时,对方接受你,不是通过语言;有时,对方拒绝你,也不是通过语言。有很多次,孔子就是通过观察"脸色",明白国君无意任用自己而主动离开的。

点评:

本篇案例讲述了我国古代著名的思想家、教育家、儒家思想的代表人物孔子十分重视讲话艺术的故事。他告诉我们,与人交谈沟通,首先,不要急于"表达"自己。无论你是参加新公司的面试,还是接受上级指派任务,抑或是参加小组讨论,你都要先倾听,认真地听,仔细地听,让自己完整、准确地了解对方的意思,然后再有针对性地表达自己。

第四章 公共关系礼仪

【本章提要】 礼仪是在人类社会发展到一定的文明阶段而产生的,是全体社会成员共同认可并且自觉遵守的行为规范和社会道德,准则以及体现这些规范和准则的各种礼法、礼数、礼节、礼貌等,是现代文明的载体之一。认识和了解东西方主要民族的礼仪特征与异同,掌握必要的现代公关礼仪,是处理现代公共关系工作必不可少的重要环节。

第一节 公共关系礼仪概述

一、公共关系礼仪的概念

在人类长期的生活、生产和社会交往活动中,以特定的文化形态和社会道德为基础,人们在节日、礼节、仪表、仪容、行为举止、交流沟通等方面逐步形成了表达相互尊重、交流感情、促进了解的习俗、规范和准则,这就是礼仪。礼仪是一个民族文明程度的反映,是人类文化宝库的瑰宝。

进入近现代社会,社会组织日益成为人们社会活动的主体。社会主体及其成员尤其是公共关系专业人员在公共关系活动中,为了树立和维护组织的形象,构建组织与其内外公众的和谐关系,形成了一系列的行为规范和活动程序,这就是公共关系礼仪。公共关系礼仪是礼仪的一个重要应用方面。

二、中华礼仪的流变

中华文明历史悠久,中华民族为人类文明作出了巨大贡献。《周礼》《礼记》《仪礼》合称"三礼",是我国古代礼仪的经典文献,规定了指导人们行为的基本规则,对我国历代礼仪产生了深远影响。儒家崇尚"三礼",在思想上统治中国两千多年的儒学深刻影响人们的思维与行为方式。在相当长的时期,"三纲五常"更成为个人、家庭、宗族、国家的行为规范。

自辛亥革命至五四运动,我国社会发生了重大变化,西风东渐,礼仪有了新的变化。1912年3月,孙中山以临时大总统的名义颁布限期剪辫令,男人们剪去长辫蓄短发,脱下长衫穿起中山装和西服,不称"老爷"叫"先生"。妇女放开了裹脚布,所穿的旗袍对原来满族女子旗袍进行很大改良,成为流行至今的中国女性代表服饰。有的女性进了学校学文化,走出家门参加社会工作。男子拱手作揖礼逐步让位于握手礼。发式、称谓、穿着和交往礼仪的变化,反映了中国从封建专制走向民主共和、从生活封建化走向近代化。

社会主义革命和建设对我国的礼仪产生了革命性的变革。工农阶级成为新时代社会主导阶级,干部群众关系密切,强调为人民服务精神,平等观念深入人心。"妇女能顶半边天"的口号和"铁姑娘"的称谓,都说明妇女社会地位的巨大改变。

改革开放以后,我国社会结构有了重大变化,产生了大量的经济组织和社团组织,形成了新的社会阶层,这就为公共关系在我国的引进和发展创造了条件。然而,随着经济发展和社会多元化,拜金主义有所抬头,一些陈规陋俗和西方不健康的风气也在浸染我们的社会。如何应对社会变化以构建和完善新时期公共关系礼仪?中共中央指出,要以"八荣八耻"为基本的价值取向和行为准则,全面推进社会公德、职业道德、家庭美德的建设,构建新型的、具有中国特色的社会主义公共关系礼仪规范。这也应该成为构建和完善新时期公共关系礼仪的指导原则。

三、公共关系礼仪的特征

公共关系礼仪是随着社会的不断发展而逐渐形成的一种文化现象和社会交往的规范。公共关系礼仪的特征有:

（一）以知名美誉为目标

在公众中塑造、建立和维护组织的良好形象，提高组织的知名度和美誉度，是公共关系活动的根本目标。而公众的动态性要求对公共关系礼仪进行及时的调整与修正，以适应公众、社会的变化与需求，不断提高产品和服务的质量，维护公众的合理权益，树立良好的组织形象。这是事关组织的生存与发展的重要问题，是公共关系活动孜孜以求的目标。

（二）以互利互惠为原则

作为公共关系主体的组织和作为客体的公众，二者的利益有可能一致，也有可能不一致。这里就存在一个取舍的问题。良好的公共关系礼仪可以帮助实现公共关系主客体之间利益的最大化，这也是组织具备公关意识的优势。社会组织只有本着互利互惠的原则，才能合理运用公共关系礼仪，协调和处理与公众的利益关系。

（三）以长期努力为方针

塑造组织形象不是一朝一夕的事情。俗话说，路遥知马力，日久见人心。只有坚持长期努力，认识和了解公众的社会心理，妥善运用公共关系礼仪，才会逐步得到公众的认可和赞许。否则，欲速则不达。

（四）以真诚为信条

追求真实是公共关系工作的基本原则。在现代社会，信息传播手段空前发达，互联网使得全世界成为地球村，任何组织都没有办法长期封锁信息、隐瞒真相、欺骗公众。社会组织只有传递真实信息、塑造真诚形象，以礼以诚取信于公众，赢得公众的理解、支持与合作，才能在社会立足、发展。

（五）以沟通为手段

沟通是公共关系活动的基本手段。组织与公众进行双向信息交流和共享，形成共同利益与互动关系，才能树立和提高组织的美誉度，达到组织和公众的互利互惠。

四、公共关系礼仪的功能

现代社会是高度组织化的，公共关系礼仪已经渗透到社会生产、生活和社会交往的各个方面，发挥着越来越大的作用。

（一）塑造组织形象

塑造组织形象是公共关系礼仪的首要功能。公共关系礼仪是通过组织成员的具体行为来实施和体现的,公众通常会根据组织成员的行为举止、仪表仪态以及组织开展活动的仪式和礼节,对组织作出初步的判断与评价,形成第一印象。良好的第一印象会使得公众形成心理定势,为组织与公众进行信息沟通、感情联络奠定良好的基础。

(二)建设组织文化

公共关系对内的一个重要功能就是通过规范组织成员的言行,协调领导和员工、员工和员工、部门和部门之间的关系,建设组织的特色文化。组织内部的团结是组织实现理想效益的基础。组织成员和睦相处、同心同德,有共同的愿景,形成良好的组织文化,将会提高组织的生存和发展能力。组织内部不和谐则内耗必大,将会损害组织形象,阻碍组织发展。

(三)协调内外关系

任何组织都不可能自我封闭,都必然与外界发生千丝万缕的联系。组织进行公共关系活动,就是为了让公众了解自己的产品性质或者服务内容。只有讲究礼仪,才能激发公众沟通的欲望,保证公共关系活动取得成功。

(四)强化组织宣传

任何组织,无论是企业、文化教育单位,还是政府部门,都是社会大系统中的一个小单位,都得为自己进行形象宣传。组织可以运用公共关系礼仪向公众展示自己的形象,以感召公众,获得公众的好感、信任与认同,强化宣传的效果。

第二节 公共关系基本礼仪

公共关系礼仪主要包括个人礼仪、接待礼仪和专题活动礼仪。

一、个人礼仪

公共关系活动的主体是人,公共关系礼仪通过组织成员的个人礼仪来体现。个人礼仪是公共关系礼仪的重要内容。公共关系专业人员要熟练掌握语言礼仪、仪表服饰礼仪和体态举止礼仪。

(一)语言礼仪

语言是人类独有的进行社会交往的重要工具。在公共关系活动中,熟悉并恰当地运用语言礼仪,既反映个人的素质与涵养,也彰显其组织的良好形象。

1. 恰当运用礼貌用语

称谓是人们在社会交往中关于亲缘、职业、职位、身份、地缘、行业等相互关系的名称。正确使用称谓,要注意做到合乎常规、入乡随俗、照顾习惯。己方、对方的称谓是有所区别的,自称和称呼自己一方的,应用谦称,不能妄自称大;对对方的称谓则应多用尊称。

在公共关系活动中,应根据交谈对象的职务、职称、行业、性别、姓名等选择适当的称谓。最常见的是以对方职务相称,表示身份有别、敬意有加,分直称职务、在职务前加上姓氏和在职务前加上姓名三种情况。还要注意涉外场合及宗教场所用的特殊称谓。要注意称谓禁忌,尽量避免使用一些包括民族、行业、年龄、性别等方面的歧视性、侮辱性的称谓。

称谓不当将会失敬于人,轻则令对方感到尴尬,重则会使对方认为丢了面子,因而交恶结怨,后果不堪设想。

敬语是在比较正式的社交场合使用的语言,要有针对性地、真诚地使用敬语。"请"是最常用的敬语。敬语也经常与称谓连用,形成尊称。

谦语是一种向人表示谦恭和自谦的词语,包括谦语和谦称,在一定程度上体现说话人所具有的素质和修养。

敬语和尊称以及谦语和谦称,在使用时经常形成一种一一对应的关系。在社会交往中,受人一敬,则应还人一谦,互相抬举,正所谓礼尚往来。如果不能正确使用,往往会给人留下倨傲的感觉;如果用词搭配不当,则给人以浅薄之感。

雅语是和粗俗的语言相对应的一种文雅的语言。雅语的经常使用不仅能够表现一个人的文化素质和尊敬他人的个人品质,而且能够反映一个人乃至一个民族的文明程度。雅语常常在一些比较正规的场合以及有长辈或者有女性在场的情况下使用,用来代替那些比较随便的甚至有些粗俗的话语。适当使用雅语会使得语言显得委婉,能取得较好的沟通效果。

2. 了解交谈礼节

交谈技巧的运用和交谈时机的把握,都离不开对交谈礼节的熟练掌握。交谈礼节首要的一条就是尊重他人,谦逊有度。交谈时不能总以自我为中心,自高自大,目中无人,而是应该少说多听。赞美的语言多用,刺激的话少说,伤人的话尽量不说。不过,赞美的话要说得适度,过度有献媚之嫌;谦虚也不能过头,过谦则显得虚伪。要根据交谈对象的性别、年龄、职业、爱好、文化背景等等,寻找合适的话题。初次交往、公务交往以及涉外活动一般要用敬语、谦语、雅语和尊称。在正式场合,言谈过于张扬或者随意都是失礼的,以庄重大方为宜;在非正式场合,谈话气氛应轻松愉快,严肃的话题或者容易引起激烈冲突的话题要注意避免。要根据自己的角色调整谈话的语调和方式,有时甚至要调整语速。因为交谈各方都是独立的主体,交谈时应根据交谈双方的关系,在空间和心理上都应该保持适度的距离。

(二)仪表服饰礼仪

1. 仪容礼仪

仪容是指一个人的容貌,是人体的头部、颈脖、手部等没有被服装覆盖而外露的部分。仪容是仪表的重要组成部分。仪表礼仪要求注意搞好仪表卫生和适当进行仪表化妆。面容是人的仪表中最鲜活、最突出的部位,应该注意清洁和保洁。要勤洗脸,按时刷牙,头发要勤洗、勤梳理,勤洗手、剪指甲。男性留长发、长指甲和蓄长须、染五颜六色的头发,在交往中一般都不会为自己增分。

仪表化妆应根据美化、自然、得法、协调的原则进行,主体是对面部、眼部和唇部进行化妆。化妆是展示一种个人美好形象的行为,要注意必要的化妆礼仪,了解基本的化妆技巧。一般而言,女性注重化妆,男性注重修饰。女性在公共场合和异性面前化妆是不够庄重典雅的,最好不议论他人的化妆,不过分热情地去帮助别人化妆,不借用他人的化妆品。男性化妆应注意不露痕迹。

2. 服饰穿着礼仪

服饰主要包括衣、帽、鞋、袜、手套等着装以及手表、戒指、手镯、耳环、项链、胸针等装饰物。穿着要遵守一定的原则,要庄重整洁,突出和谐的整体性,展现个性,文明雅致,根据穿着者的年龄、性别、职业、体型、肤色、所处的场合与季节等选择合适的服饰。要注意服装的色彩搭配。应该了解不同色彩的象征意义,了解一般的色彩搭配美学常识,尤其是不同肤色对服饰有不同的搭配要求。在大多数场合,男性要穿西装、打领带、穿皮鞋。首饰对于人们的穿着打扮起着辅助、烘托、配衬、美化的作用,要根据协调原则进行搭配。

下面介绍着装的TPO原则。

(1)Time 时间原则:指在不同的时代、不同的季节、不同的日期应该穿不同的服装。

(2)Place 地点原则:指穿着的场所和环境。对于不同的工作环境、不同的社交场所,着装要有所区别。

(3) Object 对象原则：一是指穿着对象，二是指交际对象。即你的穿着既要适合自己，能表现自己的个性和风格，又要对应别人，与你的交际对象保持协调一致。

着装不仅要考虑 TPO 原则，因职业、性别的不同，着装礼仪也不同。

职业女性着装礼仪：

(1) 上班服装以稳重端庄为好，不要太时尚；

(2) 忌过于暴露；

(3) 要突出女性魅力；

(4) 忌着超短装。

职业男性着装礼仪：

(1) 西装可以准备 4~5 套（双排扣、单排扣、三件套、休闲西服）；在一些稍正规的场合，应穿深色西装，如黑色、深灰色、深蓝色。

(2) 衬衣准备 5 件左右（彩色的、条纹的和白色的）；衬衣袖口露出西装袖口 1 厘米左右，可以显示你的穿着品位，注意不能露得太多。

(3) 领带——一般胖人戴宽领带，瘦人戴窄领带，高个子系单花领带，矮个子系斜纹细领带；穿西装打领带，切忌起皱变形，忌假日出游打领带。

(4) 鞋——鞋面应整洁如新，鞋内不可潮湿有异味。正式场合穿黑色或深色皮鞋，穿系带子鞋比穿一脚蹬鞋更正规。

(三) 体态礼仪

体态是人在社交活动中身体所呈现出来的姿势和风度，包括神态表情、举止动作等。

1. 面部表情

面部表情是人的体态的重要组成部分。面部表情可以反映内心世界，可以对人所说的话进行解释、澄清、补充和纠正。人们通过点头、摇头、昂头、垂头、侧头、扭头等头部动作传达信息，这些动作称为"首语"。人们还通过面部肌肉运动充分、快捷地表达内心情感。扬眉、展眉、飞眉、竖眉、舒眉、横眉、皱眉、锁眉、低眉、挤眉等眉毛动作和眼睛、瞳孔、目光运作一样，可以表达各种情感，所谓"眉目传情"说的就是这个意思。微笑是人良好心境的表现，能自然流露出人内心的真诚友善，有效缩短交际双方的沟通距离，形成融洽的交往氛围。微笑是人际交往的通行证。

2. 身体姿态

身体姿态主要通过手势和坐、立、行的姿势表现出来。

手势在传递信息、表情达意方面具有很强的功能。情意性手势表达或者强调某种思想感情、意向态度，象征性手势表示较为复杂抽象的概念，模拟性手势描摹事物的性状，礼仪性手势表达对交往对象的尊敬与友好。要注意因为地域不同手势可能有不同含义。

坐、立、行的姿态是人们在生活和交往中最基本的举止。中国传统认为，立如松，坐如钟，行如风。站立有正立、稍息和跨立三种姿态。站立应该挺拔有力、舒展大方、线条优美，人际交往中身体前倾表示热情与兴趣，身体微微前倾表示亲和有礼。正确的站姿：抬头、挺胸、直背、舒肩、收腹，使人清楚地看到你的正面脸孔，两臂自然下垂，两腿绷直，身体重心放在两腿前部。不正确的站立姿态则传递不利于交往沟通或拒绝交往沟通的信息。人的坐姿应该端正稳重，优雅规范的坐姿传递的是自信、友好、热情的信息，同时也展现出自信、友好、积极向上、高雅稳重的良好风范。正确的坐姿可以增进健康，也给人以优美、文雅的印象。行走是站立的延续。协调、稳健的行走姿态可以给人以动态之美，呈现出朝气蓬勃、积极向上的饱满精神状态。行要像风行水上一样轻盈矫健，行姿是个性的展示、风度的亮相，是最能体现个人风采的行为举止。

同时也要注意克服一些不文明的举止：坐下时东倒西歪，把裤脚高高卷起；谈话时不停地搓手，打响指；走路时，屁股扭来扭去，弓腰驼背；对着镜子梳头不停地照来照去；用手拔胡子、挠头皮，用手挖鼻子、剔牙；手沾着唾沫数钱、翻书；一坐下就把两腿叉开；经常脱掉鞋袜，等。

二、接待服务礼仪

随着社会经济的飞速发展，人们的社会交往也日益频繁，接待工作变得越来越重要。以下介绍几种常见的接待服务礼仪。

（一）迎宾礼仪

"有朋自远方来，不亦乐乎。"孔子很朴素、很本质地说出了人们在社会交往时的心理感受。主人对来访客人的态度必须是热情的、诚恳的、满怀喜悦的。公共关系活动能否成功举办，重要的不在于物质上花费多少，而在于是否热情、有礼貌地迎宾，人们精神上是否有愉悦感。给人宾至如归的感觉是迎宾礼仪的基本追求。

第四章 公共关系礼仪

迎宾要保持自己的仪表整洁、迎宾环境的卫生整洁。如果来的是远客,应事先了解来宾到达的方式和时间,需要迎接的贵客则安排相应人员提前到车站、机场迎候,迎客者接到客人时应主动握手并作自我介绍,将客人送到目的地。

如果来客是临时作出来访决定或者是顺路来访的,主人的接待可能会有点仓促,但不能失态。对熟客,要表现出应有的热情、关切,正常接待即可。如果来客需要核实身份,也应该微笑致意,了解情况,倾听客人的叙述,客人来访事项在自己授权范围内的,则应立即答复;如果客人来访事项超出自己的授权范围,则应联系拥有此项职权的人员或另约时间解决。

(二)办公室接待礼仪

办公室接待要根据不同情况安排具体人员接待。办公室应卫生整洁,接待人员应衣着整洁,步态轻盈,仪态大方,待客热情,彬彬有礼。要做好导引、倒茶递水工作及留饭宴请的准备,使来客有宾至如归的感觉。

一般性接待,接待者对来访者要起身握手;对上级、长者应起身移步前迎;单位内的同事、员工,除第一次见面外,可以不起身相迎而微笑点头致意;对单位外来客,应该询问来访事项、有无预约等情况,并将来客单位、来客名单、人员职务、到来时间、停留时间、到来目的、联系人员及联系电话等及时向单位领导汇报,以确定接待规格和接待方案。

若举办会议,应先了解清楚与会人员数量、会议地点等,提前做好准备工作及会议室卫生,会议所需物品须提前买好。在会议期间至少安排一人在会议现场负责服务工作,配合解决会议期间可能出现的任何问题。会后做好送别工作,并及时搞好会议室卫生。

(三)宴请礼仪

宴请接待是公共关系活动的重要内容。熟悉宴请礼仪、搞好宴请接待是做好公共关系活动的成功保证。

1. 宴会的分类

宴会按菜式可以分为中餐宴会和西餐宴会;按照宴会目的可以分为迎送宴会、洽谈宴会、喜庆宴会;按照规格可以分为国宴、正式宴会、便宴和家宴;按照宴请时间可以分为早宴、中宴和晚宴。一般的宴请活动还包括酒会、自助餐、茶会、工作餐等。

2. 宴请的原则

要根据活动的目的确定参加宴会的人数、用餐的档次、菜品的系列和数量,要根据宴会参加者的情况考虑交通、时间、宴会环境以及自身的财力等。既要做到热情周到,又要量力而行,切忌炫耀攀比、铺张浪费。

3. 宴请程序

宴会前做好准备工作:确定宴会的目的、名义、对象和范围,选择合适的时间、地点,发出邀请,制定菜单,安排座位。

席间礼仪:客人到达后,要热情迎接,适当介绍,安排茶水。要根据主宾、次宾、陪客、主人等不同身份安排就坐,按时开席。由主宾开始斟酒、舀汤,然后主人作简单致酒辞,起立向全体宾客敬酒。席上最好备公筷奉菜,席间话题以轻松愉快为宜。饮酒以适量、尽兴为标准,不能因酗酒而失态。宴会后半阶段,要择时安排主食。

宴会在两小时内结束为宜。宴会结束,要提醒客人带好随身物品。若需要当众赠送礼品,则应统一规格。话别时,主人应真诚地感谢客人的光临,并将客人送至门口。

(四)拜访礼仪

拜访是与接待相对应的一种社交活动。

1. 拜访前的准备

首先要选好时间。事务性的拜访可以根据其重要性和紧急程度选择双方都方便的时间进行,特别是拜访对象方便的时间;礼节性拜访多选择节假日、庆典日、重大事件发生日等较为固定的拜访时机进行。

其次,要约定好拜访地点、内容,根据拜访主题和对象精心准备好礼品。

自己身体不适或对方身体不适,都不是拜访的好时机。若对方身体不适,可以约定时间探望,但不宜谈事务性问题。

2. 拜访过程

守时是拜访的基本要求。应该如约按时前往拜访,不应该让主人久等,当然也不能提前而使得主人的接待变得仓促。见到主人应该主动问候。当主人询问需要何种食品或饮料时,应该作出明确答复,不宜拒绝,也不能简单地说"随便"。初次拜访应该言简意赅,说明拜访的目的,和主人沟通以后就达到了拜访目的。在交谈过程中,要少说多听,以倾听主人讲述为主。以和主人的熟悉程度确定谈话时间的长短以及谈话内容的深浅。

3. 拜访结束

访谈时间控制在 30 分钟以内为好。实在有重要的或者复杂的事情要谈,所需时间会较长,应该事先征求主人的同意。在拜访过程中,若主人另有客人来访或者主人临时有事,应该主动提出告辞。此时主人若作礼节性挽留,也应该果断告辞。告别时,一般男性访客先向男主人道别,再向女主人道别,而女性访客则相反。

第三节　公共关系主要礼节

一、握手礼节

握手礼节是当今世界上通用的见面礼节。在公共关系活动中,主人与客人见面或者道别,公共关系活动参与人员的相互结识,运用的基本礼节就是握手礼节。

在行握手礼时,应遵循"从尊意愿"的原则。一般握手时应遵循"长者优先、女士优先、职位高者优先"的基本原则,即握手前应根据交往双方的年龄、性别、社会地位、宾主身份,年长者、身份高者、上级、女士先伸手,年轻者、身份低者、下级、男士在问候后,待前者伸手时才能相握。

握手有不同的样式。

平等式:这也是标准的握手样式。握手时,两人伸出的手心都不约而同地向着左方。这样的握手多见于双方地位不相上下的场合。这是一种单纯的、礼节性的、表达友好的握手方式。

谦恭式:又称"顺从型"握手。用掌心向上或者向左上的姿势握住对方的手。

支配式:又称"控制式"握手。用掌心向下或者向左下的姿势握住对方的手。这种握手方式一般表示出握手者欲展示自己的优势、主动和支配的地位。

双握式:在美国称为"政客式"握手。在用右手紧握对方右手的同时,再用左手加握对方手臂、前臂、上臂或者肩部。使用这种握手方式的人是在表达热情真挚、诚实可靠,显示自己对对方的信赖和友谊。

捏手式:常用于男性与女性之间,不是用两手虎口相握,而只是有意或无意地捏住几个手指或指尖。

握手的力度要适中,要牢而不痛。一般来说,手握得紧表示热情,男人之间可以握得较紧,甚至可以加上另外一只手。对女性或者陌生人,重握是很不礼貌的,尤其是男性与女性握手时更是如此。

握手的时间一般以1～3秒为宜。通常是握紧后打过招呼即松开,在亲密朋友相遇时或者为衷心感谢某人等情况下握手时间可以适当长一些,甚至可以紧握不放。

但握手的一些禁忌也需要了解:戴着墨镜握手,在握手时另一只手放在口袋里,握手时面无表情,握手后立即擦拭手掌,在握手时另一只手拿着报刊等东西不放,握手时手部不清洁,左手握手,交叉握手等,这些都是失礼的。

二、名片礼节

早在我国的西汉时期名片就已经开始流行了,当时称作"谒"。现代社会中名片作为一种介绍性的媒介物,在社交活动中使用得越来越频繁,名片礼的使用也越来越普遍。

(一)名片的种类与功能

名片的种类繁多。按名片用途,可分为商业名片、公用名片、个人名片;按名片质料和印刷方式,可分为数码名片、胶印名片、特种名片;按印刷色彩,可分为单色、双色、彩色、真彩色;按照排版方式,可分为横式名片、竖式名片、折卡名片;按印刷表面,可分为单面印刷名片、双面印刷名片。

名片的功能主要有自我介绍、维持联系、彰显个性、扩大交往等。

(二)名片的使用

除非有特殊原因,否则不要勉强索取他人名片。如果想索取他人名片,也不宜直言相告,而应委婉一些,可以向对方提议交换名片,并主动递上自己的名片以示礼貌,这样对方多半会拿出自己的名片。反之,当对方向你索要名片时,如果你不想给对方,最好不要直截了当地拒绝,应以委婉的方式表达。

递交名片时的姿势:双手递过去,以示尊重。将名片放置在手掌中,用拇指夹住名片,其余四指托住名片反面,名片的文字要正向对方,以便对方观看。若是外宾,最好将名片上印有对方熟悉文字的那一面正对着对方。递送名片时还应遵循"尊者居后"的原则。地位低的人先向地位高的人递送名片,即职务低者、身份低者、辈分低者、年轻者、拜访者、男士、未婚者先向职务高者、身份高者、辈分高者、年长者、被拜访者、女士、已婚者递送名片。在公共关系活动中,主人应先向客人递送名片,递送名片时应给在场的每人一张,不得遗漏。有上司或者长辈在场时,应先等上司或者长辈介绍后,再递送名片。

接受他人的名片时应起身,面带微笑注视对方,用右手去接对方的名片,然后说"谢谢"。接受名片者应首先看看名片上所显示的内容,必要时可以从上到下、从正面到反面重复看一遍,最好将名片上的姓名职务读出声来,以表示对赠送名片者的尊重,同时也能加深对名片内容的印象。

在社交活动结束后,应立即对收到的名片加以分门别类的整理、收藏,以便今后使用、联系。切忌将名片随意夹在书刊里,或是扔在抽屉里面。

(三)使用名片的注意事项

不能发送破旧或者脏污的名片,切忌在自己或者对方的名片上进行书写、修改或者补充有关内容。在用餐时也不能发送名片。如果没有名片或者想拒绝给对方名片,可以非常委婉地说:"不好意思,我的名片用完了。"

三、其他礼节

(一)鞠躬礼

鞠躬礼即弯身行礼,是中国古代一种古老而文明的对他人表示尊敬的礼节。

鞠躬礼有特定的使用范围与场合:运动场上,运动员领奖时向观众鞠躬致敬;领奖台上,领奖人向授奖人和与会者行鞠躬礼;在结婚庆典上,新郎新娘一拜天地,二拜高堂,夫妻对拜;演讲会上,演讲人演讲前和演讲完毕,向听众行鞠躬礼;舞台上,演员谢幕时向观众行鞠躬礼;悼念活动中,向死者或先驱者鞠躬行礼,等等。

鞠躬礼一般有一鞠躬和三鞠躬之分。鞠躬礼也有其特定的规范与适用场合。行鞠躬礼时,应脱帽立正,双目凝视受礼者,然后上身弯腰前倾,男士双手应贴放在身体两侧裤线处,女士的双手下垂放在腹前。身体下弯的幅度越大表示敬重程度越深。至于鞠躬的次数,一般场合下不需要鞠躬三次,现在只有追悼活动及婚礼中才用三鞠躬的礼节。

(二)拥抱与吻礼

在欧美、中东和南美洲,人们通常使用拥抱礼。拥抱礼分为热情拥抱和礼节性拥抱。

拥抱礼的标准做法:两人相距半臂相对而立,各自抬起右臂,用右手扶着对方的左后肩,左手扶着对方的右后腰,按照各自的方位,双方的头部及上身都向左相互拥抱,然后头部及上身向右拥抱,礼毕。

礼节性的拥抱,双方身体不宜贴得过紧,拥抱时间也不宜过长,而且不能用嘴去亲对方的面颊。

吻礼则是在欧美各国亲朋好友或者家人见面时应用的一种礼节,包括亲吻和吻手礼。行亲吻礼时,一般长辈亲吻晚辈的额头,晚辈亲吻长辈的下颌。平辈相互亲吻或亲贴面颊。吻手礼是欧美上流社会男士向已婚女士表示敬意的一种礼节。行吻手礼时,男士行至女士前一臂远处立正欠身致敬,女士将右手向左前方轻抬作下垂姿势,男士以右手或双手轻抬女士的右手,同时俯身弯腰,以自己微闭的嘴唇象征性地轻触女士的手背或手指,动作应稳健、自然、利索,不发声、不留痕。

(三)拱手礼

拱手礼又称"作揖"。中国人在亲友相见、春节团拜、登门拜访、致以祝贺时常用拱手礼。施礼时,施礼人先站立,右手半握拳,然后用左手在胸前扶住右手,双目注视对方,举前臂齐眉,弯腰自上而下,面向对方上下轻摇三下,并致以祝福或祈愿。拱手礼是中国延续几千年的古礼,《论语》中即有"子路拱而立"的记载。拱手礼自然、优美、大方,是最具中国味的礼节。

(四)合十礼

合十礼又称"合掌礼",由佛教礼仪演变而来,在信奉佛教的东南亚国家以及我国傣族聚居的地方常用。施礼时,双掌在胸前对合微上举,掌尖与鼻尖对齐,略低头,欠身口诵"菩萨保佑"。一般地位较低者、年轻者向地位高者、年长者施礼,且掌尖与前额相平;地位高和年长者还礼时,手可不高过胸前。

(五)注目礼

注目礼是一种相对比较正式的礼节,大多在严肃庄重的场合使用。行注目礼时,身体立正站好,挺胸抬头,目视前方,双手自然下垂放在身体两侧。行礼前要求脱帽,摘手套。行注目礼时,表情应严肃、精神饱满,不应懒懒散散,不能倚靠他物,也不能将手放在兜里或叉在腰间。

第四节　东西方国家礼俗习俗

每一个民族都有其特定的精神思想、价值观念、风俗习惯和行为方式。不同

第四章 公共关系礼仪

的民族具有不同的文化特色和个性。东方文化和西方文化都有着悠久的历史和传统,都为人类的文明作出了巨大的贡献。

一、西方国家礼俗简介

(一)英国

工业革命以后,英国伴随海外殖民,其影响向世界扩散,其礼俗对英语国家影响尤其大。现代英国人注重生活质量,追求精神享受。英国气候温和、湿润,英国人很喜爱阳光。平时喜欢自己动手做家务,酷爱运动,喜欢外出旅游度假。另外,英国人非常爱好文化活动,如阅读书刊、写文章、听音乐、看戏等,还喜欢养宠物。

英国人注意穿着打扮。西服是英国的国服。上班族西装革履,在重要场合,男士着燕尾服,女士着低胸晚礼服,而很多老百姓日常喜欢穿休闲服,式样简单、舒服合体。

英国人讲究文明礼貌,大部分英国人信仰基督教。见面时对尊长、上级和不熟悉的人会用尊称,初次见面的人相互握手,微笑着说"Hello"。在日常交往中,人们往往使用"Please"、"Sorry"等礼貌用语,在家庭成员之间也是如此。英国人注重修养,在大庭广众之下一般不相互拥抱。和英国人坐着谈话时最忌讳两腿张得过宽,也不能跷二郎腿。英国人也不喜欢当着他人的面拍打肩膀。

英国人的饮食习惯式样简单,注重营养。早餐通常是麦片粥、牛奶或一杯果汁,涂上黄油的烤面包片,熏咸肉或煎香肠、鸡蛋。中午,孩子们在学校吃午餐,大人就在工作地点附近买上一份三明治、一杯咖啡,午餐就打发了事。只有到周末,英国人的饭桌上才会比较丰盛。通常主菜是肉类,如烤鸡肉、烤牛肉、烤鱼等。蔬菜品种繁多,像卷心菜、新鲜豌豆、土豆、胡萝卜等。蔬菜一般都不加工,装在盘里,浇上从超市买回的现成调料便食用。主菜之后总有一道易消化的甜食,如烧煮水果、果料布丁、奶酪、冰淇淋等。英国人喜欢喝茶,喝下午茶几乎成为英国人必不可少的生活程序,而且英国人不喝清茶,要往杯子里倒冷牛奶或者鲜柠檬汁,加点糖。英国人还喜欢喝啤酒和烈性酒。

英国人在生活方面有三个禁忌:排队不能加塞;交往不能问女士年龄;买东西不能砍价。其他方面,英国人最忌讳用大象和孔雀作为服饰等的图案;忌讳"13"这个数字;忌讳送人百合花。

(二)法国

法国94%的人口都是法兰西人,绝大多数人信奉天主教。

法国人讲究服饰美。女性穿着打扮非常时尚,特别爱用名牌化妆品。在正式场合:法国人通常要穿西装、套裙或连衣裙,颜色多为蓝色、灰色或黑色,质地则多为纯毛。出席庆典仪式时一般要穿礼服。男士所穿的多为配以蝴蝶结的燕尾服,或是黑色西装套装;女士所穿的则多为连衣裙式的单色大礼服或小礼服。对于穿着打扮,法国人认为重在搭配是否得法。在选择发型、手袋、帽子、鞋子、手表、眼镜时,都十分强调要使之与自己着装协调一致。

法国是一个讲文明礼貌的国家。对妇女谦恭礼貌是法国人引以自豪的传统。法国人见面打招呼,最常见的方式莫过于握手。不过握手时,一是握手时间不应过长,二是没有必要握住人家的手使劲晃动。一般是女子向男子先伸手,年长者向年幼者先伸手,上级向下级先伸手。法国人热情奔放,初次见面就能亲热交谈。法国还是亲吻礼最早公开使用且是使用最频繁的国家。但是法国人的吻礼有严格的限定:他们在见到久别重逢的亲友、同事时,贴贴脸颊,长辈对小辈则是亲额头,只有在爱人和情侣之间,才亲嘴或接吻。和法国人约会也需注意,要事先约好时间和地点,按时赴约,不要提前。

法国人把烹调看成一门艺术,用料讲究,口味独特,法国菜也风靡全球。在法国一日三餐通常是:早餐一般有面包、咖啡、热巧克力;午餐是法国人最重要的一餐,一般安排在下午一点左右;晚餐则在九点以后。法国人社交的正餐一般要持续两小时以上,开始先是开胃菜,然后是鱼或意大利面条,然后才是主菜,主菜还附带许多生菜、沙拉、奶酪、水果,有时还有甜点心,餐后咖啡也必不可少。法国人最爱吃的菜是蜗牛和青蛙腿,他们也爱饮葡萄酒。但法国人不喜欢吃辛辣的食品。

法国人也有禁忌。忌"13"和"星期五",忌黄色和墨绿色,忌孔雀和仙鹤。视菊花、杜鹃花与核桃等为不祥之物。

(三)德国

德国盛产啤酒和啤酒花,德国人性格刚毅、勇猛、顽强、勇于奋斗、勤勉工作。

德国人在穿着打扮上的总体风格庄重、朴素、整洁。在一般情况下,德国人的衣着较为简朴。男士大多爱穿西装、夹克,并喜欢戴呢帽。妇女们则爱穿翻领长衫和色彩、图案淡雅的长裙。德国人在正式场合露面时,必须穿戴得整整齐齐,衣着一般为深色。在商务交往中,男士讲究穿三件套西装,女士穿裙式服装。

德国人对发型较为重视。在德国,男士不宜剃光头,免得被人当作"新纳粹"分子。德国少女的发式多为短发或披肩发,烫发的妇女大多是已婚者。

德国人比较注重礼节形式,他们谦恭有礼,热情好客,尊重妇女。在社交场合与客人见面时,一般行握手礼。与熟人、朋友和亲人相见时,一般行拥抱礼。在与客人打交道时,总乐于对方称呼他们的头衔,但他们并不喜欢听恭维话。对刚相识者不宜直呼其名。

德国人对饮食并不讲究,喜欢吃水果、奶酪、香肠、土豆等,不求浮华,只求实惠营养。还喜欢喝啤酒。啤酒节就源于德国。1810年10月,为了庆祝巴伐利亚路德维格王子和萨克森国希尔斯公主的婚礼而举行了盛大庆典。自那以后,10月啤酒节就作为巴伐利亚的一个传统民间节日保留下来。每年从9月下旬到10月上旬,万人空巷,亲朋好友相伴,恋人情侣相依,人们欢聚在一起,喝着自制的鲜酿啤酒,吃着德国独有的各式各样的香肠和面包,其间乐手身着民族服装穿梭于人群中,娴熟地演奏轻松欢快的乐曲。

德国生活小事忌讳多,忌讳"13"。要是13日碰巧又是个星期五,人们会特别小心。他们还忌讳对个人隐私过分好奇。

(四)意大利

意大利有"欧洲花园"之称。意大利人热情开朗、直率夸张,有时性格急躁,容易激动,情绪波动较大,思维跳跃。

意大利人注重仪容仪表的修饰,尤其是在正式社交场合,衣着整洁,举止大方。

在意大利,女士受到尊重,特别是在各种社交场合,女士处处优先。宴会时,要让女士先吃,只有女士先动刀叉进餐,先生们才可用餐。进出电梯时,要让女士先行。意大利人的社会公德意识强,自觉遵守社会守则,乐于助人,喜欢新奇事物,喜欢多样化和标新立异。喜好音乐,擅长乐器。

在意大利进餐时,意大利人的习惯是男女分开就座。进餐顺序一般来讲,是先上冷盘,接着是第一道,有面食、汤、米饭或其他主食;第二道有鱼、肉等,然后是甜食或水果、冰淇淋等,最后是咖啡。用餐时要注意礼节,不能一次要太多食物而吃不下。在用餐过程中,不要把刀叉弄得叮当作响,在吃面条时,用叉子将面条卷起来往嘴里送,不可用嘴吸,尤其是在用汤时,不要发出响声。每道菜用完后,要把刀叉并排放在盘子里,表示这道菜已用完,即使有剩的,服务员也会撤走盘子。意大利人喜欢喝酒,而且很讲究。一般在吃饭前喝开胃酒,席间视菜定酒,吃鱼时喝白葡萄酒,吃肉时用红葡萄酒,席间还可以喝啤酒、水等。饭后饮少量烈性酒,可加冰块。意大利人很少酗酒,席间也没有劝酒的习惯。

意大利人除了罗马天主教的宗教禁忌之外,还忌讳"13"和"星期五"。意大利人忌讳菊花,因为菊花是放在墓前悼念故人用的花,是扫墓时用的花。如送鲜花,切忌送菊花;送礼品,也不能送带有菊花图案的礼品。意大利人还忌讳用手帕作为礼品送人,他们认为手帕是擦泪水用的,是一种令人悲伤的东西。意大利还忌讳别人盯视他们。他们认为盯视人是对人的不尊敬,可能还有不良企图。在与不认识的人打交道时,忌讳用食指侧面碰击额头。一般也忌讳用食指指着对方,讲对方听不懂的语言,这样做造成的后果将不可收拾。

(五)美国

美国大部分的居民是欧洲移民的后代。

美国人在服饰上较随便,认为美观就好。在与人接触时十分讲究文明礼貌,见面时不一定要握手,通常会施以点头、接吻等礼节。如果行握手礼,一般握手时握得比较紧,眼正视对方,微弯腰,否则会被人认为是傲慢和不礼貌的行为。如果要登门拜访,需先打电话约好时间、地点;想抽烟时,必须先问对方是否介意,不能随心所欲。

在饮食上,美国人喜欢咸中带甜的菜肴,口味清淡,不喜欢清蒸和红烩菜肴;不喜欢吃过烫的菜肴;不喜欢在自己的餐碟里剩下食物;喜欢中国的苏菜、川菜和粤菜。喜欢喝可乐、啤酒、威士忌和白兰地等。

在生活上美国人也有所忌讳。忌讳13个人共进晚餐,也忌讳使用"13"这个数字。美国人忌讳穿睡衣去开门迎接客人。美国人忌讳向人伸舌头,忌讳随便问别人的年龄、婚姻、收入、体重和宗教信仰等。美国人忌讳不提前预约而突然来访。一旦预约,就必须赴约,如果有特殊情况不能赴约,也必须提前进行解释。美国人忌讳在进餐时打嗝、松裤腰带、挖鼻孔等行为。美国人不习惯用姓称呼别人,而喜欢用名称呼。初次打交道时,不能问"你叫什么名字",也不问"你正在干什么"或是"你打算去哪里"。他们还讨厌蝙蝠。

二、东方国家礼俗简介

(一)韩国

韩国人能歌善舞,讲究礼貌,待客热情。见面时,一般用咖啡、不含酒精的饮料或大麦茶招待客人,有时候还加上适量的糖和淡奶。这些茶点客人必须接受。

韩国人初次见面时,经常交换名片。很多韩国人养成了通报姓氏的习惯,并和"先生"等敬称连用。韩国一半以上居民姓金、李、朴。韩国人的业务洽谈往往在旅馆的咖啡室或附近类似的地方举行。大多数办公室都有一套会客用的舒适的家具,在建立密切的工作关系之前,举止合乎礼仪是至关重要的。韩国人注重服饰,男子穿西服、系领带。如果被邀请去韩国人家里作客,按习惯要带一束鲜花或一份小礼物,用双手奉上。不要当着赠送者的面把礼物打开。进到室内,要把鞋子脱掉留在门口。韩国人不轻易流露自己的感情,公共场所不大声说笑。特别是女性在笑的时候还用手帕捂着嘴,防止出声失礼。在韩国,妇女十分尊重男子,双方见面的时候,女性总会先向男性行鞠躬礼、致意问候。男女同座的时候,往往也是男性在上座,女性在下座。

韩国人以米饭为主食,早餐也习惯吃米饭,不吃粥。还喜欢吃辣椒、泡菜,吃烧烤的时候要加辣椒、胡椒、大蒜等辛辣的调味品。汤是每餐必不可少的,有时候汤里放猪肉、牛肉、狗肉、鸡肉烧煮,有时候也简单地倒些酱油、加点豆芽。韩国人还对边吃饭边谈话非常反感。

韩国人对"4"非常反感。许多楼房的编号严忌出现"4"字;医院、军队绝不用"4"字编号。韩国人在喝茶或喝酒的时候,主人总是以"1"、"3"、"5"、"7"的数字单位来敬酒、敬茶、布菜,并忌讳用双数停杯罢盏。

(二)日本

日本以"礼仪之邦"著称,讲究礼节是日本人民的习俗。平时人们见面总要互行鞠躬礼,并说"您好"、"再见"、"请多关照",等等。日本人初次见面对互换名片极为重视。初次相会不带名片,不仅失礼而且对方会认为你不好打交道。互赠名片时,要先行鞠躬礼,并用双手递接名片。接到对方名片后,要认真看阅,看清对方身份、职务、公司名称,用点头动作表示已清楚对方的身份。日本人认为名片是一个人的代表,对待名片要像对待他们本人一样。如果接过名片后,不加看阅就随手放入口袋,便被视为失礼。如果你是去参加一个商业谈判会,你就必须向房间里的每一个人递送名片,并接受他们的名片,不能遗漏任何一个人,尽管这需要花费不少时间,但这是表示相互间友好和尊敬的一种方式。人们见面时会脱帽互致问候,初次见面,向对方鞠躬90度,不一定要握手,老朋友或者熟人见面会主动握手甚至拥抱。一般不用香烟待客,若客人要吸烟,需先征得主人的同意。

到日本人家去做客,要预先和主人约定时间,进门前先按电铃通报姓名。如果这家住宅未安装门铃,绝不要敲门,而是打开门上的拉门。进门后要主动脱衣脱帽,解去围巾(即使天气炎热,也不能穿背心或赤脚,否则是失礼的行为),穿上备用的拖鞋,并把带来的礼品送给主人。当你在屋内就座时,背对着门坐是有礼貌的表现,只有在主人的劝说下,才可以移向尊贵位置(尊贵的位置是指摆着各种艺术品和装饰品的壁龛前的座位,这是专为贵宾准备的)。日本人不习惯让客人参观自己的住房,所以不要提出四处看看的请求。上厕所也要征得主人的同意。进餐时,如果不清楚某种饭菜的吃法,要向主人请教,夹菜时要把自己的筷子掉过头来使用。告别时,要客人先提出,并向主人表示感谢。回到自己的住所要打电话告诉对方,表示已安全返回,并再次感谢。过一段时间后再遇到主人时,仍不要忘记表达感激之情。日本人设宴敬酒时,往往要在桌子中间放一只装满清水的碗,并在每人面前放一块干净的白纱布。斟酒前,主人先将自己的酒杯在清水中涮一下,杯口朝下在纱布上按一按,使水珠被纱布吸干,再斟满酒双手递给客人。客人饮完后,也同样做,以示主宾之间的友谊和亲密。这是传统的敬酒方式。日本人无论是访亲问友或是出席宴会都要带礼品。

日本人喜欢柔道、茶道。日本民族最隆重的节日是春节,时间是公历元旦。

在日本不宜有这些行为:在人前接吻、拥抱,在人前嚼口香糖,穿着鞋子进屋,窥视别人家的厨房,日本特别忌讳男子闯入厨房。日本人忌送玻璃、陶瓷之类的易碎物品,也不会将装饰有狐狸或獾图案以及将菊花和装饰有菊花图案的物品作为馈赠他人的礼品;不喜紫色、绿色及荷花;忌讳"4"、"9"。

(三)印度

印度教盛行"万物有灵"的自然崇拜。虔诚的印度教徒一生有三大夙愿:到圣城朝拜湿婆神,到恒河洗圣浴、饮圣水,死后葬于恒河。以黄牛为神,对它顶礼膜拜。

在印度,可以由不同的服饰和装扮看出当地人的宗教信仰、种族、阶级、生活区域等。印度男性多半包有头巾,女性穿纱丽。印度传统上十分重男轻女。在印度,行礼时要弯腰摸长者的脚;妇女忌讳见陌生男子;交谈时,避免所谈话题涉及宗教矛盾、工资以及两性关系;崇拜蛇;别人清洗过的酒杯也要自己再洗一遍后才使用。迎接贵客时,印度人通常献上花环,并将花环套在客人颈上。

印度人饮食口味的基本特点是淡而清滑。进餐时分餐进食;口味不喜太咸,不吃笋类和木耳,偏爱辣味。他们喜吃的主食是印度烙饼和咖喱米饭;喜吃的肉类是鸡鸭和鱼虾;喜爱的蔬菜是番茄、葱、土豆、白菜、菠菜、茄子、菜花,尤其爱吃洋山芋；喜欢的饮料是红茶、咖啡、冷开水等。无论做饭或做菜，印度人绝不用酱油或酱类调料。印度人最注重的是烹调，多用调料。他们喝茶的方式与众不同，是"舔饮"。

印度人忌讳在同一个容器里取食物，印度教徒不吃别人接触过的任何食物；忌讳白色、弯月图案；忌讳数字"1"、"3"、"7"；忌讳吃牛肉和使用牛制品；忌讳吃猪肉，不喜大荤的东西；忌用澡盆给孩子洗澡。

（四）泰国

泰国被称为"千佛之国"、"白象之国"，大部分人信仰佛教。

泰国人热情好客，注重礼节，朋友相见双手合十致礼问候。行礼时双手合十举过头顶，长者在座，晚辈只能坐地或蹲跪，头部不能高于长者头部，交谈时只能低声；递东西时需用双手，男士递东西给女士，不能碰到身体，要将东西放在钵盂里递过去；进寺庙应衣冠整洁；不得触摸头部；睡觉时头要向东。去主人家拜访，进门时应摘帽脱鞋，不能踩门槛。泰国人着装比较讲究，衣服均要熨烫。在正式场合和举行庄重的仪式时，男士均穿西装，妇女穿裙装，忌穿长裤。在公共场合，男子习惯穿衬衫、长裤或深色套装，女子穿传统服装或宽大带袖的短外套和裙子。

大米是泰国人的主食，副食多为鱼、蔬菜。他们爱吃咖喱饭，喜食辣味，辣椒是餐桌上不可或缺的东西。一般饮料均加冰块。

头被泰国人认为是最神圣的部位，忌讳别人触摸；忌用左手传递东西、接拿物品；坐时忌翘二郎腿；谈话时，忌用手指指对方；忌用红笔签字或红色刻字；忌讳狗的图案；忌用左手接触人；忌讳给和尚送现金。

泰国传统的新年，即"宋干节"（"宋干"是梵语的译音），也叫"泼水节"，是公历的每年4月13日到16日。它与中国传统意义上的新年不同。节日里，泰国人抬着或用车载着巨大的佛像出游，佛像后面跟着一辆辆花车，车上站着化了妆的"宋干女神"，成群结队的男女青年，身着色彩鲜艳的民族服装，敲着长鼓，载歌载舞。在游行队伍经过的道路两旁，善男信女夹道而行，把银钵里盛着用贝叶浸泡过的、掺有香料的水，泼洒到佛像和"宋干女神"身上，祈求新年如意，风调雨顺，然后人们相互洒水，喜笑颜开地祝长辈健康长寿，祝亲朋新年幸运。未婚的青年男女，则用泼水来表示彼此之间的爱慕之情。泰国人在新年第一天都在窗台、门口端放一盆清水，家家户户都到郊外江河中去进行新年沐浴。为庆贺新年，泰国人举行大规模的"赛象大会"，内容有：人象拔河、跳象拾物、象跨人身、大象足球赛、古代象阵表演等,精彩动人。

(五)新加坡

新加坡人待人处世彬彬有礼,社交场合惯用握手礼,与东方人相见也行鞠躬礼。佛教徒与客人相见也行合十礼。新加坡人酷爱花草,喜爱鸟类,偏爱红色。对吉祥字"福"、"喜"、"吉"、"鱼"非常喜欢,这些字预兆吉利;还对荷花、苹果和蝙蝠等象征和平幸运的图案非常感兴趣。新加坡人时间观念较强,有准时赴约的良好习惯,特别讲究卫生,违反者要受到法律的严厉制裁。

饮食上,新加坡人偏爱中国广东菜,信奉伊斯兰教的人喜欢吃咖喱牛肉。他们口味清淡,爱微辣味道;主食为米饭、包子;副食品主要为鱼虾;喜吃的水果有桃子、荔枝、生梨等。

在服饰方面,新加坡人出席商务活动一般穿白衬衫、长裤,打领带即可。访问政府办公部门应着西装、穿外套。

新加坡宗教信仰十分复杂,华人多信奉佛教和道教,少数信奉天主教和基督教。新加坡人对男子留长发极为反感,认为这是可耻的。他们忌讳口吐脏言。他们对"恭喜发财"之类的话反感,认为它是教唆他人发不义之财。忌讳左手传递东西或食物;忌讳乌龟,认为是不祥之物;视紫色、黑色为不吉利,黑、白、黄为禁忌色。在商业上反对使用如来佛的形态和侧面像。在标志上,禁止使用宗教词句和象征性标志。数字禁忌"4"、"7"、"8"、"13"、"37"和"69"。大年初一,不许扫地,认为这样会扫走好运。

第五节　中国民间节日简介

中国的民间节日主要是在漫长的历史发展中形成的,按传统的阴历纪时。

(一)过年(农历正月初一)

过年,又名"新年"、"大年"、"新岁",现统称"春节"。传说中,年是一种凶恶可怕的野兽,腊月快过完的时候就来侵扰百姓。躲过了它,就叫过了"年关"。过年就积久成俗。过年有许多礼俗。

过年要做桃符,贴门神,后来发展为贴春联。还有贴福字、贴窗花、贴年画。

我国民间在除夕有守岁的习惯,俗名"熬年"。守岁从吃年夜饭开始,这顿年

第四章 公共关系礼仪

夜饭要慢慢地吃,从掌灯时分入席,有的人家一直要吃到深夜。我国地域广阔,各地吃年夜饭的种类各不相同,有米饭、馄饨、饺子、长面、元宵等。还要饮屠苏酒,屠苏酒是一种药酒。民间还有置天地桌、接神、送财神、祭祖等习俗。

(二)元宵(农历正月十五)

元宵又叫"上元节"。元宵节的活动非常丰富,有"元宵大于年"的说法。

灯节。各家各户必须在门前彻夜高高挂灯。所谓"打灯"、"挂灯"。

灯市。又叫"闹花灯"。各色各样的灯笼异彩纷呈,观灯成为群众性文娱活动。

猜灯谜。猜灯谜是元宵节不可缺少的文娱活动形式。

吃元宵。元宵又叫汤圆或粉果。吃元宵意味着团圆美满。

耍社火。活动形式有:骑竹马;划旱船(又叫采莲船或者陆划船);舞龙灯;舞狮;踩高跷;踩高杆芯子,等等。

(三)二月二(农历二月初二)

二月二,龙抬头。龙是华夏民族的图腾,是中华民族的一种精神象征。农历二月二,人们祈望龙抬头兴云作雨,滋润万物。民间普遍认为在这一天剃头,会使人鸿运当头、福星高照。

民间还有二月二"太阳不出不打水,就着干锅炒饭吃"的习俗。

皇帝耕田。年已经过完,暖气动,大地复苏,春耕开始。农村流传的《皇帝耕田图》,就是记载过去由皇帝举行耕田仪式,进入春耕生产时期。

(四)清明(农历四月五日或六日)

清明节是我国传统节日,也是最重要的祭祀节日。扫墓,又叫"墓祭"、"祭扫"、"上坟"。追纪祖先,烧纸钱,献祭品。

清明节又称"踏青节"。按阳历来说,它是在每年的4月4日至6日之间,正是春光明媚、草木吐绿的时节,也正是人们踏青的好时光,并且可以锻炼身体。

清明节的习俗是丰富有趣的,讲究禁火、扫墓,还有插柳、荡秋千、踢蹴鞠、打马球等一系列风俗。踏青或祭拜之后,人们往往在归途摘野花戴在头上,折柳枝插在房前屋后。

赐火。古时各个季节分别取不同的木材钻木取火。后来因为寒食禁火(寒食在清明的前一天),清明时要重新钻木取火。过去有皇帝于当天举行赐火典礼的习俗。

凭吊英灵。现在多在清明时凭吊革命先烈。清明节,民间忌洗衣,大部分地区妇女忌行路。傍晚以前,要在大门前撒一条灰线,据说可以阻止鬼魂进宅。

(五)端午(农历五月五日)

端午节为每年农历五月初五,又称"端阳节"、"午日节"、"艾节"、"重午"等。

端午节是我国汉族人民的传统节日。端午节赛龙舟,在我国南方很流行。

龙舟竞渡。相传起于尚龙的吴越民族,后延至长江上游和南北方各地区。龙船竞渡前,先要请龙、祭神。

躲午。五月时疫多生,又叫"恶月"。民间小孩未满周岁,都要到外婆家过端午,希望化凶为吉、遇难呈祥。

采艾悬艾。艾蒿味辣,能治病杀菌;菖蒲如剑,可镇鬼驱邪。端午民众多在门上悬挂艾蒿菖蒲。五月又名"蒲月"。

驱五毒。在门上贴五毒图,以驱赶蝎子、蜈蚣、毒蛇、蛤蟆、壁虎五毒。

吃粽子。饮雄黄酒,驱虫除秽。传为屈原含冤,五月五日投汨罗江而亡。后东汉时长沙人欧回受屈原托梦,自此人们开始"角黍龙舟吊屈原",这一风俗以后还流传到日本、朝鲜、越南等国。

悬钟馗像。民间先有钟馗捉鬼的故事,后来才有端午挂钟馗像的习俗。赐福镇宅是端午节的重要内容。

端午习俗还有带香包,驱虫散浊;缠五彩线,降伏鬼怪等。

(六)六月六(农历六月初六)

六月六,请姑姑。晋南地区称为"回娘家节"、"姑姑节"。传说该习俗由春秋时期晋国重臣狐偃而来,谓可以消仇解怨、免灾去难。苏北则蒸腊肉肘、购水果花红等,馈赠出嫁的女儿。北方有些地区还有备新瓜果祭祖之俗。

(七)七夕(农历七月初七)

七夕节是我国传统节日中最具浪漫色彩的一个节日。相传,每年农历七月初七的夜晚,是天上织女与牛郎在鹊桥相会之时。七夕,原名为"乞巧节"。"七夕"最早来源于人们对自然的崇拜。原来是秦人风俗,后传至中原以至全国。七月七,各地妇女趁着巧手织女和牛郎相会之际,祭祀她,向她乞巧——学习她超群的织锦绣花技术。七夕节还有拜织女、拜魁星、晒书、穿针乞巧等习俗。2006年5月20日,七夕节被国务院列入第一批国家非物质文化遗产名录。现又被认为是"中国情人节"。

(八)中秋(农历八月十五)

中秋,八月中。因为每季分为孟、仲、季三个部分,八月又是秋季七八九三月之中,所以中秋又叫"仲秋"。中秋佳节,人们最主要的活动是赏月和吃月饼。

月到中秋分外明。秋季是收获的季节,中秋赏月,有丰收、月圆的寓意。赏月,可以有嫦娥奔月、吴刚伐桂、玉兔捣药等美妙的遐想。许多地方形成了烧斗香、点塔灯、放天灯、走月亭、舞火龙等风俗。

月饼,起源于唐朝军队祝捷食品。中秋吃月饼意味着团团圆圆。所以中秋节又叫"团圆节"。

(九)重阳节(农历九月九日)

重阳节,又称"老人节"。重阳这天所有亲人都要一起登高"避灾",插茱萸、赏菊花。登高戴茱萸、饮菊花酒,源自东汉。登高庆丰收初为农人举行,后文人雅士也借此抒怀。

九为阳数,九九谐音"久久",人们认为这是宜于长久的吉利日子,祈求生活美满,幸福日增,老人长寿。倡导全社会树立尊老、敬老、爱老、助老的风气。

(十)冬腊习俗(农历十二月)

冬至,也叫"长至",这天夜里是一年中最长的一夜。有祭祖先、赶庙会、吃长线面的习俗。冬至后进九,计九九八十一天。

腊八,腊月初八,吃腊八粥。腊八粥是用八种当年收获的新鲜粮食和瓜果煮成,一般都为甜味粥。原为佛教节日,是佛教徒的节日,又称"佛成道节"。后流传至民间,与民间腊月祭祀结合起来。

(十一)祭灶(农历腊月二十三)

农历腊月二十三日部分地区祭灶,民间称为"过小年"(有些地区是腊月二十四日),是祭祀灶君的节日。农历腊月二十四日,是家家户户的"扫尘日"。它又叫扫尘、掸尘、除尘,是迎接过年的清洁卫生活动。

祭灶原来叫"纪灶",意思是纪念教人吃熟食的先炊者。后演变成祭祀看管灶火的灶王。腊月二十三送灶,腊月三十接灶。送灶要献黏性很大的灶糖给灶王吃,以求他"上天言好事,回宫降吉祥"。

【案例与点评】

案例:剧场偶遇

刘欢体态较胖,高中时同学给他取了个绰号"大胖"。后来,刘欢出国留学。今年春节期间,在美国一家大型公司任部门经理的刘欢带着妻子回国探亲。一天,他们夫妇二人去大剧院看电影,落座不久,就见两个人向他们走来。其中一个人边走边伸出手大声叫道:"嗨!这不是'大胖'吗?你怎么回来了?"刘欢仔细打量,终于认出说话的人是他的高中同学陶云。听陶云介绍,自己当年没考上大学,到南方做生意,当起了老板,今天是陪着生意伙伴一起来看电影。一阵寒暄之后,陶云才看到刘欢身边还站着一位女士,忙问这位女士是谁。刘欢这时也才想起向陶云介绍自己的妻子。陶云一高兴,走上前去给了刘欢妻子一个热烈的拥抱。之后,陶云也向老同学介绍了自己的生意伙伴。

点评:

公众场合的见面礼仪是公关礼仪的常见形式。做得得体可以为自己赢得尊敬与机会,反之,则会使人反感,丧失公关良机。案例《剧场偶遇》中不合现代公关礼仪之处大体有4处。1.在大剧院大声呼朋唤友有失礼节(公众场所严禁大声喧哗);2.当着别人妻子和自己生意伙伴的面直呼别人绰号有失道德(非私密场合不可称呼别人的小名或绰号);3.拥抱别人的妻子有失风范(初次见面,对女士不可随意拥抱,而应该点头或躬身,说"幸会"或"见到你很高兴"等。在女士先伸手时,可轻轻握住女士的手尖,行握手礼);4.旁若无人的寒暄行为有失礼貌(在两个老同学见面后,刘欢应该主动向同学及其生意伙伴介绍自己的妻子,体现"女士优先"原则。陶云也应主动向同学夫妇介绍自己的生意伙伴,以便活跃气氛。不可以两人相见甚欢,全然不顾自己的伙伴)。

【练习设计】

一、问答题

1.公共关系礼仪有什么特征?
2.敬语、谦语、尊称、谦称、雅语请各举出五例。
3.请同学们查阅资料,总结一下清以前古代汉人的主要发式特征。
4.请大家说说春节回家所接触到的交往礼仪的感受。

二、实践题

随机应变避尴尬

20世纪90年代,在一次小型的联欢会上,观众席上有一位女士问赵本山:"听说你在全国笑星中出场费是最高的,一场要一万多元,真是这样吗?"这个问题让人为难:如果赵本山作出肯定的答复,难免给人留下谋取暴利的印象;如果确有其事而矢口否认,则有公开欺骗公众的嫌疑。面对这样一个尴尬的问题,赵本山如何应对呢?

赵本山说:"您的问题提得很突然,请问您是哪个单位的?"

"我是大连一家电器经销公司的。"那位女士说。

"你们经营什么产品?"赵本山问。

"有录像机、电视机、录音机……"女士答道。

"一台录像机卖多少钱?"

"四千元。"

"如果有人给你四百元,你卖吗?"

"那当然不能卖,一种商品的价格是由它的价值决定的。"那位女士非常干脆地回答。

"那就对了,演员的价值是由观众决定的。"

问题:在公关交际中,有时谈话要巧妙委婉。反驳不用粗话,自卫不带谩骂,出言机智,理礼双全。面对女观众直问出场费的尴尬问题,赵本山虽然心里不舒服,但他先是通过迂回战术让那位女士说出价值决定价格的常理,然后才水到渠成地说出了"演员的价值是由观众决定的",间接地回答了女观众的问题。请结合自身的案例,谈谈在遇到同样尴尬的情况时,你将如何摆脱困境?

C 部

公共关系工作

第五章 公共关系工作程序

【本章提要】 在现代社会中,一个组织和谐、协调、合作的公共关系不是自发产生的,而是经过精心的组织安排才实现的。在不同时期、不同情况下,组织公共关系工作的内容和方式不同,但是其基本程序是一致的,一般包括调查研究、公关策划、公关活动的实施和公关评估四个步骤或环节,亦称"四步工作法"。"四步工作法"是被誉为"公共关系教父"的斯科特首先提出的,他在《有效公共关系》(被誉为"公关圣经")著作中提出了这一重要的理论。正是这个理论,使公共关系具有了可操作性。下面分别予以概要分析。

第一节 公共关系调研

公共关系调研是运用科学的方法有计划、有步骤地去考察组织的公共关系状态,收集必要的资料,综合分析相关的因素及其相互关系,以达到掌握组织的情况、解决组织面临的公共关系方面实际问题的实践活动,是公共关系工作程序的第一步,也是公共关系活动过程中的一个重要步骤。公共关系调研是公共关系的基础工作,它贯穿于组织工作的全过程。公共关系调研为公共关系的正常工作提供完备的基础信息保证,使组织了解其在公众心目中的形象、地位,开展公关工作的条件与困难、竞争对手的情况,实现目标的可能性,从而增强公关活动的针对性,提高公关活动的成功率。正如 R·西蒙所说:"不论如何表达公共关系活动的流程,调查研究都是举足轻重的。如果把公共关系活动视为一个车轮,调查研究便是这个车轮的轴。"因此,必须了解和掌握公共关系调研的具体内容及方法。

一、公共关系调研的主要内容

社会组织的公共关系系统是由组织自身、相关公众、社会环境、传播媒介四个基本要素构成的,社会组织的公共关系状态实际上就是社会组织公共关系系统四要素的存在状态的有机组成部分。公共关系调研的内容十分广泛,涉及组织公共关系状态的各种影响因素。根据公共关系状态的四大影响因素以及社会组织与公众关系现状的认知度、美誉度、和谐度三大指标,可将公共关系调研的内容区分为以下五大方面:

(一)组织自身状况调查

1. 组织基本情况调查

任何公共关系活动的开展都不能脱离社会组织的实际情况,因而也离不开对组织自身基本情况的掌握。组织基本情况调查的内容主要有以下几个方面:

(1)组织基本情况。如组织的性质、任务、类型与规模,组织的管理体制、机构设置、主管部门等。

(2)组织经营情况。如组织经营发展目标、经营方针、经营战略,组织为社会提供的产品或服务及其特色等。

(3)组织荣誉情况。如组织的光荣历史、组织发展史上的重大事件及影响、组织对社会的贡献、组织获得的各种奖励与荣誉的情况。

(4)组织文化情况。如组织的信念、组织的精神、组织的信条、组织的道德规范、组织的文化传统以及组织的名称和各种标识的文化含义等。

2. 组织实力情况调查

组织实力情况一般指组织自身的物质基础和技术力量。它包括组织的物质基础情况、组织的技术实力情况、组织的财务实力情况、组织成员的待遇情况等。

(二)相关公众状况调查

1. 公众构成情况调查

任何一种公共关系活动都很难全面地影响所有的公众。公众的构成情况调查的主要内容包括:第一,内部公众的构成情况。如组织成员的数量、专业、年龄、性别、角色、能力、文化程度、职务职称、需求层次、劳动态度、思想素质等方面的构成情况。第二，外部公众的构成情况。如外部公众的数量、空间、特征、需求、观念、与组织的联系状态、对组织的重要性、对组织的依赖性等方面的构成情况。

2. 公众评价情况调查

任何公共关系活动的开展，都必须基于对组织实际社会形象的清楚认识。而组织形象实际上是公众对社会组织各种评价的综合。因此，公共关系调研必须收集公众对组织的评价信息。公众对组织的评价主要有：对组织产品的评价、对组织服务质量的评价、对组织管理水平的评价、对组织人员素质的评价、对组织外向活动的评价等。

3. 组织产品或服务形象调查

产品作为一种实物，与组织的管理和技术水平密切相关，而且产品形象是较直观的形象，易于影响公众。塑造良好的产品形象是组织获得公众信任与好感、在公众心目中树立最佳形象的重要途径。中国许多企业已经很重视对其产品或服务的形象调查。

（三）传播媒介状况调查

对大众传播媒介进行调查的基本内容和范围是：①大众传播媒介的分布情况；②大众传播媒介的功能情况，包括传播范围、传播内容、传播特色、传播者的威信等方面的情况；③大众传播媒介所需要信息的情况。如一定时期内大众传播媒介的报道中心、新栏目的开辟、编辑和记者需要的内容等方面的现实状况。

（四）社会环境状况调查

社会环境指与社会组织生存和发展相关联的外部社会条件的总和，包括基本社会环境状况调查、具体市场环境状况调查、所属行业环境状况调查等。

1. 基本社会环境状况调查

基本社会环境一般是指社会组织所处的一个国家或地区的政治、经济、文化等因素构成的宏观社会环境系统。政治状况如国家或地区的政治体制及其改革情况，国家或地区的政策和法令法规的提出、制定、颁布、实施等方面的情况，以及其他方面的政治性因素存在与变化的情况等；经济环境状况如国家或地区经济体制及其政策情况，国家或地区的产业结构、分配结构、交换结构、消费结构、技术结构及其调整变化情况，国家或地区的经济发展情况及其相应的战略与策略的情况等；文化环境状况如国家或地区的民族特征、文化传统、宗教信仰、教育水平、社会结构、风俗习惯、价值观念、生活方式、社会道德规范与精神文明建设等方面的情况。

2. 具体市场环境状况调查

在现代市场经济条件下,对具体市场环境状况进行调查,是社会组织特别是企业组织环境状况调查的一项重要课题。具体市场环境状况调查的主要内容有:①市场需求状况调查;②消费者状况调查;③市场竞争状况调查。

(五)社会组织与公众关系现状调查

社会组织与公共关系的现状,实质上就是组织现有的公共关系状态,是组织公共关系调研的重要内容。社会组织与公共关系现状调查的具体内容有:

1. 认识度调查

认识度调查是衡量组织与公众关系现状的一个重要指标。它表明一个组织在公众中的影响力大小,说明一个组织为社会公众所关注的程度。认识度由两大成分构成:一是知晓度,即一个组织为社会公众所知晓的广度;二是熟悉度,即一个组织为社会公众所知晓的深度。

2. 美誉度调查

美誉度是衡量社会组织与工作关系的一个具有决定性意义的指标。组织要获得社会公众的赞誉,它就必须具有公众所期待的良好行为及行为结果。一个组织获得公众赞誉的程度,实际上决定了一个组织与公众关系现状的性质。美誉度从某种意义上讲,是公众对组织的行为及行为结果的一个评价性指标。对美誉度的调查一般要通过态度测量的方式进行,并同认识度的调查结合进行。美誉度调查可以分为不同的内容,主要有:①公众对组织理念的赞誉程度;②公众对组织行为的赞誉程度;③公众对组织视听标识的赞誉程度;④公众对组织产品的赞誉程度;⑤公众对组织服务的赞誉程度。

3. 和谐度调查

和谐度也称"协调度",是衡量社会组织与目标公众关系现状的一个重要指标。和谐度是指一个社会组织在发展运行过程中,获得目标公众态度认可、情感亲和、言语宣传、行为合作的程度;是组织从目标公众出发,开展公共关系获得回报的指标。和谐度调查一般涉及利益协调、目标协调、态度协调、行为协调等多项内容,并且涉及社会组织与公众之间的"交互式"调查问题。就公众对组织的取向而言,具体调查内容有:公众对组织态度赞同的情况,公众与组织情感亲和的情况,公众为社会组织作言语宣传的情况,公众与社会组织行为合作的情况等。

"三度"调查能把握社会组织与公众关系的状态,即组织形象的级别,从而为公共关系活动提供依据。

二、公共关系调研的一般程序

公共关系调研的一般程序可以分为以下五个基本阶段:

1. 调查准备阶段

该阶段的工作内容包括调查整体方案设计,准备调查条件。整体方案设计包括确定调查的目的、确定调查对象和调查单位、确定调查项目、制定调查提纲和调查表、确定调查时间以及调查期限和地点、确定调查方式和方法、确定研究分析方法、确定提交研究报告的方式、制定调查组织计划、制定调查预算。在整体方案中,应规定采用什么组织方式和方法取得调查资料。

2. 资料搜集阶段

资料搜集阶段也称"具体调查阶段"。它是运用科学的方法和手段进行资料收集的阶段,也是整个公共关系调研过程中最为重要的阶段。公共关系调研人员应全面搜集能及时、真实而全面地反映与调查内容相关的组织状况的各种资料。

3. 整理分析阶段

整理分析阶段也称"研究阶段"。它是运用科学的方法对搜集得来的各种调查资料进行检验、提炼、整理、分析、研究的信息处理过程。这一阶段是公共关系调研从感性认识到理性认识的飞跃阶段,能为解答组织的公共关系问题提供理论认识和客观依据。

4. 报告写作阶段

在完成了调查资料的整理分析以后,要形成调查报告。调查报告可以将调研过程中获得的信息和认识成果集中地表现出来,供组织的领导者或公共关系部门负责人参考利用,以便将公共关系调研成果尽快地应用于公共关系工作过程。调查报告的内容一般包括:调查的目的和意义、调查方法、调查资料分析、调查结论和建议、附录(包括有关需要提供的原始资料、各种统计图表以及有关参考资料)。

5. 总结评估阶段

总结评估阶段是公共关系调研过程中不可缺少的重要步骤。通过总结评估,公共关系调研至少可以取得三项新的收获:其一,可以了解本项公共关系调研的完成情况；其二,可以了解本项公共关系调研所取得的成果；其三,可以了解本项公共关系调研的经验教训。

三、公共关系调研的常用方法

公共关系调研的目的是收集精确、有用的信息。怎样才能做到这一点？这就要借鉴各种正式的和非正式的方法。所谓正式的方法是指设计通过科学地选择取样而提供更客观、更系统的资料的方法。它是一切调查几乎都会用到的规范的方法。而非正式方式则是不同于上述科学方法的非规则化方法,但是它在公共关系调查中同样占有相当重要的地位。

(一)正式方法

1. 抽样调查方法

正式的公共关系调研方法主要包括普查和抽样调查。普查即对调查对象进行逐个的全面的检查,它适合于被调查的公众范围较狭小、人数较少的情况。当调查对象过于庞大、人口众多时,就必须采用抽样调查的方法。抽样调查是被广泛使用的公共关系调研的正式方法。

抽样调查是通过科学地选取样本和仔细地收集关于样本的情报信息,准确地推测调查对象整体状况的系统方法。抽样调查一般包括这样几个步骤:①确定调查目标和公众对象。调查目标是调查活动要达到的目的和要搞清楚的问题,它是确定调查范围和设计调查问卷的依据,应尽可能明确而具体。如组织某种产品的市场状况、组织某些行为的社会结果、组织某项政策的社会影响等。围绕调查目标就可以确定调查对象的范围,需要调查的对象构成"调查总体",应该排除那些与目标无关的公众对象。②抽样。即从大型调查总体中抽取一部分作为调查样本,以便从样本中收集信息来推断整个调查总体的特征。调查中一般采用随机抽样的方法。③设计问卷。即围绕调查目标,提出各种问题由被调查者回答,以了解他们的情况、认识和态度。提出的问题要能全面、准确地反映调查的内容,方式要得当,繁简要适宜,先后顺序要合乎逻辑。④实施调查。就是采取实际行动让被调查者回答问卷中提出的问题,以收集调查信息。可用面访调查、信函调查、电话调查、网上调查等多种方法来完成。⑤整理分析资料数据,包括登录、统计、列表等多种技术工程。⑥撰写调查报告。概括调查中发现的各种情况和问题,对这些情况和问题作出理性的分析。调查报告的主要内容包括:调查的目的、调查的总体、调查的方式方法、问卷回收率、问卷回答结果的内容分析等。

2. 资料分析方法

资料分析方法是间接地使用他人搜集的信息资料，对其作出新的能够说明调查目的的解释。其基本过程为：①详尽收集文献资料。间接的公共关系调研的资料来源十分广泛，政府职能部门正式公布的统计资料、专业调查机构的调查报告、新闻媒体的舆论报道、其他研究人员的各种研究成果、企事业单位的档案材料等等，都是可资利用的文献资料。②仔细阅读相关材料。要对收集来的资料进行背景分析，对各种数据信息进行相关性分析，去粗取精，去伪存真，从中发现新情况和新问题。③整理文献资料。摘取有价值的信息进行登录、统计、归类、列表等技术处理，进一步理清他们之间的相互关系。④撰写资料分析报告。确定组织现实面临的公共关系问题并分析其原因。

（二）非正式方法

正式的公众调查和资料分析为公共关系策划提供主要依据，是检测组织公共关系环境的系统方法，是准确了解组织形象不可缺少的手段。但是在日常的公共关系调研中，一些非正式的、非规则化的"探测"方法则能帮助公共关系专业人员更迅速、更灵敏地掌握有关方面的信息。这些方法包括：

1. 访谈法

访谈法即通过直接的个人接触和交谈，去获取公众的认知、观点和态度等各种信息。它能够加强对被调查者的控制，提高回答率和回答的准确度，从而有助于弥补邮件提问方式的缺陷。但它也有一个明显的不足，就是成本过高。然而，在有些情况下，调查必须及时准确地记录被调查者的回答和反应，并根据情况调整提问的顺序，这时访问调研就成为最有效、最灵活的方式了。电话、计算机网络、卫星通讯等先进沟通方式的迅速发展为访问调研提供了在相互隐匿情况下达到面对面交谈目的的手段。但在目前的情况下，这些方式仍然没能很好地解决成本过高的问题。

2. 观察法

观察法即对公众行为和关系进行理性的观察，仔细倾听公众的议论，以捕捉十分重要的公共关系信息。这种方法分为参与观察和非参与观察两种。参与观察是调查人员与被调查人员一起活动，从活动中了解对方的有关信息。非参与观察是调查人员作为旁观者，以了解被调查者的思想和言行，这种方法往往比较冷静，结论也较为客观、公正。

3. 在线沟通

设立热线电话或者网络在线服务,在今天已经成为许多组织倾听公众意见的一种广泛的便捷方法。

4. 信函分析

组织与公众的各种往来信件,蕴含着关于公共关系的大量信息:什么受欢迎、什么遭反对、什么被遗漏或忽略了,等等。

5. 媒介内容分析

分析新闻媒体报道的各种信息内容,以此作为一种有效的观察工具来预见公共关系的未来状况。

第二节 公共关系策划方案

一、公共关系策划的含义

公共关系策划,就是公共关系专业人员根据组织形象的现状和目标要求,分析宏观和微观的条件,谋划设计出相应的公关战略,并筛选出最佳方案的过程。

从公共关系策划含义的角度分析,公共关系策划一般有如下特征:

1. 综合性

公共关系策划需要掌握和运用诸如运筹学、决策学、心理学、思维学、控制学、系统学等多方面的知识。公共关系专业人员只有具备多种学科的知识才能做好公共关系策划。

2. 思想性

《汉书·高帝纪》中有一句话被后人广为流传:"运筹帷幄之中,决胜于千里之外。"这里所讲的运筹,实际上是一种思想活动。这种思想活动尽管在帷幄之中形成,却可以指挥千军万马取得战争的胜利,充分体现其高度的思想价值。这就是现代组织愿意接受公共关系专家经过创造性思维、系统性思考而为他们策划出来的公共关系方案的真谛所在。

3. 创造性

创造性是公共关系策划的灵魂。它凭借公共关系专业人员的创造性素质,集知识、智慧、谋划、新奇于一身,遵循公共关系的基本原则,通过辩证的思维过程,开拓新的境地,并使之产生别具一格、标新立异的效果。公共关系策划贵在创新,创造性思维要自始至终贯穿于公共关系策划的方方面面。因此,公共关系专业人员在了解、学习取得较好效果的公共关系策划方案时,切忌单纯效仿,要在借鉴的基础上有所创新,所策划的公共关系方案一定要有自己独特的东西。否则,效果往往不佳。

4. 目的性

公共关系的总体目标是要树立社会组织的良好形象,但社会组织在不同的发展时期,其公共关系的具体目标是不同的,社会组织如何选择公共关系活动,从而实现目标,这是每一项公共关系策划必须解决的问题。公共关系策划首先应确定目标,然后考虑重点解决的问题及先后顺序,因此,公共关系策划具有很强的目的性。目标越明确、越清晰,公共关系工作就越容易开展,其目标就越容易实现。

5. 弹性

公共关系策划方案应具有一定的弹性,以便随着环境的变化而适时调整。要使公共关系策划方案富有弹性,首先,方案不能繁琐冗杂。繁琐冗杂会限制执行者的主动性和创造性。其次,方案的执行切忌生搬硬套。公关方案是行动的指南,而不是绝对套用的东西。否则,一旦情况有变,执行者就会感到措手不及或无所适从。有弹性的公共关系策划方案是公关活动成功的保证,没有弹性的方案往往是导致公关活动失败的陷阱。

二、公共关系策划工作程序

（一）策划起始阶段

公共关系策划,是以问题的存在为前提,围绕解决问题展开活动,发现问题、提出问题是公共关系策划的逻辑起点,解决问题是公共关系策划的目标,贯穿于公共关系策划的全部过程。

1. 问题是目标与现状之间的差距

这里所说的"问题",是指社会组织的现状与理想目标之间的差距。差距存在,社会组织的决策者就会感到有问题存在,为了实现既定目标,必须缩小直至消灭现状与目标之间存在的差距,这就需要通过策划开展积极的公共关系活动,以解决存在的问题。

2. 问题是公共关系策划的逻辑起点

之所以把问题作为公关策划工作的起点,是因为:公共关系策划行为缘于问题,问题分析就是确认策划目标,问题影响并制约着策划的各个环节。

3. 发现问题的常用方法

如何发现组织所存在的问题呢？常用的方法有:

(1)例外法则。把社会组织的理想目标与现实状态加以对照,如果两者相符属于正常,如果两者不符则属于例外。可以从"例外"中寻找差距,发现问题。

(2)偏差记录。社会组织安排相关人员周期性地调查和询问组织内外发生了哪些变化、出现了什么异常现象,把脱离组织正常运行轨道的偏差记录下来,然后对这些偏差进行分析研究,从中发现问题。

(3)组织诊断。社会组织聘请有关专家,对社会组织的机体或运行状况进行检测、评估和分析,以便发现潜在的问题。

(4)缺点列举。社会组织通过召开各种形式的员工或者公众座谈会,专门就组织的某一方面情况请与会者列举所存在的缺点,从大家畅谈所列举的缺点或不足中发现存在的问题。

(二)策划准备阶段

当社会组织发现问题之后,就要通过具体的公共关系活动来解决问题。为了使公共关系活动有针对性、计划性并收到预期效果,必须针对发现的问题进行公共关系策划,公共关系策划进入准备阶段。这一阶段包括搜集信息、整理信息、分析信息、界定公众四个步骤。

1. 搜集信息

针对发现并试图解决的问题,搜集相关信息,以便为公共关系策划奠定基础,为审定公共关系策划方案限定参照标准,为开展公共关系活动创造条件。

2. 整理信息

对搜集到的信息,进行归类和初步加工处理,以便对信息进行保存、分析、应用。这可以保证信息的有序性、完整性、真实性、准确性、概括性和针对性。

3. 分析信息

针对公共关系策划活动的实际需要,运用专门的信息分析方法,对搜集到的经过初步整理的信息,进行比较、估量、计算、筛选等加工分析,从而弄清现状,找出差距;总结经验,寻觅时机;设计新路,确定目标。

4. 界定公众

公共关系活动的目标公众(或称之为"对象公众"),需要根据公共关系活动的内容、目标及公众状况来确定。只有准确地确定目标公众,公共关系活动才能有的放矢,收到预期效果。针对发现并要解决的问题,根据搜集的信息反映出的特定公众情况,通过信息分析,对公众加以界定,确定目标公众,以便为正式策划做好准备。界定公众有利于明确公共关系活动目的、设计公共关系活动主题、组织公共关系活动队伍、选择传播媒体。

(三)实施策划阶段

公共关系策划准备工作就绪之后,就可以进入正式实施策划阶段,这是公共关系策划最重要也是最富有成效的阶段,这一阶段包括确定目标、设计主题、选择媒介、预算经费、拟定方案等五个步骤。

1. 确定目标

公共关系策划的目标是指预期通过公共关系策划方案的实施所要达到的最佳效果。确定目标必须以发现并试图解决的问题为出发点,以搜集的信息及其对信息的分析、对公众的界定为依据和前提条件,以预期效果即对问题的解决程度为归宿。确定目标,可以为策划指明方向,为策划的实施提供依据。

如何确定目标?可以参考相关公共关系目标体系。

(1)理论目标。按时间幅度,可分为长期目标、近期目标和短期目标;按组织针对的问题,可划分为建设性目标、解释性目标、纠正性目标、创造性目标等;按公共关系目标实现的顺序,可划分为传播信息目标、联络感情目标、改变态度目标、引起行为目标等。

(2)实践目标。英国公共关系专家弗兰克·杰夫金斯将公共关系实践目标概括为 16 种,即:新产品、新技术、新服务项目开发之中,要让公众有足够的了解;开辟新市场、新产品和服务之前,要在新市场所在地公众中宣传组织形象,提高组织的知名度;转产其他产品时,要调整组织对外形象,树立新的组织形象与新产品相适应;参加社会公益活动,并通过适当的方式向公众宣传,增加外部公众对组织的了解和好感;开展社区公共关系活动,与组织所在地的公众沟通,得到他们的支持;本组织的产品或服务在社会上造成不良影响后,通过公共关系活动,挽回影响;为本组织的新的分公司、新的销售店、新的驻外办事处进行宣传,使各类公众了解其性质和作用;让广大公众了解组织领导层关心社会、参加各种社会活动的情况,以提高组织的美誉度;发生严重事故后,要让公众了解组织处理的过程、采取的方法,解释事故的原因以及正在作出的努力,以取得公众的谅解;创造一个良好的消费环境,在公众中推广同本组织有关的产品或服务的消费方式、生活方式;创造股票发行的良好环境,在本组织的股票准备正式上市前,向各类公众介绍产品特点、经营情况、发展前景、利润情况等,宣传组织的投资环境和条件;通过适当的方式向儿童宣传介绍,使正在成长的一代了解本组织产品的商标牌号、企业名称、服务特色;争取政府对组织性质、发展前景、需要得到支持的情况的了解,协调组织关系;赞助社会公益事业,赢得社会好感和关注,扩大组织影响;准备同其他组织建立合作关系时,对组织的公众、组织的合作者及政府部门宣传合作的意义和作用;处在竞争危机时刻,通过联络感情等方式,争取有关公众的支持。

确定目标的依据是什么呢?确定公共关系目标要建立在对环境及其发展趋势充分研究与估计的基础上,主要包括:

(1)历史研究。任何组织、任何问题以及任何机会,都不可能脱离它的历史根源。因此,了解历史情况应该是确定目标的第一个环节。

(2)环境考察。要考察研究组织所处的内外环境,内部环境考察是要了解组织的个性特点和管理风格、组织内部员工对工作条件感觉如何、对领导是否满意;外部环境考察是要了解社会对组织的现状及行为评价如何,组织和公众之间有哪些误解。

(3)趋势展望。组织要完成的任务是什么,公共关系计划的宗旨是否与它相一致,该组织的发展前景如何,什么是它的有利因素与不利因素,在哪些方面能够寻求公众对组织的支持。

2.设计主题

公共关系活动是连接所有公共关系活动项目的核心,是统领整个活动,连接各项目、各步骤的纽带。在主题确立以后,所有的公共关系活动都要围绕这一主题展开。例如,"希望工程"的各种专题展览、宣传画、印刷品、文艺汇演等自始至终围绕"为了千千万万个失学儿童"这一主题。

设计的主题是否恰当、准确,对公共关系活动效果影响极大。公共关系策划设计的主题,应当是对该项公共关系活动内容的高度概括,因此,一般用提纲挈领式的语言来表达。主题的表达方式多种多样,它可以是一句口号,也可以是一句陈述或者一段表白。当然,要想使设计出的主题既切合公共关系活动内容,又高度概括,并令人耳目一新、过目不忘,能够给公众留下深刻印象,是件非常不容易的事。在设计主题时必须认真思考,反复推敲,精心遣词造句,争取使主题简洁、明了、准确,富有意蕴和韵味,并能够充分体现活动宗旨,以求对公众产生较强的感召力。

3. 选择媒体

传播媒体种类繁多,各种传媒都有自己的特定功能和优势,也有各自的公众层面,因此,公共关系策划要针对所策划的公共关系活动特点选择传媒。大众传媒中报纸、杂志、电视、广播、互联网地位最为重要,是重点选择对象。选择传播媒介的主要依据是公共关系活动的目标、要求、内容、方式,目标公众的多寡、层次及其特点、需求,开展公共关系活动的预算经费数额,媒体的特点、优势、效果及利用成本,等等。

4. 预算经费

开展公共关系活动,必须考虑成本与效益即投入与收益的关系。公共关系活动需要一定的物质基础。也就是说,公共关系策划方案只有建立在一定的物质基础之上才有可能实现。因此,预算经费便成为公共关系策划的一项重要步骤。

通过预算经费,一方面可以了解组织是否承担得起所需经费,从而论证公关目标是否切合实际;另一方面,使公共关系计划获得组织财务部门的全力支持。此外,它还可以作为效果评估及公共关系专业人员业绩考评的一个重要指标。经费预算项目分为行政开支和项目开支两大类。行政开支包括劳动成本费用(工资及劳务报酬)、日常行政办公费用和设施材料费用;项目开支包括已经进行的项目、计划进行的项目和预测可能需要进行的项目费用,主要有专用器材费用、广告费、宣传费、项目活动费、赞助费等。

公共关系活动的开支要贯彻"量力而行、量入为出"的原则,少花钱、多办事,注重公关活动的经济效益和社会效益的统一。预算公共关系活动经费的方法主要有以下几种:

第一,固定比率法。它是指按照一定时期内经营业务量的多少来确定预算经费总额的一种方法。经营业务量可以按照销售额计算,也可以按照利润额计算,根据销售额或者利润额按照一定的百分比抽取公共关系活动经费。这种方法计算简便,简单易行。

第二,投资报酬法。即把公共关系活动的开支作为一般投资看待,以相同数量的资金投入获得效益的多少为依据。公共关系活动效益体现在经济效益和社会效益两个主要方面。社会效益难以或无法用资金数额来计算和表现,经济效益也基本上是通过其他部门的效益间接体现出来的,因此计算(基本上是估算)的数额只能是相对而言的,不可能精确,一般的计算是以组织的知名度、美誉度提高的程度为依据。

第三,量入为出法。即以组织的经济实力、财务收支状况为依据,根据财政上可能支出的金额来确定公共关系活动的经费总额。

第四,目标先导法。即先制定公共关系活动所期望达到的目标,然后计算达到这一目标所需要的各项经费,从而得出公共关系活动经费总额。这种预算方法要求对有关项目开支的市场信息进行充分了解,以便进行比较准确的预算。这种方法目标明确,项目具体,以实预算,使公共关系活动有可靠的经费保证。

以上几种方法,各有所长,运用时可根据具体情况进行选择,一般情况下都会将几种方法结合起来使用。

5. 拟定方案

公共关系活动方案是为了实现公共关系目标所拟定的各项措施、办法、途径、策略、技巧的汇集。拟订公共关系活动方案,是公共关系策划阶段的核心环节,是使策划目标得以实现的基础。

拟订方案的意义主要表现为明确公共关系所面临的任务,确定适宜的公共关系目标,编制公共关系工作程序,区分公共关系工作的轻重缓急,便于有条不紊地组织公共关系活动,取得良好的行动结果。

拟订公共关系活动方案,应该以对所掌握的各方面信息进行科学分析为前提,以目标公众、目标系统、活动主题、传播媒体、活动经费、结果预测等为依据。

(四)策划完善阶段

策划完善阶段,是公共关系策划的最后一个阶段,它主要包括审定方案、形成文本、反馈意见、调整完善四个步骤。

1. 审定方案

拟订出来的公共关系活动方案,还仅仅是关于如何开展公共关系活动的基本构想,为了使其更加科学、更加完善,还必须对它加以审定。审定方案一般是由有关专家、领导、具体工作人员参加的方案审定委员会(审定小组、工作小组)或专门会议,对方案进行讨论、评估、选择、优化、论证。

2. 形成文本

形成文本是指将公共关系策划过程及其结果等与策划有关的主要内容进行

加工整理转化为书面形式,所形成的文本就是公共关系策划的正式方案。这是反映最终策划成果的书面文本。

撰写策划方案文本,是为了对策划过程中各个环节和形成的初步文件进行整理、加工,使之系统化、规范化、完善化。策划方案制作过程是:首先,撰写策划方案写作大纲,列出各章的标题、要点;其次,经过检查、推敲,对大纲进行补充、调整,使之内容全面、顺序合理、结构严谨;再次,对要点进行说明或阐述,使之成为策划方案初稿;最后,对初稿进行修改补充、润色推敲,使之主题鲜明、重点突出、行文流畅、条理性强。

一份规范的公共关系策划方案,应该由封面、目录、前言、正文、附录或说明、署名等部分构成。封面应该标明策划项目的名称、策划主体的名称、完成策划的日期、策划书的分类和编号等。提要应该简明扼要地表述该项公共关系策划的核心内容。目录应该列出策划书正文的篇、章、节、目的名称,如果有附件也应在目录中注录。前言就是策划书的序言,它交代该项策划的宗旨、背景、意义、基本方法等。正文一般包括标题、主题、目标、综合分析、活动项目与环节、活动日程、传播方式、经费预算、效果预测等内容,附录或说明是该方案的重要附件或序言说明的问题、事项。署名是指在文件最后注明策划机构名称或策划人员姓名、策划完成的日期。

3. 反馈意见

公共关系活动是一种双向传播沟通活动。公共关系策划具有超前性和预测性。策划过程中涉及的一系列因素都处在不断发展变化中,策划人员的事先预测不可能做到与客观现实丝毫不差,更不可能完全把握相关因素的发展变化趋势及其程度。因此,不仅在策划方案、最终形成方案文本的过程中要不断地反馈相关信息和意见,在方案实施过程中也要及时收集反馈信息、意见。这样做可以发现实施过程中的偏差,汲取有价值的信息和意见,对方案作必要的调整,以利于公共关系活动的顺利开展,收到更佳效果,实现策划目标。同时,也有利于总结经验,为以后的公共关系策划提供有益的借鉴和启迪。

4. 调整完善

根据反馈的信息、意见以及必需的反馈评估,对策划方案进行必要的调整,使之更加完善。调整策划方案的基本原则是:

(1)分清主次。即对实施过程中出现的偏差进行认真分析,找出产生偏差的主要因素,针对主要问题进行调整,也就是要解决主要矛盾。

（2）实事求是。即发现事先的预测与客观现实存在偏差时，不能文过饰非，一定要实事求是，从善如流，对事先通过预测而制定的方案进行修改补充。

（3）科学谨慎。即对策划方案的调整必须以谨慎的态度和科学的方法为基础，只有在确认策划方案确实存在问题或不足，确信方案与现实间的偏差在于方案方面的问题，而且找到了存在问题、偏差的真正原因，才能对策划方案加以调整，不能轻率地、随意地改变经过深思熟虑和反复论证而确定的重要内容。

（4）及时果断。当断不断，必有后患。如果经过认真分析研究，确认出现问题、产生偏差在于方案本身存在的问题或不足，或者方案实施过程中出现了原先没有预料到的影响方案实施的条件变化，那么就要当机立断，对方案进行调整、修改，使之臻于完善，使之符合变化了的客观实际。这样，才能收到良好的公共关系方案实施效果。

第三节　公共关系策划方案的实施

公共关系策划方案完成后，接下来的工作就是按照公共关系策划方案的要求开展实施工作。公共关系活动能否取得预期的效果，不仅要看其策划方案是否可行，更重要的是看策划的实施情况。公共关系策划指导公共关系实施，公共关系实施是公共关系策划和方案的具体落实、操作与保证。

一、公共关系策划方案实施的原则

公共关系策划方案的实施是一项实践性很强的工作，且活动种类多种多样。这些活动虽然形式多样、方法各异，但也有规律可循。因此，要保证公共关系活动取得良好效果，必须遵循以下五点基本原则：

1. 准备充分原则

在正式实施公共关系策划方案之前，必须做好各种实施准备。准备越充分，公共关系方案实施就越顺利，失误就越小。在正式实施策划方案之前，操作者要严格地检查每一项准备工作，要把各项准备工作落实到具体的人，并由其负责到底。

2. 策划导向原则

公共关系专业人员必须严格按照既定的策划方案开展实施工作。策划导向包括目标导向、策略导向、实施方案导向。目标导向要求公共关系专业人员在公共关系策划方案实施过程中,不断将实施结果与目标要求相比照,发现差距,及时纠正,务必实现目标;策略导向和实施方案导向要求公共关系专业人员必须按既定策略思路去执行实施方案。

3. 控制进度原则

必须按照公共关系实施方案中各项工作内容对实施时间、进度的要求,随时检查各项工作内容的完成进度,及时发现滞后(或超前)的情况,搞好协调与调度,使各项工作内容按计划协调、平衡地发展,并确保按时完成。

4. 整体协调原则

在公共关系实施过程中,要使各项工作内容之间达到和谐、合理、配合、互补统一的状态,各项工作必须有机配合。整体协调的目的是要形成全体实施人员思想观念上的共同认识和行动上的一致性,保证实施过程中的同步与和谐,做到统一意志、统一指挥、统一行动,提高工作效率与效果。

5. 反馈调整原则

通过监督控制机制及时发现公共关系实施过程中的方向偏离甚至失误,及时进行调整与纠正。

二、公共关系策划方案实施的过程

公共关系策划方案实施是控制一系列实际活动的过程,是运用传播媒介进行一系列信息沟通和传播的过程。在日常的公共关系工作中,公共关系实施过程一般由三个阶段所构成。

1. 公共关系策划方案实施的准备阶段

这是公共关系策划方案实施过程的第一个阶段,它要为完整的实施过程做好思想、物质、人员、资金等各方面的准备,是成功的公共关系实施的起点和基础。这个阶段上承策划阶段的成果,下启实际执行的序幕。其主要工作内容包括:

(1)检查、完善公共关系计划。经过策划阶段,组织已制定了相对完备的公共关系活动计划。在一般情况下,这个计划是一份内容全面的书面材料。在公共关系策划方案实施之前,公共关系专业人员要重新审查该计划,对它确定的目标、对象、措施、程序及有关人员、时间、经费的安排要逐一核查、研究,必要时可作局部修订,但要把整个计划熟记于心。

(2)物质准备。包括场地、物品、工具、材料等均要逐一加以落实。

(3)人员培训。要根据策划阶段的计划安排,建立实施机构,对承担实施任务的人员进行严格的培训,既要进行观念、技术、技巧的指导,又要对人物的性质、内容、权利、责任和完成任务的时间等作明确交待。

(4)资金保障。同财务部门沟通,落实资金的来源、数量及需要使用大笔资金的时间等,在财力上为策划方案实施过程做好保障性准备工作。

2. 公共关系策划方案实施的执行阶段

它是实施机构和人员按照既定的工作计划和程序落实各项工作的阶段。在此阶段,参与公共关系策划方案实施的所有人员,按照所分配的任务,有序地进行工作,逐步推进组织形象的树立与改善工作。工作的内容:一是开展各种创造性活动,与组织各部门合作,按公共关系目标要求改进组织的形象要素,如环境、规模、实力、人员素质等,为组织形象的树立夯实基础。二是选择和利用各种传播媒介和方式,向公众进行传播、沟通、交流,在公众中宣传、推广组织真实、美好的形象。在公共关系策划方案实施阶段,公共关系专业人员要注意排除各方面的障碍,以保证公共关系策划方案实施的顺利完成。

3. 公共关系策划方案实施的监控阶段

它是指公共关系专业人员对公共关系策划方案实施过程的方向、内容、人员、进度等各个方面进行监督和控制。这一环节贯穿于公共关系实施过程的始终,并在最后阶段通过有效的信息反馈,为整体公共关系效果评估做好准备。在此阶段,公共关系专业人员要做好对策划方案实施活动的监控工作,其主要任务包括:

(1)目标监控。就是要利用目标对整个策划方案实施活动加以引导、制约和促进,确保策划方案实施活动沿着计划确定的目标顺利推进,以免偏离方向。

(2)任务监控。就是要对参与实施的全体人员的工作态度、质量、能力、效果进行监测、控制,及时协调各方面的关系,保证每个人都能按质按量地完成任务,以免造成人力、财力、物力的浪费。

(3)进度监控。就是要经常检查各方面工作的进度,及时发现超前或滞后的情况,及时沟通协调,以保证公共关系策划方案实施合乎计划规定的时间安排。公共关系专业人员对公共关系策划方案实施过程进行监控,以准确、全面、有效的反馈为基础。而有效的反馈则积累了关于整个公共关系工作和活动的大量信息,这又是公共关系效果评估的重要基础。

第四节 公共关系评估

公共关系评估指的是有关专家或机构依据某种科学的标准和方法对公共关系活动的各个环节、步骤及其水平与效果进行测量、检查、评估和判断的一种活动。其目的是取得关于公共关系工作过程、工作效益和工作效率的信息,作为开展公共关系工作、改进公共关系工作和制定新的公共关系计划的依据。

一、公共关系评估工作的程序

1. 重温目标,明确评估目标

评估某项公共关系工作是否有效,其标准就是看既定的目标是否实现了,因此要重温一下公关目标。

2. 搜集、分析资料,衡量工作绩效

搜集工作的各种信息资料,进行分析比较,看哪些达到了原来的目标,哪些没有达到,哪些超过了。

3. 向决策部门报告分析结果

公共关系专业人员要如实地将分析结果以正式报告的形式上交给决策部门,在报告中应把对公关工作的评估和组织的总目标、总任务联系起来。

4. 把分析结果用于决策

这是评估的最后阶段,也是它的最终目的。分析结果可以用于两方面的决策:一是用于其他的将要制定的公关项目的决策;二是用于组织总目标、总任务的决策。

二、公共关系评估的内容

1. 对准备过程进行评估

主要内容包括:(1)背景材料的评估。对背景材料评估的目的是检验是否占有充分的材料、分析判断是否正确。(2)对信息内容进行评估。重点检验组织说过、做过的一切事并进行分析,为开展未来的项目提供有益的启示和经验。(3)对信息表现形式进行评估。

2. 对实施过程进行评估

主要内容包括:(1)发送信息的数量。(2)信息被传播媒体所采用的数量。(3)信息理论接受者的数量。(4)注意到信息的公众数量。(5)改变观点的公众数量。(6)改变态度的公众数量。(7)实施期望行为的公众数量。(8)重复期望行为的公众数量。(9)达到的目标与解决的问题。(10)社会与文化的改变。

三、公共关系评估的方法

1. 比率统计法

即对事先确定的开展活动所选择的传播媒体的传播效果进行统计、计算,并对计算的比率与策划方案中预计的效果进行比较。

2. 询问统计法

即对目标公众进行询问调查,统计被询问者中接受信息、产生认同、改变态度、引起行为的人数及其程度,并对其加以计算,以计算的结果与策划方案中预测的效果进行比较,从而判断工作成效。

3. 媒介反馈法

即搜集新闻媒介对公共关系策划项目实施的相关反映,将其与方案实施以前的媒介反映进行比较,从中了解通过公共关系策划项目的实施而产生的效果。

4. 观察理解法

即通过对目标公众产生认同、改变态度、引起行为等情况的观察分析,来判断公共关系策划项目实施的效果。

5. 民意测验法

即通过问卷、访谈等民意测验的方式,了解目标公众对策划项目实施情况的了解、认知、理解、认同情况,以此推测、检验公共关系策划项目实施所取得的效果。

与此同时,还可以根据具体情况,对公共关系策划项目实施过程、实际效果进行反馈评估。

四、评估报告

公共关系评估报告是提供给组织的一种正式的公文性文件。它通过文字、图表或相应的其他形式来体现开展公共关系工作的成绩、经验教训、建议等成果形式。

不同的公共关系活动的目的,决定了评估报告的不同内容。一般来说,一个完整的评估报告应包括以下内容:评估的目的依据,评估的范围,评估的标准和方法,评估过程,评估对象的基本情况,内容评估、分析和结论,存在的问题与建议,附件,评估人员名单,评估时间。

【案例与点评】

案例:北汽福田内部文化整合公关项目
第七届中国最佳公共关系案例大赛内部传播类银奖

  项目主体:北汽福田汽车股份有限公司
  项目执行:北汽福田汽车股份有限公司公关传播部

1. 项目背景

作为"中国商用车第一品牌"的福田汽车得以高速发展,盘活社会存量资产,以跨所有制并购促进国企改革,低成本的资本运营战略是其成功要素之一。但是,企业的持续发展为企业带来了两个巨大的挑战——企业文化的整合和多产业、跨国界、跨地域的内部传播管理。

2004年开始,福田汽车高层开始关注到一些内部现象:企业总部信息纵向传播不到底,信息传递效率低、失真率高,管理效能相应下降,政令不畅,整体效率降低;横向信息传递渠道严重不足,部门壁垒开始出现,配合意识下降,管理协调成本升高。同时,一些重组事业部出现亚文化变异,部分员工工作积极性降低,出勤率下降,流动率增加,甚至波及高层。福田汽车决策层认为这些"大企业病"的端倪初现,也是导致2004年上半年企业增速放缓的内因之一。

福田汽车因时应变,提出变"外延式扩张"为"内涵式增长"的经营思想,推动以"文化变革、经营方式变革、技术变革、生产方式变革、管理变革"为核心的"五项变革"。作为"五项变革"措施之一的福田汽车的文化整合已迫在眉睫,企业给内部传播管理工作提出了战略性课题:完善内部传播体系,促进管理沟通,实现文化整合。

2. 项目调研

优势:福田已有完整、系统的企业文化、价值观体系;管理理念和管理技术先进；原福田汽车主体员工文化认同度高；内部信息系统已搭建。

劣势：企业认同度较低，缺少归属感；跨地域文化差异很大，相互理解、包容度不够；内部信息纵向传递不到底；信息横向传递更少。

机遇：企业决策层高度重视并积极参与，总部各部门负责人的大力支持配合，构成了此次项目成功的必要条件。

挑战：多业务、多区域、多元文化的现状为搭建双向交互的蛛网状沟通体系带来了很大困难；为保证有效沟通，促进业务发展和管理升级，信息传播体系必须与多业务管理体制相吻合；文化整合不能搞简单说教，而必须以员工喜闻乐见的形式，营造竞相参与的氛围，并在内部员工所有信息接触点上保证企业理念和核心价值观持久一致的传达。

3. 项目策划

经过调研发现，本次项目主要挑战在于搭建完整高效的企业信息传播体系，以实现上至下、下至上以及平级间的管理沟通；同时，要增强员工的归属感、认同度，使企业理念价值观深入每个人心里，实现文化融合。经讨论确定了两条主线：内部信息传播体系建设和一系列旨在促进文化融合的公关活动，项目执行从7月初延续至10月底。

公关目标：完善内部信息传播体系，实现双向及多向交流，促进管理沟通；提高员工对福田汽车理念、价值观的认同度；提高员工参与性，增强集体荣誉感和企业归属感；确保本次系列内部公关活动员工知晓率90%以上，参与率60%以上。

传播信息：对内传播主题——"我们在一起"

以"我们在一起"为主题，突出强调福田八年成就也是所有（无论新旧）员工的成就，"我们在一起"才是企业成功的最大秘密；传播始终围绕着"致力人文科技，驱动现代生活"的企业理念和"热情、创新、永不止步"的核心价值观。

对外传播主题——"福田品牌经营之路"

核心信息：优秀的员工创造了成功的企业，福田八年的品牌经营之道就是凝聚了员工对品牌的高度认同与一致传播。员工是构成企业品牌的重要元素。

目标受众：福田汽车在全国8个省市16个事业部的2.5万名员工，及日、德、台湾等地的驻外员工。

8·28公关活动策略：利用内部传播平台，设计创意系列新颖的参与性强的活动，吸引更多员工参与；整合总部相关业务部门资源，协助完成系列活动的组织、执行工作;从6月中期开始逐渐加热,至8月28日进入高潮,10月结束。

4. 项目执行

体系建设:《福田人》企业内刊:创刊《福田人》报纸,由公关传播部负责采编印刷,面向企业内部员工发行。每周一期,发行量1.5万份,发放至所有的班组、部门。主要报道企业重要事件、各单位管理经验、案例分析员工风采及点名批评等,注重解决纵向到底、横向交流问题,特别重视基层报道。从创刊号始,每期的封面人物都是工作在一线的优秀员工,在员工中引起了强烈反响,员工争相传阅每期报纸。《福田人》在2004年全国优秀企业内刊评选中,荣获特等奖。

三级会议网络:会议是企业信息沟通的正式渠道,在企业决策层的亲自参与下,公司经多次调整最终形成了完整的三级会议网络:一级为企业级会议,主要目标为传递企业战略信息,提出工作目标和重点项目,范围是全公司中层以上干部,根据规模设定为一年两次的大会和每月一次的中型会议;二级为业务协调与决策型会议,主要目标是沟通业务信息,协调各业务单位之间问题,进行管理决策;三级为业务管理会议,由各业务子系统和部门及事业部分别召开。完整有序的会议体系保证了正式渠道的信息通畅,遏制了信息衰减。

内部网络信息系统:利用内部局域网,设置了企业内部网站,由公关传播部专人管理维护,设置了二十几个栏目,保证员工随时可以了解需要的信息。同时设置员工BBS论坛,掌握员工反映的问题,并及时处理反馈。

组织保证及其他:为加强面对面的沟通,企业还制定了领导干部谈话和员工定期沟通制度,以保证及时了解员工动态,评估并采纳其好的意见和建议。

此外,共青团委、工会、党群工作部等部门还将原有分散的员工活动作为内部沟通形式固定下来,并尽可能扩大范围,提高参与性。

8·28系列周年庆活动:预热活动:经过2个月提前准备,各项预热活动逐步吸引了广大员工的注意力,越来越多的员工开始关注周年庆活动。在报纸上发布征集消息后,员工热情参与,最后从500多篇来稿中选中了"我们在一起"的活动主题;5000人评选出了活动LOGO和活动"主题歌词",歌曲谱好后在多个事业部传唱不衰。公司将8·28期间举行的活动用DV录下后编成短片在晚会现场播放。

8·28晚会:来自16个事业部和总部的员工代表、行业领导、媒体记者共1000余人来到北京一个新近兼并的欧v客车事业部的大车间里,欣赏了一场精彩的自编、自导、自演的文艺晚会。晚会分回顾篇、成就篇、未来篇三部分,以歌舞、说唱、小品、朗诵等丰富多彩的形式阐释了企业八年成长历程,形象展现了"致力人文科技,驱动现代生活"的企业理念和"热情、创新、永不止步"的核心价值观。舞台上中外、新老员工直抒胸臆,场下成千观众热血沸腾,当终场曲"我们在一起"的主题歌响起时,台上台下同声共唱,把晚会气氛推上了最高潮,许多员工流下了激动的泪水。

5. 项目评估

此项目搭建起了完整高效的内部信息传播体系,实现了信息双向沟通互动。自上而下的信息传递效率大大提高,信息失真率也降到最低。公司会议决策、文件等传递到偏远事业部的时间由传统方式的4~5天压缩至4小时以内,最基层员工了解公司信息的时间也从过去的10天压缩至1天以内。普通员工通过BBS和总经理信箱提出的意见和建议半年达3580份,比活动前增长了380%。

多渠道的内部信息横向交流,使得福田各部门横向间的理解和包容度大大增加,"部门墙"逐渐瓦解,个别部门的工作经验得以转化为企业共享的知识资产。各单位相互间支持与配合意识增强,协调成本降低,企业整体管理效率显著提高。活动之后,各事业部以《福田人》连续发表的典型经验为内部标杆,主要领导带队相互学习、交流近30批次。

同时,员工对企业核心文化认同度大幅提高。活动后,经抽样调查,员工对企业理念和价值观的知晓率超过99%,认同度超过85%。认知变化导致了行为的改善,员工平均出勤率上升0.5%,流动率则持续下降,2004年年底降至几年来的最低点。

内部员工对企业的认同极大地促进了外部公众对企业的认可,媒体对福田汽车的关注度持续上升。福田汽车在2005年4月参评"CCTV2005我最喜爱的中国品牌"活动,内部员工积极参与,踊跃投票,99%的有手机的员工都发了短信投票,很多人还发动亲朋好友上网为福田投票,最终福田汽车以17万票作为唯一的商用车品牌获奖。

此外,企业内部文化整合成功,企业业绩显著增长。2004年,福田汽车产销汽车34万辆,名列行业第五。2005年8月,世界品牌实验室公布的"中国500最具价值品牌排行榜"上,福田汽车以119.32亿元位居第43位,名列汽车行业第四。

第五章　公共关系工作程序

点评：

从本案例可以看出，整个内部公关的实施是高度系统化的。它包括传播环境调研、传播目标设置、分阶段的传播策略策划、项目执行中的过程监控等传统公关的手段，以及内部公关所特有的基于传播的组织体系设计。在传播工具的整合上体现了传播人员对企业传播环境的深刻了解基础上的灵活创意。主题歌词征集、晚会、攀登当地最高峰、纪录片等传播活动，有效地把企业员工喜欢的群体性娱乐活动和传播目标相结合，传播效果显著。此外，"和你在一起"这一传播主题高度概括了传播任务，而且易于解读，避免了内部传播常见口号式的枯燥主题。整体的传播过程在主题、工具运用、阶段策略、活动创意方面都是成功的，唯一不足是在进行内部传播体系设计时混淆了内部公关的需求和组织管理信息沟通需求，这一点也是实施内部公关时需要注意的问题。

内部公关是国内企业较少涉及的领域。近年来，国内企业间的并购、重组成为热点，伴随这一热点到来的是巨大的文化整合任务。内部公关如何完成整合文化任务，福田汽车的案例具有重要的示范价值。

(北汽福田内部文化整合公关项目[EB/OL]．中国公关网．http:\cms.chinapr.com.cn:8011/anli/ShowArticle.asp? Article ID=19665)

【练习设计】

1. 何谓"四步工作法"？举一案例简要说明。
2. 公共关系调研主要有哪些内容和方法？
3. 简述公共关系策划工作程序。
4. 谈谈公共关系实施的过程。
5. 怎样进行公共关系评估？

第六章 公共关系宣传与活动

【本章提要】 公共关系宣传与活动是公共关系重要职能的体现和具体实务操作的项目。本章重点介绍了公共关系新闻写作和发布会的组织工作,着力讲述了公共关系广告的设计及媒体选择与代言人,并列举几种常见的公共关系活动作为范例,供公关实务工作者学习参考。

第一节 公共关系新闻传播

公共关系是一种传播活动。利用新闻传播的方式与公众进行广泛的联系和沟通,向公众提供信息、借助新闻媒体的力量树立组织的美好形象,为组织创造良好的舆论氛围,是组织公共关系宣传最常用的方式。

一、公共关系新闻稿的写作

从文字传播的文体来看,新闻稿是公关人员为公众提供信息,为组织创造声势运用最多的一种宣传方式,它的传播时效最强、用途最广,可以满足公众的知晓权,能有效地宣传组织、提高美誉度,也能够及时地消除公众误解、挽回不良影响。

新闻稿有广义和狭义之分。广义的新闻稿包括消息、通讯、特写、评论、报告文学及其他常见于报端的文体;狭义的新闻稿就是指信息,它用简洁、明快的文字,迅速、及时地反映现实生活中新近发生的具有重要意义的事实,是新闻报道中运用最广泛的一种文体。本节讨论的是狭义的新闻稿。

(一)新闻稿的特点

新闻稿作为重要的文字传播媒介,具有两个重要特点:

1. 时效性

新闻经常和"抢"字联系在一起,"抢新闻"很生动地反映了新闻稿特别注重时效性的特点。公关新闻虽然谈不上"抢",但也应及时地、不失时机地反映组织的最新事件。过时的报道就失去了新闻价值,就不会被人们关注,不能满足公众的愿望和要求。

2. 真实性

真实性是新闻稿的另一个基本特点,是新闻稿的生命线。新闻报道的内容,无论是重大事件,还是一般事件,都要求真实可靠,按照事物本来的情况作真实反映,不允许有任何虚构和夸张。就是对事实的分析和解释,也必须符合事物本来的实际,不能根据个人的好恶歪曲。新闻要对社会、组织和公众负责。新闻是为公众利益服务的,为了达到这个目的,新闻稿必须说出真相,哪怕真相不受欢迎或不适合公众口味。不允许为了经济利益用假消息来欺骗公众,因为一旦出现失实的报道,组织在公众心目中的形象就会被破坏。

(二)新闻稿的写作

1. 新闻稿的种类

(1)动态新闻:动态新闻主要是迅速、及时、准确地报道组织重大事件和出现的新情况、新变化、新成就、新动向等。动态新闻以叙述为主,其特点是:结构完整、文字简明、篇幅短小、时效性强。

(2)典型新闻:典型新闻又称"经验新闻",主要反映组织一定时期的工作成效、典型经验或深刻教训。典型新闻往往由事实引出道理,从个别事例中总结经验,叙述较完整,分析较系统。

(3)综合新闻:综合新闻主要综合反映组织带有全局性的情况、状态、成就、经验和问题等。这种新闻涉及面广,需要提供充分的材料,进行较强的概括。

(4)简明新闻:简明新闻又称"简讯"、"短讯"、"快讯"。它是新闻报道中最简练、最短小的一种新闻。它也包括一句话新闻和标题新闻。它虽然内容简短,但报道的领域却十分广泛。

2. 新闻稿的结构

(1)标题：新闻稿的标题是全文的眉目，要求用非常简明的语言标出报道的内容，点明其意义，以此来吸引读者，激发读者阅读的兴趣。在当今信息爆炸的时代，新闻广告充斥人们的视线，选择什么样的新闻阅读，标题的吸引力非常重要。有人把新闻的标题比喻为"人的双眼"，是最能吸引人的地方。好的标题不仅能给新闻稿增色，还能增加新闻的可读性。

新闻稿的标题大致有三种形式：

①多行标题。多行标题在三行以上，除了正题之外，还有引题和副题。引题又称"肩题"、"眉题"，它的位置在正题之上，时常用来介绍背景、烘托气氛，与主题相互补充，并引出正题。正题是标题的主体，它概括、说明新闻稿的主要内容和含义。它要求明确、简练、突出。副题又称"辅题"、"子题"，位置在正题之下。它用来补充介绍正题提供的事实，点明意义，扩大效果，增强标题的表现力。多行标题的运用要根据新闻本身的分量和宣传的需要来决定取舍，一般适用于重要的消息。例如：

热烈庆祝中华人民共和国成立54周年（引题）
国务院举行国庆招待会（正题）
胡锦涛吴邦国贾庆林曾庆红黄菊吴官正李长春罗干等出席
温家宝发表讲话（副题）

②双行标题。双行标题是由引题和正题或由正题和副题组成。双行标题有虚实型和并列型。虚实型的引题或副题多为虚题，主要是阐发意义、烘托气氛；正题是实题，概括主要事实。并列型往往涉及两个密切相关而又各自独立的事情。例如：

A. 虚实型
只要"有本事"，让你"能干事"（正题）
独特的环境灵活的机制为广东引来大批文化能人

B. 并列型
复旦全球招聘院长
美国教授竞聘成功

③单行标题。单行标题就是只有一行正题，它简洁、明了地反映新闻内容的

主旨,鲜明、醒目。例如:

A. 康佳强势进入小灵通市场

B. 圆明园"猪首铜像"回归

写作标题的关键在于紧扣内容,概括准确,还要利用汉字的优势,讲究修辞和新颖性,达到生动、传神的效果。

(2)导语:导语是提炼新闻精髓并提示主题以吸引人阅读全文的新闻的头一句话或第一段话。较长的分段新闻,第一段就是导语。较短的不分段的新闻,往往第一句话就是导语。它要求言简意赅,用极其简短的话语概括出新闻中最有价值的信息,把最重要、最新鲜、最有意义的事实写在导语里,做到既短小精干,又生动形象、引人入胜。

导语的写法没有固定的形式,常见的有叙述式、描写式、提问式、评论式、对比式、结论式、比兴式、数据式、引语式等。下面简略介绍几种。

①叙述式。叙述式导语就是用摘要或综合的方法把新闻里最新鲜、最主要的事实,以简明扼要的叙述写在新闻的开头。例如:

燃烧百年的我国最大的着火煤田——新疆硫磺沟煤田的煤火,经过各族民兵和职工近4年的艰苦奋战,日前已被全面扑灭。目前灭火过程已进入覆盖、清理等扫尾阶段。

②描写式。描写式导语对新闻里的主要事实或某一富有特色意义的侧面加以简要而又有个性的描写,突出所报道的人或事物的特点,给人以身临其境之感,以增强新闻的感染力。例如:

一盆盆盛开的鲜花装点着人民大会堂的大厅,全国妇联正在这里举行联欢会。中外妇女1500人在这里欢聚一堂,共同庆祝"三八"国际妇女节。

③提问式。提问式导语是把新闻的主要事实、要解决的问题、提出的思考等,用提问的方式表达出来,以引起人们的关注和深思。例如:

"没有缺钱的政府,只有办法不多的政府。"这是重庆市委常委、常务副市长黄奇凡的话。那么钱从哪里来?黄奇凡认为,钱从 GDP 来。

④评论式。评论式导语是对所报道的事实进行精辟的、画龙点睛式的评论,以揭示事物的性质、特征和重要作用,引起读者的重视和关注。例如:

加拿大研究人员1日宣布克隆出一个非典病毒基因,并成功地将其插入作为载体的感冒病毒中。研究人员说:这是朝开发有效的非典疫苗迈出的重要一步。

⑤结论式。结论式导语是将事实的结论和结果先写出来,然后再叙述事实。多用于报道实际工作和生产建设、科学研究所取得的新成就等。例如:

工商银行储蓄存款余额已突破5000亿元,达到5056亿元,较年初净增744亿元,是历史上增加最多的一年(1993年11月9日)。

一篇公共关系新闻稿可以根据具体情况作出恰当的选择。

(3)主体:主体是新闻稿的主干和中心部分,它是对导语的补充和展开,与导语相呼应,承接导语,层次分明地介绍事实或背景,展现和深化主题。与导语相比,主体的篇幅较大,内容较丰富。

主体可以按照时间顺序、方位顺序来写,也可以按照主次顺序或逻辑顺序来写。时间、方位顺序可以把事实写得有头有尾,让人对事实的过程留下鲜明的印象。主次、逻辑顺序能够使主次关系、因果关系明确,易于被人接受。

公共关系新闻稿在写作时要注意以下几点:突出主干,阐明主题;结构严谨,层次分明;内容充实,言之有物;通俗易懂,生动耐看。

(4)背景:新闻报道的事实都是在一定的环境和条件下发生的,都有较为特殊的背景,因此,新闻稿不能忽视必要的背景介绍。背景资料可以使新闻稿枝叶并茂,信息丰富,对新闻事件和人物起烘托、补充说明的作用,有助于读者深刻理解新闻的主题。

背景材料的运用要掌握分寸,不能为写背景而写背景,一定要为深化主题服务。也不是每条新闻都要写背景,如背景对新闻本身并无积极作用,则坚决不写。更不能喧宾夺主,因渲染背景而淹没主题。背景的写法要灵活,可穿插在主体事实里,也可运用在导语里;可以一次性叙述,也可以分多次穿插交代。

(5)结尾:新闻稿的结尾不像文艺作品那样讲究,有时甚至可以忽略不写,可绝不能不重视。新闻可以通过结尾收束全文,指明事情发展的趋向,或发人深思,或给人希望。但切忌一般化、公式化、口号化的结尾。

(三)新闻稿写作的要求

1. 要素应齐全

新闻稿的写作首先要突出新闻要素,交代清楚事实、人物、时间、地点、原因和结果等,在国外称为"五个 W 和一个 H"。即:When——何时,Where——何地,Who——何人,What——何事,Why——为什么,How——结果怎样。新闻稿写作要把这六大要素交待清楚,而且要写得准确、真实,不能弄虚作假、张冠李戴。

2. 结构要合理

所谓结构合理,是指注意新闻稿的结构。新闻稿的结构指新闻的组织形式和内部构造。常见的新闻稿结构有:倒金字塔结构、并列结构、顺时结构、悬念式结构等。其中典型的是倒金字塔结构。这是一种让最重要的事实最先出现的写作新闻稿的方法。即将导语置于文首,主体部分最重要的事实置于第二,次要的事实置于第三,再次置于第四,以此类推,最后写上结尾(也可不写)。这样,便于读者阅读,使其一目了然地知道最重要的信息,同时也便于编辑自下而上地删改。倒金字塔式结构如下图:

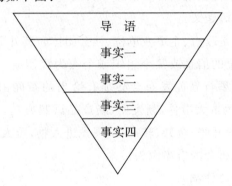

公关新闻稿一般也采用这一结构形式。

有时公关专业人员发现新闻事实具有同等重要的作用,无轻重主次之分,这时用倒金字塔结构就不适宜,因而可以采用其他结构。并列结构适用于有着几乎同等重要性的新闻事实。它常常先使用一段概括性的导语,然后把新闻事实有序地排列在稿件的主干中。顺时结构即完全按事件发生的时间顺序来写,事件的开头就是新闻的开头,事件的结束也就是新闻的结束。而悬念式结构是指把最重要的事实放在后面的写作新闻稿的方法。

3. 叙述是主体

新闻稿的基本表达方式是叙述,因为读者阅读新闻主要是了解事实真相,而不是进行文艺欣赏,所以新闻一般采用叙述的方法来写事情的全过程,概括事情的发展和内在联系。它很少使用描写的方法,即使有描写,也不像文艺作品那样细致入微。

新闻稿也不像论说文那样靠论证来说明观点。否则,就违背了新闻用事实说话的基本原则。

4. 形式要精干

新闻稿要写得短小精干,以利于争速度、抢时间,向读者提供更多信息,扩大报道领域。这就要求内容精要,剪裁得当,抓住关键问题,提炼出有新意的主题。

二、公共关系新闻发布会

新闻发布会是社会组织与公众建立和保持联系的一种有效形式。通过召开新闻发布会,把各种媒介的记者召集起来进行强化性的信息传递活动。新闻发布会既是社会组织公关工作的一个重要步骤,又是其与新闻界协调关系的一个良好机会,更是组织进行积极宣传的最好工具之一。

(一)新闻发布会的含义

新闻发布会一般是政府、企事业单位、社会团体向其外部公众传播具有一定社会影响、有新闻价值的信息或某个组织或个人为澄清某一事件真相而向社会作有关情况介绍的。举行新闻发布会必须有恰当的新闻由头,具有新闻价值。重要人物的来访,发生重大事件,新发明、新产品试制成功,新的重大发展规划,新工厂建成投产,企业开张、合并、转产,出现先进人物,重大庆祝日或纪念日等,都可能是举办新闻发布会的恰当由头。

(二)新闻发布会的特征

新闻发布会是组织与公众进行沟通的例行方式,是一种两级传播,即先将消息告知记者,再通过记者所属的大众媒介告知公众。其特征主要有四点:一是形式隆重、规格高;二是信息传递速度快;三是舆论宣传角度好;四是组织运作耗费多。

(三)新闻发布会的策划

1. 新闻发布会的筹备

(1)确定新闻发布会的主题:主题是新闻发布会的中心议题。要考虑这个主题是否非常重要,是否具有新闻价值,能否对公众产生重大影响,此时召开新闻发布会是否适宜等。

(2)选择会议地点和举办时间:举办新闻发布会,要考虑给记者创造各种方便采访的条件。会场要配备必要的照明设备、视听设备和通讯设备等,环境要安静、不受干扰,交通要便捷,要有足够而舒适的座位。会议的时间要尽量避免节假日、重大社会活动和其他重大新闻发布的日子,以免出现记者不能参加的情况。

(3)选定会议主持人和发言人:主持人和发言人必须头脑清醒,反应机敏,有较高的文化修养和口头表达能力。主持人一般由具有较高专业技巧的公关专业人员担任,发言人由组织或部门的高级领导担任,因为他们清楚组织的整体情况、方针政策和项目计划等问题,又具有权威性。

(4)准备发言稿和报道提纲:公关专业人员在会议召开前,应在组织内部统一口径,组织专门小组,全面认真地收集有关资料,写出准确、生动的发言稿。同时,也要写出新闻报道提纲,在会上发给记者作为采访报道的参考。

(5)准备宣传辅助材料:宣传辅助材料要为主题准备,尽量做到全面、详细、具体和形象。形式应多样,有口头的、文字的、实物的、照片的和模型等。宣传辅助材料要在会议举行时现场摆放或分发,以增强发言人的讲话效果。

(6)选定邀请记者的范围:尽可能多地邀请各路记者,不仅要有报刊杂志记者,还要有电视台、电台的记者;不仅要有文字记者,还应有摄影记者。对记者要一视同仁,不能厚此薄彼。

(7)组织参观和宴请的准备:发布会前后,可配合发布会主题组织记者安排参观活动,指定专人接待并介绍情况,这样常常会产生具有重大价值的新闻报道。会后,如有必要可邀请记者共进工作餐,进一步沟通,以便对发布会事宜作深度报道。

(8)制定会议费用预算:应根据所举行新闻发布会的规格和规模制定费用预算,并预留余地,以备急用。费用项目一般有:场租费、会议布置费、印刷品费、邮电费、交通费、住宿费、音响器材、相片费、茶点或餐费、礼品费、文具用品费等。

(9)安排接待工作:要提前布置好会场,会场环境要精心设计、安排,营造一种轻松、自然、和谐的会场气氛。培训接待人员和服务人员,要求他们穿戴整洁适宜,精神饱满愉快,以体现出组织的风格;安排会议的记录、摄影、摄像工作,以备将来作宣传和纪念之用。

2. 新闻发布会的程序

(1)签到与分发资料:设立签到处,并派专人引导来宾前往会场。参加会议的人要在签到簿上签上自己的姓名、单位、职业、联系电话等。会议工作人员应将写有姓名和新闻机构名称的标牌发给与会记者,并将会前准备的资料,有礼貌地发给每一位与会人员。

(2)主持人宣布开始:会议开始时,应先由会议主持人说明新闻发布会的原因,所要公布的信息或事件发生的简单经过,并向记者介绍出席新闻发布会的有关人士。主持人要充分发挥主持和组织才能,活跃整个会场气氛,并引导记者踊跃提问。提问离开主题太远时,要巧妙地将话题引向主题。出现紧张气氛时,能够及时调节、缓解。

(3)主发新闻:新闻发布会发言人的发言是整个发布会的中心和重点。发言人在发言前要熟悉发言稿,发言时力求吐字清晰、语言生动、突出重点。

如果是发布新产品或者新技术的消息,会议还应请有关专家发言并出示鉴定材料,如果是对组织发生的重大事件加以澄清,则应请公共关系负责人出场对事件发生原委作出说明。

(4)记者提问和答记者问:新闻发布会召开之前,会议主持人和组织的公关专业人员应就记者可能提出来的问题做精心的研究,应从多种角度、多个侧面构想尽可能多的问题,在此基础上,再对可能提出来的问题设计出理想的答案。答记者问时,发言人要准确、流利、自如地回答记者提出的各种问题,不要随便打断记者的提问,也不要以各种动作、表情和言语对记者表示不满。对于保密的东西或不好回答的问题不要回避,而要婉转、幽默地进行反问或回答,以确保所发布的消息准确无误。

(5)会后专访:安排记者专访也是新闻发布会的重要环节,会后专访应留给那些主流媒体,尤其是留给非常注重新闻时效性的电视记者或日报记者。专访通常会被记者认为是挖掘独家信息和深度素材的好机会,因此,要把这样的时间和机会留给对宣传自己最有价值的媒体。

(6)参观和其他安排:会议结束后还应由专人陪同来宾参观考察,给记者创造实地采访、摄影、录像的机会,增加记者对会议主题的感性认识。还可以举行茶会或酒会,以便个别记者能够单独提问,以融洽与新闻界的关系。

3. 新闻发布会的效果检测

尽快整理出新闻发布会的记录材料,对会议的组织、布置、主持和回答问题等方面的各种情况进行总结,从中认真汲取经验和不足,并将总结材料归档备查。

搜集到会记者在报刊、电台上的报道,进行归类分析,检查是否达到了会议的预定目标,是否有由于失误而造成的谬误。对检查出的问题,要分析原因,设法弥补失误。

对照会议签到簿,看与会记者是否都发了稿件,并对记者所发稿件的内容及倾向进行分析,以此作为以后举办新闻发布会邀请记者的参考依据。

收集与会记者以及其他与会代表队招待会的反映,检查招待会接待、安排、提供方便等方面的工作是否有欠妥之处,以便改进今后工作。

若出现不利于本组织的报道,应制定良好的应对策略。若是发现不正确或歪曲事实的报道,应立即采取行动,说明真相,向报道机构提出更正要求,以挽回组织声誉。

第二节 公共关系广告宣传

组织为了自身的生存与发展,除了利用必要的商业广告进行宣传,它们往往还需要利用公共关系广告进行宣传。

一、公关关系广告的含义与类型

(一)公关关系广告的含义

公共关系广告指的是组织为了增进公众对自身的全面了解,提高组织的知名度和美誉度,赢得公众信任与合作而采取的一种广告形式。它是通过引起公众对自身的注意和兴趣,进而产生好感和信任,最终获得公众的支持与合作而开展的传播活动。它集公共关系的特点与广告的特点于一身,形成了一种特殊的广告。

公关关系广告不以盈利为直接目的,而是组织向公众主动推销自身形象的特殊手段。它往往通过大众的或非大众的传播媒介,来宣传组织宗旨,引导公众观念,塑造良好的组织形象,提高组织知名度和美誉度,提高组织社会威望。公共关系广告的定位就是在公众心目中为组织树立超凡脱俗、与众不同的形象,留下深刻的印象,影响他们的理念和行为等,得到他们的信任与支持,使非公众转化为公众,使潜在公众、中间公众、逆意公众等转化为顺意公众,为组织的生存、发展创造有利的条件。

(二)公共关系广告的类型

公共关系广告的类型很多,常见的:

1. 形象广告

(1)实力广告:实力广告常常以介绍组织的人才、技术等实力为主,在广告中宣传组织的悠久历史、深厚文化、著名人物,介绍高层次技术人才、管理人员和他们的研究成果、工作实绩以及对社会所作出的杰出贡献等。

(2)观念广告:观念广告不直接宣传组织的信誉,而是通过提倡或灌输某种观念和向公众宣传组织的价值观、宗旨、成就、贡献等来引导或转变公众的看法,影响公众的态度和行为,从而塑造企业文化,建立和改善某种观念。

(3)品牌广告:品牌广告旨在创造组织的品牌或产品形象,进一步赢得公众或占领市场。

2. 礼仪广告

(1)致意广告:致意广告是利用向广大公众表示感谢的机会来提高组织知名度的一种公共关系广告。它或用于向公众陈述事实真相,或用于向公众承认错误、表示歉意,明确表示组织敢于承担社会责任,并提出改正措施,以求得公众的支持与谅解。

(2)祝贺广告:祝贺广告一般是在组织的厂房或其他重要建筑落成之际、周年庆典之际、成果实现之时、重大部署之时,或者其他节假日与纪念日等,该组织通过媒体刊登广告以示祝贺时使用,表达愿意携手合作或欢迎正当竞争的意愿。

(3)谢意广告:谢意广告是指组织通过广告的形式对给予自己帮助和支持的企事业单位和公众表示谢意。在节日、纪念日,或举办某种活动圆满结束时,组织可以通过谢意广告向公众表示衷心的感谢,增进组织与公众的情感交流,维系组织与公众的良好关系。

3. 公益广告

(1)倡议广告:倡议广告指的是组织通过自愿承担社会义务,积极参与公益活动来提高自身声誉的宣传方式。这类广告以组织的名义率先发起一项对社会有重要意义和影响的活动,或倡导一种新观念,以显示其组织的社会责任感、伦理道德感、创新精神、良好的社会风范,以及率先开拓、领导潮流、敢为天下先的胆识等。

(2)响应广告:响应广告一般用于组织响应政府或社会生活中的某一(或某些)重大主题,说明组织与政府或社会生活中的某一(或某些)重大主题的一致性。如响应政府某项方针、政策,响应公众提出的口号、措施等。

(3)赞助广告:赞助广告是指组织以某个活动为支点,以冠名、主办、协办、鸣谢、指定产品等形式,支付一定量的资金或实物,然后再以一定的广告、新闻媒体的宣传作为回报来进行操作的商业行为。如各类赞助文艺事业、体育事业、环保事业、教育事业的广告。

二、公共关系广告设计

对于公共关系广告非常设计是指对公共关系广告过程的全面规划,要求有明确的主体、全新的创意和巧妙的设计,其最终目的就是通过广告来达到吸引公众注意的目的。

(一)公共关系广告的设计要求

公共关系广告的设计比一般商业广告的设计要求更高,应该突出以下几点:

1. 形象鲜明

公共关系广告表达的观点要明确,概念要清晰,重点要突出。在广告表现中常常使用展示、象征、比较和比喻等手法。

2. 手法新颖

公共关系广告要有自己独特的新意,它所传达的信息要有不同于一般的个性。因此,在广告的表现手法上要给人以新颖、别致、独具一格的感受。创作中常用夸张、拟人、反常等手法。

3. 主题深刻

对于公共关系广告非常重要的一点是要有思想深度,广告表现要借助敏锐的洞察力提炼出深刻的含义,使公众产生联想,受到启发。手法上常用幽默文字、事件等加以表现。

4. 含蓄隽永

公共关系广告不能像商业广告那样直截了当地关注经济利益,它应该含蓄隽永,调动公众的审美情感,拉近与公众的心理距离。

5. 形成特色

广告创意的新颖独特是指广告创意不要盲目模仿其他广告创意,人云亦云,步人后尘,给人以雷同与平庸之感。唯有在创意上新颖独特,才能在众多广告创意中一枝独秀、鹤立鸡群,从而产生感召力和影响力。

(二)广告设计的主要内容

1. 主题

主题是广告的灵魂,也是广告信息传播的主要意图。它是广告诉求的核心。有没有主题,或者确定的主题是否正确,决定公共关系广告的成败和价值。公共关系广告的主题就是通过思维提炼、浓缩,用简练的语言、动作、画面、声响等来表达广告的中心思想,以此来显示组织特色,树立组织形象。要使公共关系广告取得应有的树立组织形象、扩大社会影响的效果,公共关系广告必须有明确的主题。

(1)声誉主题:任何社会组织要取得恒久的成功,良好的声誉是至关重要的。为了树立形象、提高声誉,组织应向公众宣传本组织的历史沿革、政策主张、组织文化、规模效益、产品与服务、发展状况以及市场范围、科技含量、人才实力等。组织的历史、名称、理念、产品、服务、管理方式、技术水平等,都可以成为信誉主题的公共关系广告所要反映的内容。

(2)公共服务主题:即组织主动承担或协助解决地方性或全国性的社会公共服务问题,提高组织在外界的知名度。如组织向灾区或贫困地区捐款、捐物,为文教、科研、体育、环保、慈善事业筹集资金,为公众及公共设施提供服务与便利等。

(3)社会贡献主题:组织对环境保护、体育文化、城市建设、教育、残疾人事业等提供的支持、赞助和捐助等是这一主题所表现的内容。

(4)业务成就主题:组织对国家经济发展的贡献、销售额的增长、在国际和国内的排名、产品市场占有率、客户拥有数量等等,都是这一主题所要表达的内容。

(5)内部关系主题:即组织利用公共关系广告的手段来协调内部员工的关系,内容涉及员工的福利、就业保障、工资标准和其他利益关系。采用这一主题能提高员工士气,保证企业稳定发展。

(6)特殊事务主题:组织的周年庆典、文体活动、颁奖庆功、赠奖活动、组织成立、新产品问世、股票发行、迁徙地址等,都可以成为这一主题所涵盖的内容。

2. 创意

创意在公共关系广告中的地位十分重要。所谓"广告创意"就是通过构思来表现广告的主题,它的作用是使主题更鲜明、更具有感染力。随着我国经济持续高速增长、市场竞争不断升级,商战已经进入"智"战时期,广告也从以前所谓"媒体大战"上升到广告创意的竞争。公共关系广告的创意要遵循以下原则:

(1)思想性原则:公共关系广告推销的是观念,而观念属于上层建筑,思想性原则是第一要旨。这就要求公共关系广告有较高的品位,要把思想性和艺术性统一起来,融思想性于艺术性之中。

(2)独创性原则:广告创意不能因循守旧、墨守成规,而要勇于并善于标新立异、独辟蹊径。与众不同的新奇广告可以引人注目,且其独特的构思会激发人们强烈的兴趣,能够在公众脑海中留下深刻的印象并被长久记忆。

(3)诚实性原则:公共关系中的诚实性原则,要求组织如实地向社会公众介绍自己的情况,包括优点和不足,不可报喜不报忧,更不能误导或欺骗公众。

(4)新奇性原则:在广告创作中,思维惯性和惰性形成的思维定势,使得不少创作者在复杂的思维领域里爬着一条滑梯,看似"轻车熟路",却只能推动思维的轮子作惯性运动,"穿新鞋走老路"。这样的广告作品往往会造成读者视觉上的疲劳和麻木,弱化广告的传播效果。新奇是指想别人所未想,做别人所未做,出人意表。

(5)情感性原则:感人心者,莫先乎情。打动人心的广告会让观众心甘情愿地"上当"。公共关系广告要在广告内容中融进更多的情感因素,融情入理,做到以情动人。

3. 广告词

广告词,意在"广而告之",因而必须在形式上和内容上易于传播、推广,力求达到人人皆知的目的。广告大师奥格威说过,"广告是词语的生涯"。在广告词的写作过程中,一些反复出现在成功广告中的手法值得注意,现将其总结为以下几点:

(1)简。语言简洁,是指句子简短、干脆、利落,句子不宜长。

(2)齐。形式上讲求整齐、和谐。整齐,是指句式整齐,一般用两句时最好使用对偶句,或字数大致相当的语句;和谐,是指句子尽量用相同的韵脚,听起来和谐悦耳。

(3)新。人们总是对新鲜事特别感兴趣,新鲜的事实、生动的人物、鲜为人知的事实,如果被挖掘出来都会是绝佳的题材。

(4)趣。广告词的形式多种多样,往往以幽默见长,吸引观众,便于记忆。

(5)诚。态度的诚实不仅仅是指在介绍信息时的真实度,同时也意味着在文字表现形式上不能夸夸其谈、花言巧语,不能粉饰,更不能欺骗。

(6)俗。内容上讲求通俗,广告词如同白话。不必刻意追求精致,广告讲究实效,华丽的词藻会让人敬而远之。

广告使用的手法应该视公众对于组织的理性和情感投入程度而定。理性诉求可以以多种方式传达具体信息、进行观念说服;感性诉求则可以充分挖掘与组织行为相关的多种情感与情绪。在广告词的创作过程中,需要针对不同的组织、不同的公众运用不同的广告诉求手法。在不断寻找有效说服途径的过程中,针对公众认知和情感投入的差异,广告发展出理性、感性和情理结合三种最主要的诉求手法。

4. 画面

广告界有一句名言:"一图抵万言。"读图时代与文字时代互补共生,实现信息传递的优化。画面的任务是将既定的广告创意内容转化为向观众传达的特定视觉信息,包括文字、图形的具体创作和制作实施。它在很大程度上决定了广告创意最终的表现力和吸引力,画面设计的原则有图形、文案、编排、色彩与空白等五个方面:

(1) 图形创意与实现的原则。寻找与创意概念最为吻合的视觉形象,对其进行完美再现和再创作。

(2) 文案视觉化原则。具体包括:①差别化原则。广告画面中不同文字单元之间必须进行差别化处理,包括字体、字号、排列方式、字体色彩等的对比。②易识性原则。字体与面积无论构成怎样的对比关系,都应该是容易识别、容易阅读、容易记忆的。③统一性原则。同一品牌的系列广告作品,应保持广告文字编排风格与字体风格的连贯性。

(3) 版面信息控制原则。根据创意要求,合理地控制图片数量与广告总信息量的比例,充分运用图片的面积差别、轮廓差别以及视觉效果,会使广告信息变得活跃而生动,同时还要注意保证信息传达的顺畅和简明。巧妙地运用空白部分能够营造丰富而顺畅的视觉效果,也是产生广告画面视觉焦点的决定因素。

(4) 色彩对比和协调原则。广告设计者不仅要追求色调美感,更要注重不同的色彩对比关系所具备的不同传达效果,同时要注意不同的媒体在用色方面的特点及所受到的限制,谨慎使用视觉形象。

(5) 把空白作为视觉元素原则。空白可以令人产生舒适的心境,充裕的空白构成了具体视觉要素的质量感,使广告中的商品或形象富有品位。

5. 音响

在广告中运用专门的工具和技法,模拟或再现实际生活中的各种声响,如马嘶声、火车开动的声音、复杂场景的嘈杂声以及商品生产和使用时发生的各种声

音。广告音响从录制方法的角度可分为三种:

(1)同期声,指与电视画面同步发生的声响。

(2)效果声,即声响基本上与画面情节合拍,但对位不一定非常准确。

(3)模拟效果声,是指用人工方法制造的各种音响。

广告音响的基本作用是再现和烘托环境气氛,增强广告的真实感和感染力。在电视广告中,由于音响在传递信息或唤起情感方面都远不如画面、广告词和音乐,往往被忽视了。其实准确恰当地运用音响对于广告效果的作用是很大的,广告音响如果运用不当,会影响整个广告的美感和完整性,干扰或分散观众对广告信息的注意力,而忽略广告音响则会使整个广告作品缺乏生机和活力。

三、媒体选择与代言人

(一)媒体选择

媒体是信息的技术载体,各类媒体因性质、状态不同,传播方式、手段、功能也各不相同,对于形形色色的媒体,公共关系专业人员要"广而告之"地进行有效的公共关系广告活动,就必须充分了解各类媒体的特点,有针对性地选择最能广泛接触公众、价格实惠、效能好的媒体,充分发挥不同媒体的优势。如:事关公众民生与消费的,最好选用电视。电视家喻户晓,与公众有密切联系。重要的政策及大型的产品,通常需要由主要领导和部门决定,如选用报纸和组织传播的方式,其效果更好。新闻、音乐等还可选用广播,这样来得及时方便。

具体地看,公关工作在媒体选择中应注意遵循以下原则:

1. 联系目标原则

即选择和使用媒体必须符合公共关系广告的具体目标性质和工作要求,才可能充分发挥其功能。公共关系广告的目的是增进公众对组织的全面了解,提高组织的知名度和美誉度,赢得公众的信任与合作,改善公众环境,使得组织获得整体发展。对媒体的选择和使用是为了更好地达到这一目标。因此,选择媒体应该密切联系目标,公关的目标不同,传播媒介选择也应不同。

2. 适应对象原则

即根据不同的公众对象选用不同的传播方法,以使信息有效地到达目标公众,并被公众所接受。公众是公共关系广告传播的对象,每个具体的公共关系广告传播都具有特定的目标公众,不同的公众对象适用于不同的媒体。一般情况下,文化程度高的公众倾向于使用规范严谨的文字印刷媒介;文化程度低的人更喜欢使用电子媒介。此外,公众的经济状况、个人地位、性别角色、价值观念等等,都影响着他们接受信息的习惯。有针对性地选择不同的媒体,以保证组织的传播达到很好的效果。

3. 区别内容原则

即根据传播内容的具体特点来决定传播的形式,使传播形式的优势得以充分发挥。一般而言,信息内容较复杂、专业或者信息需要长久保存、反复利用的时候,适合使用印刷媒介进行详细阐述,因为电子媒介传播的信息不便保存,接受中也会有丢失部分信息的可能性。

4. 合乎经济原则

即根据组织的公共关系预算和传播投资能力,量力而行,精打细算,争取在最经济的条件下获得尽可能大的传播效益。节省开支,并不等于只选择一些费用比较少的媒介,而是要使传播成本有成果、有效益。只有那些为达到传播效果必不可少的费用,才是合理的支出。

5. 精心组合原则

在很多公共关系广告活动中,组织一般会选择一种以上传播媒体进行组合,根据情况充分发挥各类媒体的优势,争取达到好的传播效果,使传媒达到优化组合。对于组织来讲,精心运筹、恰当组合运用媒体,既可以利用同类媒体,也可以利用不同类型的媒体,如各种不同电子媒介的组合、印刷和电子媒介组合、自用媒介和租用媒介组合等等。对媒体的组合应用,要善于筹划,优化组合各种方案,以求少花钱,多办事,达到既定交流目的,为组织树立良好形象。

(二)代言人

1. 代言人的概念

所谓代言人,就是请一些社会名人来为社会组织的形象塑造、品牌推广等活动而进行的广告宣传行为,利用知名人物的号召力和影响力,让人们通过对其知名度、职业、形象、个性、品行的联想,进而对其所代言的某组织或某种品牌产生美好印象,扩大组织或品牌的知名度,从而最终达到公共关系工作的目的。

总体而论,目前的代言人可以分为两类,即高可信度型和低可信度型。高可信度型代言人是指具有一定公信力、影响力与传播力的公众人物,他们一般是某个领域的名人、专家或权威。高可信度型代言人的功能在于它能够以极强的说服力与号召力来传播组织或品牌的价值内涵,对于一些高价值的产品品牌,宜采用此型。如价值不菲的世界名表OMEGA聘用超级名模辛迪·克劳馥作代言。

低可信度型代言人则指公众影响力较低的、不知名的普通人物或卡通造型,他(它)们来自生活与工作的各个领域,是广大普通受众的代表或熟悉的对象。低可信度型代言人虽然应用较少,但是却有它独特的一面:它力求还原于生活现实,以平凡诉求的手法拉近与广大受众的心理距离,从而达到告知与说服的目的,此类型若运用得当,其效果不逊于前者。如步步高无绳电话就是以一造型独特、话语俏皮的普通人为其品牌代言人,受众记住了步步高,也记住了这位总爱叫"小丽"的男人,甚至在听到"小丽啊"三个字时,就会立即想到步步高。在时下名人明星广告漫天飞舞的背景下,以凡人代言模式打入市场,往往能起到出奇制胜的效果。

2. 代言人的选择策略

21世纪已经进入了一个富媒体时期,名人、明星们在媒体的精心打造下,如同流水线上的产品一样源源不断地涌现出来。名人明星的空前量增,自然造就了一个巨大的代言人市场。在这样一个特殊的时代,如何捕捉公众的注意力已经成为组织关心的焦点。在组织形象与品牌塑造的过程当中,代言人的选择不仅仅是一个必要环节,它更是一种技巧与策略。

(1)代言人选择与目标市场相一致。组织在选择形象代言人时,应该进行深入的市场调研,重视组织品牌形象和产品的风格,使代言人形象与组织及产品风格相符,充分发挥代言人的作用。不同特色的组织,在运用代言人策略时,应首先从本组织的目标市场出发来考虑代言人的选择。现在的市场区域化特点越来越突出,不同地区的消费者有着不同的消费观念、消费模式和经济文化背景,代言人的选择也应该注意这些因素的影响,对代言人进行细分,分析其动向及特点,找到目标市场与代言人之间的最佳结合点。名人影响虽大,但也有其"力所不及"的地方,甲代言人的影响力在A地区最大,则用之;乙代言人在B地区影响力很小,则弃之。

(2)代言人选择与品牌个性相一致。在组织与产品日益同质化的背景下,如何使自己的组织形象与品牌从大多数同类组织与同质产品中脱颖而出,吸引公众的注意,成为组织关注的主要问题。这个时候,品牌个性便凸显出了它在公共关系广告中的重要地位。品牌个性是指组织在产品与服务的内容和形式上对公众作出的独特而真诚的承诺,且这种承诺是同行难以模仿的。只有代言人个性与品牌个性准确对接,才会产生传播识别的同一性,有效地树立和强化该品牌在公众中的独特位置。在美国,万宝路香烟和云丝顿香烟在包装、色彩、口味上极为接近,却因为围绕品牌个性选用代言人的策略不同而命运迥异。万宝路以西部牛仔为品牌代言人,其形象长久而集中地表现出一种自由、奔放、原野和帅劲,从而使消费者容易识别,并使消费者在感情上产生认同与偏好。反观云丝顿,却因为品牌个性模糊,代言人选择不伦不类,致使品牌识别传播不力,导致市场竞争力衰减。

(3)代言人生命周期与产品生命周期相一致。产品生命周期包括导入期、成长期、成熟期和衰退期。与之相似,品牌代言人的人气也会有一个萌芽、成长、鼎盛和衰退的发展历程。一般说来,代言人与产品之间的关系在公众心中的印象越是牢固,说明该广告越是成功,一旦该代言人的知名度和人品下降,组织与产品品牌的形象必将受损。因此,组织对于有潜质而又处于成长期的产品,应尽量避免请那些人气处于衰退期的代言人。

(4)代言人的制造策略。代言人不一定非得是现成的,可以人为"组合制造"。代言人在组合上可以考虑两种主要模式:即同期多人和一期一人。同期多人可以形成品牌传播的"规模效应",使品牌知名度迅速扩大。如蒙牛酸酸乳选用张含韵、王心凌、超级女声,伊利优酸乳选用刘亦菲、潘玮柏等,而一期一人比较灵活,能够依据产品生命周期、代言人特点和营销目标及时取舍、调整,减少失误,提高代言效益。此外,卡通造型代言也不失为一种模式。例如,海尔的两兄弟、美的的北极熊、随处可见的麦当劳叔叔等等都采用卡通造型作广告。

(5)代言人的专一策略。人们常常发现某代言人刚在甲地做完A广告,一下子又跑到乙地做B广告。在代言人日渐频繁的"走马客串"使得广告市场一片红火的同时,也使得其代言品牌在公众心目中的印象日趋混乱和模糊。因此,组织在选择代言人时,应该尽量选择以前没有为其他同类型组织或品牌做过代言的代言人,代言人和组织品牌最好形成一一对应的关系,以在公众心目中构建其与组织品牌的清晰联系。

第三节　公共关系各种活动

为了达到预期的公共关系特定目标,公共关系专业人员往往需要开展各种各样的公共关系活动,以强化宣传效果,配合整个公共关系方案的实施。公共关系活动是社会组织围绕某一确定目标针对特定公众开展的有计划、有步骤的特殊公共关系活动。它也是公共关系实务的一种,其目的是通过活动,树立并传播组织的形象。

一、庆典

(一)庆典的类型

庆典指的是各社会组织围绕重要的节日或者自身重大的、值得纪念的事件所举办的大型隆重的庆贺活动。成功的庆典活动有助于扩大组织的知名度,提高组织的美誉度,加强组织的凝聚力,显示组织的综合实力,还能广交朋友,增进友谊。其主要类型有:

起始性庆典:用于新事物、新项目的开头,起着早造舆论、公告于众的作用。如奠基典礼、开学典礼、开幕式等。

总结性庆典:用于事情、项目做完时,起着强化舆论宣传、总结经验与成绩、激励精神的作用。如工程竣工庆贺、毕业典礼、闭幕式等。

表彰性庆典:用于表彰有重要贡献的组织与个人。如各项评选颁奖典礼等。

纪念性庆典:用于回顾重大事件或主要历史事件,起着继往开来、弘扬业绩、重温历史的作用。如组织的 10 年、50 年大庆,重大的历史事件纪念,重大的节日活动等。

(二)庆典的组织工作

庆典要取得满意的效果,需要掌握一定的技巧,首先要吸引新闻媒体的关注,可采用"策划新闻"的方法;其次要注意构思的奇特、新颖等。下面介绍几种主要的庆典仪式。

1. 开幕典礼

开幕典礼又称"开幕式",是指组织为首次与公众见面的、具有纪念意义的事件而举行的庄重而又热烈的活动形式。它包括企业开张志喜,机构成立,重要工程开工,展览会、博览会、运动会、文艺汇演第一次拉开序幕以及某种特定场所第一次向公众开放等等。一个组织举行一个气氛热烈、隆重大方的开幕典礼将会为自身创造良好的社会形象,给公众留下美好的第一印象,这也是组织能否顺利发展的重要前提。因此,公关人员应该重视并精心安排好这一活动。

为了办好开幕典礼,公关人员作为开幕典礼的具体设计者和组织者,需要做好以下三项工作:

(1)开幕典礼的准备工作。拟定出席典礼的宾客名单,并发出请柬。宾客名单一般包括政府主管部门或有关部门的负责人、社区负责人、知名人士、社团代表、新闻记者、同行业代表、员工代表和公众代表等。请柬的印制应尽量精美,邀请语言应诚恳并精确无误,注明活动事由、时间、地点、方式等。请柬最好提前两周发出(本地一周前送达),以便对方早作安排。活动前三天再核实一下,贵宾在活动前一天再核实一次。

拟定开幕典礼的程序。其程序一般为:由主持人宣布典礼开始,介绍重要来宾,嘉宾致贺词,组织领导人致答谢词,剪彩、参观、座谈或宴请招待等。

确定致贺词、答谢词人名单。应事先确定致贺词、答谢词人的名单,并为本单位领导人拟写开幕词、答谢词。开幕词、答谢词都应言简意赅、热情庄重,以达到增进感情和友谊的目的。

安排接待服务事宜。应事先指派专人负责签到、接待工作,并确定剪彩、放鞭炮、摄影摄像、录音播音等有关服务人员,要求他们各负其责,在典礼开始前准时到达指定岗位。

此外,对于开幕典礼的环境、会场、照明、音响、馈赠礼品等也应做细致的准备。

(2)安排开幕仪式。专人负责签到接待。宾客来到后,由专人请他们签到。宾客签名后,由接待人员引到备有茶水、饮料等的接待室,让他们稍事休息并互相认识。本组织有关人员应陪同宾客交流。

典礼开始。先由主持人进行简单致辞,宣读到会来宾名单,然后由宾客致贺词,主办方致答谢词。

进行剪彩。一般由主办方负责人和宾客中地位较高、名望较著者同时进行剪彩。剪彩者要求服饰端庄整齐,步履稳健,全神贯注。拿剪刀剪彩时,以微笑向礼仪小姐表示感谢,然后神态庄严地剪断彩带。待剪彩完毕,将剪刀放在礼仪小姐奉上的长盘上,转身向四周观礼者鼓掌致意。在剪彩过后,由主办方负责人回答记者或嘉宾提出的各类问题。

安排助兴节目。在开幕式进行过程中,为营造热烈欢快的喜庆气氛,可安排一些助兴节目,如敲锣打鼓、舞狮耍龙、仪仗队、小型歌舞表演等,在允许燃放鞭炮的地区,还可以燃放鞭炮、礼花、礼炮等。

(3)开幕典礼的结束工作。在开幕典礼主要活动完成后,可安排来宾参观本单位的工作现场、生产情况、服务设施及产品、商品陈列等,以使上级、同行业和

第六章 公共关系宣传与活动

社会公众了解自己;可以举行短时间的座谈或请来宾在留言簿上留言,以征求各方面的意见、建议;还可以准备笔墨纸张,请来宾中地位高、擅长书法者题词以作纪念。必要时可安排宴请招待,或赠送有纪念意义的小礼品,以密切关系,表示谢意。

2. 纪念活动

(1)节庆活动。节庆是为节日或共同的喜事而举行的、表示快乐或纪念的庆祝活动。不同的国家、不同的民族都有自己独特的节日及庆祝方式,而节庆日也是有关单位特别是宾馆等接待服务单位开展公关活动的大好时机。搞好节庆活动,要注意以下几点:

①要区分节庆活动的类别。各国、各民族的节庆日名目繁多,大致可以分为法定节日和民间节日两大类。法定节日通常指国庆节、建交节、建军节、友好条约签订日等。对法定官方节日,除宾客所在国的国庆节可向其表示庆贺外,每逢本国国庆日,亦可酌情安排一些联欢、酒会、电影等活动。其他法定节日可不安排庆祝活动。民间节日指民间传统节日和宗教节日。重要的民间传统节日和宗教节日,应列为公共关系节庆活动的重点。近些年来,我国许多地方还根据各自的地理文化环境、习俗、民间传统、土特产、民族等特点举办具有浓郁地方特色的特殊节庆活动,举办这类活动旨在扩大地方影响,反映地方成就,吸引国内外投资、旅游,促进地方的社会、经济、文化发展。此类活动往往由地方政府牵头、主办,各部门、工商企业界参与。对这类活动,各单位的公共关系部门应积极参与,不露痕迹地开展公关活动。

②要富有传统特色。如可以按我国的风俗习惯,春节请组织的重要公共关系公众吃"年夜饭",组织员工向他们"拜年";中秋节请他们赏月,品尝月饼;组织他们观看一些富有我国民族特色的文艺节目等。这样,可以使得国内同胞感到分外亲切,缓解思乡之情;而国外宾客也会领略异国他乡的风情,增添旅游生活的乐趣。对圣诞、开斋节、浴佛节等重要的宗教节日,可按宗教的特殊规定和要求,对相关宾客予以祝贺并给以特殊服务,这也可起到尊重顾客、增添友谊的作用。

③要不失时机地开展节庆活动。在节庆日开展公共关系活动不能仅局限于旅馆、餐饮等部门,其他组织的公共关系部门可视自己服务的公众,因地、因人、因事制宜,开展相应的公共关系活动,不过要注意量力而行,讲究实效。

(2)周年纪念活动。每个社会组织都有值得纪念的日子,可以逢整年开展各种纪念活动,借以向公众公开宣传自己的发展和成就,密切与公众的关系,提高知名度。不过,并非每年都要开展纪念活动,逢五、逢十等可着重开展,而五十年、百年应大庆。许多组织的周年纪念活动都是以召开隆重的庆祝大会形式进行的,会上邀请政府领导人、社会名流、新闻记者和其他各界代表参加,赠送各种纪念品,同时举办组织发展史展览,放映公共关系活动的相关影片、录像片或幻灯片,会后通过新闻媒介和自办刊物广泛宣传。

二、展览会

展览会,是通过实物、文字、图片和图表等多种媒介、手段来展示组织成就的大型公共关系活动。俗话说"百闻不如一见",展览会正是为满足人们的这一心理要求,把要宣传的某种思想观念、技术成果或商品,用实物、图片等形式直观地展示出来,接受公众的评判。这是组织与公众相互了解和沟通的重要形式和途径,能够有效地扩大组织的知名度,增强组织的影响力,为组织带来效益。一般展览活动的目的是介绍产品和服务,并据此促进业务发展,而公共关系利用展览会的目的在于介绍组织和组织的成就,帮助公众对组织加深了解。

(一)展览会的类型

按照不同的标准,展览会可分为不同的类型:

1. 从展览会的性质看,可分为宣传展览会和贸易展览会

宣传展览会的目的是为了宣传某种思想、观点或某一成果,或揭露某种骗局;贸易展览会的目的是开拓商品市场,以展促销。

2. 从举办展览的场地看,可分为室内展览会和露天展览会

大多数的展览会都在室内进行,显得较为隆重,且不受天气影响,举办时间较灵活;但室内展览会布置设计较为复杂,所需费用也较大;而露天展览会最大的特点是布置工作较简单,但受气候条件限制,时间不宜长。一般来说,较为精致、贵重的物品在室内展览,而农副产品(如各色花卉)、车辆展、大型机械展等则多在露天举行。

3. 从展出商品的种类看,可分为单一商品展览和混合商品展览

单一商品展览会又称纵向展览会,是指展出的商品品种的单一性,这种展览会往往竞争非常激烈;混合商品展览又称横向展览,也叫综合商品展览,这种展览会展出的商品种类多,参加厂家也来自不同的行业。

4. 从展览的规模看,可分为大型综合展览会、中型展览会、小型展览会和袖珍展览

大型的综合展览会通常由专门的单位举办,规模大、参展项目多,如国际博览会、全国性展览会等;中型展览会,如各行业、各省区的展览会;小型展览会,一般由企业自办,如各企业、公司独家举办的展览会;袖珍展览,如橱窗陈列展览和流动车展览等。

展览会最正规、最庄重的形式是博览会。博览会的规模庞大、内容广泛、展出者和参观者众多。在现代社会里,展览会变得日益重要,当今最著名的大型国际博览会有世界博览会、意大利米兰博览会、德国莱比锡博览会、巴黎国际博览会等。据统计,现在全球每年都要举行近千次综合性的和专业性的商品博览会。

(二)展览会的特点

一般而言,展览活动有以下几个特点:第一,传播媒介的多样性。它是一种复合性的传播方式。展览会采用的传播媒介包括声音媒介,如讲解和交谈;文字媒介,如介绍材料;图像媒介,如各种照片。展览会的沟通效果通常比较令人满意。第二,传播方式的直观性。它是一种非常直观、形象和生动的传播方式。这能够强化观众的记忆。第三,双向沟通的直接性。它能给组织提供与公众直接进行双向沟通的机会。第四,传播过程的高效性。它是一种高度集中和高效率的沟通方式。最后,传播内容的新闻性。它是一种综合性的大型活动,往往能成为新闻媒介的追踪对象,是新闻报道的好题材,对社会公众的影响效果很大。

(三)举办展览会的工作流程

展览会是一种面向全社会的复杂传播活动,组织既要开展业务和宣传活动,又要树立自己的形象,通常要耗费大量的人力、财力和物力,因此精心策划、密切配合是十分必要的。具体来说,举办展览会主要遵循以下工作流程:

1. 准备阶段

第一,确定展览会的目的、主题和类型。每次展览会都应有一个明确的目的和主题,这将决定展览的类型、参展项目、邀请对象等,围绕主题才能使实物、图表、照片、文字、音像等多种媒介和手段有机结合、统一为之服务。比如以介绍新产品为目的的展览,新产品就是展览会的主题。明确主题后,围绕主题将展览的实物、图片、图表、文字等进行有机的组合、排列。主题不明确,就会造成版面结构的混乱,给人以杂乱无章的印象,达不到宣传效果。

第二,做好展览会传播内容的准备工作。要指定专门人员负责作出整体构思和布局,然后根据整体构思收集实物及资料,对画面、图表、文字等进行绘制,加工美化;编印宣传手册。还要由专人负责撰写前言、解说词、结束语,解说词要具体、生动、简练;摄制宣传用的录音录像材料、照片、幻灯片等;印制展览会目录表、招贴画等。此外,要对解说员进行必要的培训,等等。

第三,邀请参展单位及参观者。要采用不同方式发出请柬,同时告知展览会的主题、类型、要求、时间、地点等。要采取合适的形式向新闻机构发布消息,提供充足的新闻稿和资料,通过广播、电视在展览会开始之前充分做好宣传,吸引更多的参展单位和参观者。

第四,确定展览会的经费预算。各项费用都要仔细预算,并报上级有关部门批准。

2. 展览会期间

第一,设置相关服务部门。一般的展览会应设置大会领导组、大会办公室、会议室、业务洽谈室、询问处、广播室、卫生保健室、贵宾接待室、保安处、交通运输和停车场等。大型展览会还要设立文书、邮政、通讯、银行、运输和保险等专业服务部门。国际性展览会,应设立处理海关、检验等业务部门。

第二,成立专门对外发布新闻的机构。加强新闻发布工作,搜集有新闻价值的信息,除了迅速向新闻媒介提供外,最好每天出版简报,及时发送。

3. 展览会结束后

第一,搜集编印新闻媒介对展览会全过程的各种报道资料。这样做一是有利于总结经验教训,二是为了存档保留为以后举办展览会提供参考依据。

第二,测定展览会效果。其目的是总结经验,改进工作。测定的手段主要有:拟定知识测验题,以有奖问答方式吸引参观者回答;设置留言簿或召开座谈会,对参观者进行调查;开展问卷调查或现场采访等。

现代社会中,一些类似展览会的大型节会亦经常举办,有以"节"命名的,也有以"周"、"月"、"年"命名的。这些活动比一般展览会的内容更加丰富多彩,除了介绍产品和进行贸易之外,还有更多动态的活动,成为小到企业大至城市乃至国家积极树立良好组织形象、宣传成果、提高知名度和美誉度的公关良机。公关人员在积极策划和参与工作过程中,所遵循的基本工作流程与展览会专题活动有着异曲同工之妙。

三、赞助

（一）赞助的含义

赞助作为公共关系实践的一个有效手段，已经引起了社会各界的极大重视，被越来越多的组织运用，并收到了良好的社会和经济效益。随着公共关系事业的蓬勃发展，组织对社会的赞助活动也越来越多。

赞助，即赞同和帮助，是指组织通过提供资金、产品、设备、设施等方面的支持，以社会服务形式进行的资助社会事业的公关活动。

赞助的英文为"sponsorship"，含义为"对他人义务担保、资助的一种行为"。发达资本主义国家经济发展到一定阶段，资本有了积累，不少工商业主为了获取广大社会公众的好感，显示其社会责任，开始向一些慈善事业和社会公益事业提供捐赠、赞助。在日益激烈的市场竞争中，现代组织发现，在追求经济效益的同时，也要追求社会效益。有效地使用"赞助"这一公关手段，有助于提高组织的知名度，促销产品，为组织树立良好的社会形象，吸引更多的投资和人才，获得好的社会效益，并在市场上赢得很好的竞争地位。于是赞助活动被广泛运用，成为销售策略的一个重要组成部分。

赞助活动主要资助文化、艺术、体育、教育等可能产生深远影响的领域，这些领域可以影响到那些经过选择的组织或公众，并能超越语言、种族、环境、政治的阻隔，属于真正有效的公众传播行为。

（二）赞助的种类

赞助以其广泛的内容遍及社会生活的各个方面。根据赞助的对象，赞助活动可以分为以下几种类型：

1. 赞助体育活动

这是赞助中最多、最常见的一种形式。体育运动是一项全球性的活动，它超越了种族、语言、地区的限制，能够吸引广泛的社会公众的注意，是一个国家综合国力的表现方式之一，也是新闻媒介报道的重点。选择体育项目进行赞助，将产品与体育紧密挂钩，可以为产品平添一种诱人的感情色彩，使得组织的形象深入人心，从而扩大产品销路，取得良好的经济效益。赞助体育活动的具体方式有提供经费、场地、饮料、食品、服装、器械、奖品和其他便利条件，以及对"运动队"进行冠名等等。

2. 赞助文化活动

参与各类文化活动,如电影、电视、广播、演唱会、音乐会、各种展览会和竞赛活动等等,已成为人们追求精神享受的重要形式。组织通过赞助各类文化活动,可以培养与公众的感情,广泛地影响社会公众,大大提高组织的知名度和社会影响力。

3. 赞助教育科研事业

教育科研事业关系到国家的千秋大业,关系到民族兴衰与国民素质,已日益受到社会各界的重视。赞助教育科研事业也是一项一举两得的事情,既有助于教育科研事业的发展,也使组织从中受益,有助于树立组织热心教育科研事业的形象,有助于密切组织与教育界及科研部门的关系,组织可借用教育及科研部分的智力成果与优秀人才,加强组织人力资源开发与管理。赞助教育科研事业的形式主要有:支持希望工程,赠送教学仪器设备和图书资料、提供教学场地,提供各种奖学金、助学金和科研基金,赞助社会办学等等。

4. 赞助社会福利事业

福利事业是为公众谋福利。组织通过赞助福利事业可深得人心,赢得公众好感,增进组织与公众的感情。赞助的方式主要有赞助残疾人社团、基金会,赞助养老院、福利院、卫生防疫机构、环保机构,进行社会救济等。赞助社会福利事业的最大特色是"利他性",这类赞助虽然不像赞助体育活动那样能取得轰动效应,但却更能体现组织的崇高品质,为组织树立勇担社会责任及履行社会义务的良好形象,更能博得公众的好感。因此,它是企业界和社会公众共同认可、效用卓著的一种公关传播活动,对于拓展组织形象、提高组织的知名度和美誉度是十分必要和有益的。

此外,常见的赞助活动还有:赞助某种壮举和探险活动及赞助重大节日活动;赞助社会公益事业,如修路造桥、保护环境和珍稀动物等;赞助某类专业协会、学会等社团组织的活动;赞助一些特殊领域,如文物古迹、非物质文化遗产等等。总之,赞助活动多种多样,可涉及各个领域,组织应当进行调查研究,抓住有利时机,选择合适的一种或多种赞助形式,有目的地宣传自己。

(三)赞助的实施步骤

1. 前期研究

无论是主动选择的赞助,还是被要求的赞助,都要进行前期研究。

(1)研究开展赞助活动的必要性和重要性。即是否具有积极的社会意义和广泛的社会影响。

(2)对赞助的成本和效益进行分析。赞助机构首先要根据组织经营管理方针政策,结合组织的公关目标、具体情况以及发展趋势,确定赞助成本,分析赞助效益,以保证受赞助单位与组织互利互惠的原则得到实现。

(3)明确目的。从原则上讲,组织进行赞助活动的目的与组织的公共关系总目标是紧密相连的,这就是提高组织的声誉,增进公众的理解,塑造良好的组织形象。通过前期研究,选择最能达到赞助目的的活动,并以此确定主要赞助对象、款项等。

2. 制定计划

在赞助研究的基础上,由具体负责赞助的部门(赞助委员会)根据组织的赞助方向和政策制定出年度赞助计划。一般包括:赞助对象的范围、费用预算、赞助形式和宗旨等。赞助计划要做到有的放矢,控制赞助范围,制定严谨的、持续的资助计划,这样才能以适量的经费达到最大的效果,杜绝浪费现象。

3. 审核评定

实施赞助计划前,应由赞助委员会对每一个具体赞助项目进行详细、严谨的分析研究,结合年度赞助计划,逐项审核评定,确定其可行性、赞助的具体方式、款项、时机等,从而最终确定赞助活动的具体实施方案。

4. 具体实施

指派专人负责各项具体赞助实施方案的落实。应充分运用各种有效的公共关系技巧,使组织能尽量借助赞助活动扩大其社会影响。在实施过程中,应该建立经常性的检查制度,使计划能保质保量地完成,同时避免费用超预算。

5. 效果测定

赞助活动取得阶段性成果或整体完成后,应对赞助效果进行调查测定,测定时将赞助的具体实施情况和赞助之后社会公众与新闻界的反应与方案中的预期目标进行对照,以检查赞助方案的完成情况,找出存在的问题以及没有达到预期效果的原因。最后写出文字报告存档保管,为以后赞助活动提供依据。

四、联谊

1. 联谊活动概述

联谊活动是为了增进社会组织与公众之间的联系与友谊而筹办的共同交往、联欢的一种公共关系专题活动。它包括组织内部管理人员与职工之间的联谊以及组织与社会公众之间的联谊。它既可以使职工从中得到娱乐,又可以加深他们与管理人员之间的感情;同时是组织内部与外部公众沟通、联系的好机会。这是创造组织内外部"人和"的好办法。联谊活动的形式多种多样,如社交晚会、联欢会、聚餐会、舞会、文艺晚会、招待会等。

2. 联谊活动的筹办细节和原则

筹办联谊活动要考虑很多细节问题,主要有:

(1)选择联谊对象,包括类别、具体对象、数量等因素。在类别上,一次只宜与一种公众进行社交联谊;邀请的对象一定要有代表性;在规模上,可大可小,但要注意量力而行。

(2)确定联谊的层次。联谊活动由低到高、由浅入深可划分为三个层次,即感情型、信息型和合作型。感情型以联络公众感情为主,信息型以沟通信息为主,合作型以促进合作行为为主。合作型的联谊是公共关系专业人员工作的重点。

(3)安排节目。联谊活动以活泼欢快、充满趣味为特征,因而筹办者在节目的安排上要多动脑筋,并力求吸引与会者参与、主宾共娱。

(4)选好场地,并准备好视听、录音录像等设备以及茶点、餐饮。

(5)安排好现场接待、服务、保安等工作。

(6)做好联谊活动的宣传报道工作。

(7)选好主持人。联谊活动需要有专业水准的主持人,主持人既可以从专业的电视台、电台聘请,也可以由公共关系专业人员自己担任。

联谊活动只有遵循一定的原则,才能取得好的效果,具体有:真诚原则——联谊活动不能损人利己、坑害他人;互利原则——联谊活动要使双方共同受益,同时不损害社会利益;效益原则——联谊活动要在有限的时间和空间范围内取得效益。

【案例与点评】

案例:联想品牌国际化系列公关活动之"赞助 2008 奥运"
第七届中国最佳公共关系案例大赛品牌管理类金奖

1. 项目调查

品牌标识更换之后,联想委托国际知名品牌管理顾问公司针对品牌国际化议题进行了约一年的深入调研,共走访了2800名个人消费者、700多家企业客户,并在海外5个国家进行了6场访谈。

调研结果表明,公众对于联想国际化品牌认知度普遍较高,但联想品牌在高端消费者中的美誉度较为欠缺;在国外市场,消费者对于联想品牌的认识较为有限。

同时,市场调查结果还表明,作为四年一次的体育盛会,奥运会及其奥林匹克标志已经成为世界上最有影响力的"品牌",而2008年奥运会将第一次在中国举行,如果能够成为2008年奥运会的TOP赞助商,不但有助于提升联想在海外的品牌知名度和美誉度,也能进一步提升联想在国内的影响力。

2. 项目策划

公关目标:

(1)通过具有重大新闻价值的事件——"联想赞助奥运会"吸引媒体和公众注意力。

(2)借助奥运这一国际化的强势平台,把"联想具有国际化品质"、"联想是国际化品牌"的信息传递给国内外受众,使受众理解联想国际化品牌的内涵。

关键信息:

(1)事件层面:中国本土企业通过这一事件实现了零的突破;联想跻身于世界顶尖品牌之列;中国本土IT产品全面应用于世界最大规模的体育赛事。

(2)企业层面:联想选择奥运TOP赞助商是出于业务发展的需要、品牌战略的延续和企业精神的契合。

(3)经济层面:联想成为奥运TOP赞助商是中国经济强盛的标志性事件之一。

目标受众:

国内市场的普通消费者、经销商、代理商、投资者、国内外媒体、有关政府机构。

公关策略:

新闻引爆:2004年2月24日,在北京举行"联想赞助奥运会签约对外信息沟通会",在保密工作到位的前提下,将这一具有重大新闻价值的信息预先透露给部分媒体,注重传递此次赞助的开创性意义,强烈吸引媒体的注意力,为随后的签约仪式预热。2004年3月26日,在北京正式启动"联想赞助奥运签约仪式",全面利用媒体资源,平面、网络、影视媒体三管齐下、形成合力,通过广泛传播引起社会各界的高度关注。

产品贴合:从签约到奥运会举办的这段时间中,为加强这一事件的持续影响,采取宣传产品品质与奥运精神耦合、直接为终端销售服务的办法,包括发布笔记本的奥运品质、启动奥运采购季等信息。同时,还围绕杨元庆担任雅典奥运会火炬手一事进行传播,将"联想"与"奥运"进一步地贴合在一起。

3. 项目实施

政府关系:

邀请包括北京市市委书记刘淇、2008北京奥组委官员在内的多位政府领导出席"联想赞助奥运签约仪式"并发言,进一步巩固和加强联想与政府部门的关系,同时吸引各大媒体的广泛关注,为其进行深入和持续的报道提供丰富素材。

媒体沟通:

为确证"联想赞助奥运会"这一事件产生巨大的影响力,与全国若干家重点媒体进行深入沟通,争取头版报道、深度报道、图片冲击报道等多种报道形式,将这一事件的影响力通过多种方式传递出去。

活动传播:

发布笔记本的奥运品质信息:2005年5月25日,联想接连推出四款全新高品质笔记本。利用这一传播契机,独辟蹊径,采用情感诉求的策略,传达"联想笔记本具有国际化品质"的核心信息。

启动奥运采购季:一方面向消费者和目标消费者直接诉求联想的国际化品质,另一方面通过在卖场打出"奥运选择联想,你呢?"等具有冲击力的口号,制造新闻,引发媒体报道。

杨元庆担任雅典奥运火炬手:2004年6月,杨元庆作为中国高科技企业界的优秀代表入选雅典奥运会火炬接力手,通过这次"总裁活动",对联想产品具有国际化品质、联想赞助奥运会的意义再次进行广泛传播。

4. 项目评估

自3月26日开始的一周时间里,包括《人民日报》、《光明日报》、《科技日报》、《北京晚报》、《北京青年报》、《文汇报》(上海)、《南方日报》在内的15家全国最具影响力的媒体都对"联想签约奥运"进行了头版报道。截至6月底,全国主要媒体累计报道800多篇次,其中深度报道100多篇次,报道的深度和广度都达到了预期;联想签约国际奥委会入选新华社评选的2004年度中国十大体育新闻并得到了相关政府部门的积极鼓励和首肯。

第六章　公共关系宣传与活动

点评：

公共关系专业人员为联想制定了为期三年的发展目标"高科技的联想，服务的联想，国际化的联想"，并从三大事件上进行了项目实施，其中"奥运篇"令人印象深刻。奥运是世人瞩目的盛事，项目执行人员很好地利用了这一强势的新闻事件，并辅以一系列创新的做法，配合精准的传播诉求，使得"高科技的联想"这一品牌形象深入人心。

(联想品牌国际化系列公关活动[EB/OL]．中国公关网．http:\cms.chinapr.com.cn:8011/anli/ShowArticle.asp? Article ID=19665)

【练习设计】

1．新闻稿的特点是什么？新闻稿的结构主要有哪些内容？举例说明。
2．试述新闻发布会的程序与具体工作。
3．常见公共关系广告的类型有哪些？公共关系广告的设计要求是什么？
4．简述代言人的选择策略。
5．以某企业或某院校为例，说明庆典的一般组织工作程序和具体操作步骤。
6．简要说明展览会的工作流程。
7．怎样做好赞助活动？
8．联谊活动的筹办细节有哪些？

第七章　公共关系专项工作

【本章提要】 公共关系号称"万花筒",它不仅在宣传舆论、策划活动方面作用突出,而且它渗透于各行业、各领域的重要工作之中,在各组织工作环节上发挥作用。诸如处理危机,化解纠纷;商洽谈判,发展合作;谋求工作,创业就业;推广案例经验,树立榜样等。

本章撰写的只是多项公共关系系统工作中的几个典型代表,学习时可举一反三。

第一节　危机公共关系

一、危机公共关系的含义与意义

危机公共关系指的是组织遇到各种危机时,运用公共关系的理念、经验、技术、手段,有效地处理危机,化解纠纷,发展合作的公共关系工作。

由于社会组织在发展运行中经常会遇到各种危机事件,做好处理工作十分必要。危机公共关系的意义就在于:危机发生时可尽量减少损失和负面的社会影响;通过公共关系的沟通协调,化解矛盾纠纷;面对问题,以诚相待,坚持团结合作;总结经验教训,重塑组织的形象。

二、组织的各种危机

组织内外各种人为的、非人为的障碍会产生各种各样的危机。一般地讲,社会组织常常会碰到以下危机:天灾:自然灾害时有发生,水灾、火灾、地震、海啸等非人为因素灾难,其破坏性很大。事故:多为人为因素所致,如交通事故、矿难等频繁发生,危及人们生命财产的安全。产品问题:最常见的是质量问题。服务问题:如顾客纠纷、违法营销、代言误导等。管理问题:制度不健全,管理思想落后,措施不当等。其他问题:大至国际关系,小至社会民生等。以上危机不管是由什么原因造成的,一旦发生就应立即进行处理,否则会造成更大、更严重的后果。

三、危机的预防

(一)危机预防

危机是可以通过有效的管理措施进行预防的。具体预防措施有以下几种:

1. 防患未然

平时就应该对组织将发生的各类危机事件在预测基础上制定各种防范计划,加强科学管理,派专人负责。

2. 在日常业务中预防

在日常业务中,严格执行科学管理制度,保证产品、服务质量,维护公众利益,消除危机隐患。

3. 依据组织的性质进行预防

清楚组织的性质,列出可能发生的各类危机事故,制定相应的危机预防计划。

4. 利用经验进行预防

找出组织历史上曾发生的危机事件,分析其因果关系和经验教训,制定有针对性的预防措施。

5. 从同行教训中寻求预防

找出同行组织发生的危机事件,分析危机对组织的危害影响,制定预防方案。

(二)危机事件的预测

预测是预防的重要方面,危机预测具有不确定性、风险性、难度大的特点,但是非常重要。科学的预测能使组织处于能动的清醒状态,避免或减少危机事件的发生。危机预测的步骤是：

第一，收集信息。收集组织的经营管理、产品服务等方面的信息和相关的社会环境信息。

第二，对收集的信息进行整理、分析、研究，确定可能发生的危机。

第三，分析可能引起危机的原因，进行预测。具体方法有：直观预测法，即建立在专家知识、经验、分析能力的基础上进行预测。探索预测法，即对未来环境作具体的规定，假定未来仍按过去趋势发展。规范预测法，将未来状况作为限制条件，与目前现实状况进行比较，从而推测未来。反馈预测法，将探索与规范预测法结合，互相补充，使它们共处于一个不断反馈的统一体中。

危机预测的对策包括危机预警分析，危机迹象的识别与诊断，对危机迹象进行评价，作出危机的预测，并提出预控的策略，做好保障准备。

四、危机公共关系处理的过程与基本工作

危机公共关系的处理过程，一般可分三个阶段，即事发期、处理期、善后期。

（一）事发期

（1）成立应急小组。领导挂帅，专人负责，迅速及时开展工作。应急小组的成员，一般包括：组织负责人，相关部门负责人，公关部负责人，新闻发言人，办公值班人员等。应急小组的成立是有效处理危机的组织保证。

（2）组织现场抢救。第一时间到现场抢救，控制事态的蔓延与扩散，尽量减少财产的损失，保护受害人的生命安全。

（3）抓好舆论。危机发生后，为防止舆论混乱，积极获取社会公众的信赖与支持，应及时发布危情，主动正确地引导舆论，不隐瞒事实真相和存在的问题，尽可能保持公开透明度。

（二）处理期

处理期即调查、协商、处理期。这是危机处理的关键时期。

其主要工作：

（1）查清真相。事发后，组织的公共关系专业人员应调查危机发生的起因、全过程的来龙去脉，搞清危机发生的时间、地点、背景、人员伤亡、财产损失、社会影响、公众反应，为具体的处理工作提供基本依据。

（2）开展对话。根据调查情况，当事人各方要面对面交流情况和意见，进行有效的、充分的沟通，分清是非、责任，以诚相待，寻求信任与合作，减少干扰和

障碍。

(3)采取措施。通过对话大体统一认识后,共同研究解决问题的办法,制订有效的措施和对策等方案,并有效地组织实施,化解矛盾,消除危机造成的影响,挽回损失,切切实实地解决问题。

(三)善后期

善后期即危机处理的终结工作,评估整个工作的成效,提出今后的工作意见。其主要工作:

(1)落实赔偿措施,进行精神抚慰。按责任进行经济赔偿,给受损方以物质补救。同时,还要在精神、道义上对受损方进行安抚、道歉,防止留下后遗症,彻底消除其心理阴影。

(2)重塑形象,恢复正常工作。总结危机的经验教训,消除危机的负面影响,恢复正常的工作秩序,重塑组织的良好形象。包括:树立重建组织良好形象的强烈意识和勇气;明确恢复美好声誉及进一步发展合作的目标;采取有效的措施,对内增强凝聚力,对外重构和谐关系等。

五、危机公共关系处理的对策

在危机处理过程中,不同的公众对象构成不同的公众关系,因而应采取不同的对策。

1. 组织内部对策

迅速成立处理事件的专门机构。迅速而准确地把握事态的发展,确立危机事件的类型、特点,确认有关的公众对象。制定处理危机事件的基本原则、方针以及具体的程序与对策。

急告需援助的部门,共同参加急救。将事件的情况和组织的对策等通告全体人员,以统一口径、协同行动。

危机事件若造成伤亡,一方面应立即进行救护工作或进行必要的处理;另一方面应立即通知其亲属,并尽可能提供条件,满足其家属的探视或其他要求。

奖励处理危机事件的有功人员,处罚事件的责任者,并通告有关各方。

2. 受害者对策

负责处理的专职人员要认真了解受损者的情况,实事求是地承担相应的责任,并诚恳地道歉。耐心倾听,深表歉意、同情,真诚关怀。耐心而冷静地听取受损者的意见,不自我辩护,不当场追究责任,了解和确认有关赔偿损失的要求。

避免在事故现场与受损者及其家属发生争辩,即使受损者有一定责任,也不要在现场追究。向受损者及其家属公布赔偿方法及标准,并尽快实施。

对受损者进行安慰,给予同情,并尽可能提供其所需的服务,尽最大努力做好善后处理工作。事后常联系,继续表示关怀之意。专人负责与受损者接触,在事件处理过程中不随便更换负责处理工作的人员。

3. 新闻界对策

要及时、准确、全面地公开事实真相,尽量缩小危机影响面。应统一对新闻界的口径。

成立临时记者接待机构,专人负责发布消息。主动向新闻界提供真实、准确的消息,以避免新闻界的猜测。介绍危机事件的资料应简明扼要,避免使用专业术语或晦涩难懂的词汇。对重要事项应以书面材料的形式发给记者,避免报道失实。

必须谨慎传播。在事件未完全明了之前,不要对事件的原因、损失以及其他方面的任何可能性作出推测性的论断,不轻易表示赞成或反对的态度。可在刊登有关事件消息的报刊上发布歉意广告,向公众说明真相,并向有关公众表示道歉及承担责任。

当记者报道失实时,应及时澄清,但要注意避免产生正面冲突,报道内容要注意强调解决问题的办法和采取的防范措施。要淡化危机影响,降低公众敌意。

4. 上级主管部门对策

事件发生后,应及时向组织所属的上级主管部门汇报,不能文过饰非,更不能歪曲真相,混淆视听。

在事件处理中,要定期汇报事态发展的状况,求得上级主管部门的指导和支持。

事件处理后,要向上级详细报告处理经过、解决方法以及今后的预防措施等。

5. 消费者对策

热情接待来访,及时解决消费者提出的问题。迅速查明和判断消费者的类型、特征、数量、分布等等。

采取有效措施,如果是因不合格产品引起的事故,应赔偿损失,收回不合格产品,通过零售店等渠道向消费者散发说明事故梗概的书面材料。

听取受到不同程度影响的消费者对事件处理的意见和愿望。通过不同的渠道公布事件的经过、处理方法和今后的预防措施。

6. 社区居民对策

如果危机事件给社区居民带来了损害,企业应向他们登门道歉。根据事件的性质,也可以派遣本企业职工去每个家庭分别道歉。

在全国性的大报和地方性报纸上分别刊发道歉广告,面向有关的公众,告诉他们急需了解的情况,明确表明本组织敢于承担责任、知错就改的态度。

必要时,应向社区居民赔偿经济损失或提供其他补偿。

除上述关系对象外,还应根据情况,分别对与事件有关的交通、公安、市政、友邻单位等公众采取适当的传播对策,通报情况,回答咨询,巡回解释,调动各方面的力量,协助本组织尽快渡过危机,将组织形象的损害控制在最低限度。

第二节 谈判公共关系

一、商洽谈判

商洽谈判是公共关系的重要工作,它是公共关系沟通、协调、合作发展职能的重要体现。商洽谈判有的事项小,对话灵活,处理简单,短时见效;有的则涉及两个组织的重要合作,其工作复杂,难度大,环节多,对公共关系的使用和要求也较多。这里主要讲述在大型的、重要的谈判中,公共关系如何在各环节中发挥作用。

谈判是现代社会组织与组织之间或人与人之间进行沟通协调的重要交谈协商的方式,其目的是发展合作,消除纠纷,力求平等互利和共同发展。谈判涵盖各行业、各领域,小的如两个人之间就某一问题进行交谈讨论,寻求友谊与共识;大的如国家间、大型社会组织间,就重大的政治、经济、科学文化问题进行认真的、多人的、长时间的谈判,最终签订条约、协定、协议、合同。

大型的、重要的谈判,一般由几个不同阶段的工作组成:

第一,准备。主要是了解谈判双方的情况和要协商解决的问题。为此,要组成谈判班子,制定谈判的各种计划、方案。

第二,介绍明示。主要是自我介绍和他人介绍,互相认识,创造开头的良好气氛。继而表明各方谈判的基本想法和意见,表明各自的目标和态度。

第三,交锋协商。经过一段时间的摸底,针对利益关系大的问题直接交锋,进行艰苦的对话与沟通,力求找到解决的办法。

第四,妥协签约。经过反复的磋商,从合作的愿望出发,双方各作让步,平衡利益,最终求大同存小异,达成协议,并履行签约手续。

大型、重要的谈判工作异常复杂,利益关系突出,涉及的时间长、人员多。为使谈判能顺利地进行,它需要借助现代公共关系的经验、技术和手段。成功的公共关系工作,贯穿于谈判的全过程,能起到积极的、有效的,有时甚至令人意想不到的良好作用。具体来说,谈判中的公共关系工作,主要有以下几个方面。

二、谈判公共关系的准备工作

公共关系组织部门和专业人员从一开始就应当介入谈判的准备工作,这些工作主要有:

1. 信息准备

公共关系组织部门和专业人员可利用公共关系长于社会调查、搜集情报信息等优势来了解几个方面的情况:

(1)本方的情况,即本方的综合实力,项目优势,谈判的最高目标和最低限度,以及实现这些目标的人力、物力、技术、经验等条件。这是谈判取胜的资本和基础。

(2)对方的情况,即对方的实力,包括生产与营销的能力,资金技术的优势,管理水平,谈判人员搭配的结构以及工作经验风格、文化素质能力,可预测的谈判最高目标与底线等信息。

(3)环境背景情况,即国家政治、经济的大环境,相关的科技与人文环境,特别是国家的有关法规政策,行业市场的现状及未来的走势,相关项目的前景与评估等。

2. 参与谈判小组工作

谈判小组一般应包括主管领导、业务专家、法规专家等。有经验的公共关系部门主要负责人最好直接参与谈判小组,尽量利用公共关系的经验、能力、特长,协助主谈的领导和专家有效地做好沟通协调工作,尽力建立诚信关系,创造和谐氛围,减少或克服各种矛盾纠纷以及认识上的差异。

3. 提供建议方案

公共关系职能之一就是公共关系顾问咨询,当好参谋和助手。公共关系专业人员可根据自己的调研、情报分析,利用自己的智慧和能力,主动地为谈判提供建议方案。一般可提供2~3个方案,包括最理想的、折中的、最低限度的三个层次。根据谈判不同阶段和商谈的需要,陆续拿出相关的方案与对方协商、斡旋,掌握谈判的主动权。力求在较短的时间内,在关键问题上寻求突破,争取良好的效益与成果。

三、谈判公共关系的接待服务工作

接待服务工作贯穿于谈判的始终,这项工作也是公共关系的特长工作。公共关系组织或专业人员大多具备丰富的经验和周到细致的工作能力。谈判中的接待服务工作一般包括:

1. 接待客人

对方派人前来谈判,公共关系专业人员首先要代表本方迎接客人。为此,要了解前来谈判的对方人员的组成,特别是主要负责人的身份、地位、工作作风,以及谈判的经验和交谈的能力等情况。然后按平等的原则,指派相关的领导和人员前往机场、车站迎接,同时按客人的身份、地位和要求,安排一定标准的食宿,力求从第一次见面就让对方感到热情和诚意。

2. 安排谈判场所

公共关系专业人员应协助谈判小组选择和安排有利于谈判的场所。创造明朗的空间和有特色的文化氛围。谈判桌的摆放、座次的安排,既要利于双方交谈,同时要符合礼仪、礼节的规范。

3. 会谈服务工作

公共关系专业人员应准备好谈判的工具、资料、文件、必要的音像设备、打字、摄影、笔墨、纸张、茶具、饮料等。会议开始前做好导引工作,会议期间做好各项服务,会后做好整理,诸如笔录、备忘录、纪要等。

四、谈判公共关系的沟通协调工作

谈判是一项事关利害关系的复杂的工作,在不同阶段要采取不同的策略,需要耐心地商洽,交锋时难免讨价还价,需要破除障碍与分歧。公共关系专业人员应根据己方的需要和对方的状况,采取多样的、会前会后的、个人的交往对话活动,缓和紧张的气氛,创造轻松、和谐的环境;在谈判的一定时候时要协助主谈者进行必要的小妥协、次妥协和部分妥协,求大同存小异,着眼大局与未来,最终实现大目标的一致,使谈判获得成功。

五、谈判公共关系的签约仪式

公共关系专业人员应安排好签约的场所、桌椅、音响设备、签约的文本以及签约的工具。签约时组织双方按一定礼仪形式签约,尽量使双方感到工作顺利、满意。签约后要进行简短而热烈的庆贺。

六、其他相关的公共关系工作

1. 召开新闻发布会

重要的谈判成功后,可组织新闻发布会,向媒体公布双方谈判合作的来龙去脉、主打项目的价值意义。抓好舆论宣传,扩大影响,以利于双方未来实现目标和走向市场与社会。

2. 组织参观访问

引导对方参观己方设施或成果。如展示、介绍组织历史与产品的展览室,参观组织重要的生产线、科研所、实验室,表明组织的实力,增强合作的信心。有时还可进行诸如地方文化旅游等活动,让客人感受组织的热情态度。

3. 款待客人

设宴招待客人,用餐饮文化进一步联络情感,活跃气氛,共庆谈判的成功。

4. 文化娱乐活动

在谈判过程中,还可安排一定的文化娱乐活动,创造愉悦、舒缓、平和的气氛,以缓解紧张的谈判工作。

总之,要利用各种活动,宣传合作成果,增强友谊和信心,为谈判划上圆满的句号。

第三节 谋职公共关系

一、谋职公共关系的意义

谋职公共关系指的是谋职者在谋职过程中,如何利用公共关系的思想理念与技术经验,成功谋职。在改革开放、人才市场化的现今社会,无论是社会就业者还是高校毕业生,都必须积极主动地去寻求一个合乎社会需求、自己又满意的工作。在这个过程中,公共关系手段的运用不可缺少。谋职公共关系的价值意义在于:

第一,有助于谋职者培养充满现代活力的意识。学习公共关系基本原理与实用技能,谋职者将具有现代信息的职业意识,包括开放、竞争、信誉、互惠、合作、信息、形象、目标、情感、创新、时效等一系列极富能动张力的行为意识。自觉地完善这种意识,有助于谋职者完备现代人格,使自己的职业意识充满活力,符合时代潮流。

第二,有助于谋职者培养灵活多样的职业能力。公共关系学是一门与行为科学密切相关的应用学科,学习公共关系,有利于谋职者立足社会、跻身群体、有效沟通、发展事业等职业素质的培养。

第三,有助于谋职者确定正确合理的择业态度。系统学习公共关系学,可以帮助谋职者在复杂多变的社会环境中,通过广泛的公共交往,在通联和共事中受到陶冶和锻炼,在纵横关系的比较中产生自知之明,从而明确自己的"角色"定位,正确处理个人与他人、个人与集体、个人与国家的关系,采取合理的职业定向,寻找到自己可以为国家、为社会作出贡献的适当位置。

第四,有助于谋职者培养健康文明的职业道德。学习公共关系学可以使自己的理想、观念、人格、心理、爱好以致生活方式更加健康和文明,特别是公共关系学中的伦理规范,对于培养诚信的品质、公正廉洁的作风、遵纪守法的观念,以及待人接物的仪态、风度、涵养、才艺均有重要的作用。总之,公共关系因其能创造真、善、美的人格价值,必会得到青年人的青睐。善于运用公共关系这把"金钥匙",将有助于谋职者求职成功。

二、谋职公共关系手段

1. 人际关系介绍

人际关系沟通是传统的谋职沟通手段。通过亲友、熟人、师长、同学、老乡等,寻找就业的机会。表面上看,这种沟通只是一种私交,其实,这种私人交往也需要利用公共关系的许多手段与方法,究其实质,这仍然没有脱离公共关系交往中人际关系的范畴。我国正处于转型时期,传统的影响依然很大,所以,现实中,通过这种人际沟通获得的谋职的成功比例很大。

2. 网络信息交流

网络沟通是当前求职沟通很新颖的手段。求职者可以把简历注册到网站里,成为会员,以享受职位推荐、求职咨询、简历设计等服务。运用网络沟通需要求职者学会使用人才网站上设计好的求职功能,如职位搜索引擎、职位收藏夹等。要及时上网浏览和查询,对感兴趣的招聘单位,可以采取实质性的谋职行动,发邮件或打电话。这种谋职方式的套路一般是先虚拟谋职后实体谋职。

3. 函电来往沟通

信函有一定的格式,谋职的信函也应该遵循这个格式。因为是谋职,谋职者态度要诚恳,提供的信息要真实,语言要简洁,措辞要合乎礼仪。文字书写要大方舒展、整洁清新,因为字是人的"门面"。电话谋职,也要遵循诚恳、真实、简洁、知礼的基本公关原则,同时要用词准确、吐字清楚、语速平缓、语调亲切,以达到闻其声如见其人的效果,以达到情感上的亲近。

4. 个人登门拜访

登门拜访是最直接的公关沟通方式。对自己感兴趣的单位和职位,不妨直接上门,去单位的人力资源部门争取职位。因为是进行面对面的沟通,就要特别注意个人形象和言谈举止。需要注意的是,谋职者对自己的谋职定位应清晰,对自己感兴趣的单位和职位应事先了解清楚,有备而往。

5. 参加招聘大会

招聘会主要有大型招聘会和专业人才招聘会两种。前者一般按季举办,多选址在大型展览中心、体育场所,吸引众多行业和类型的公司前来现场发布职位信息并与谋职者见面。后者来参加的多为特定行业的公司,谋职者应该以该行业和该求职类型为目标。招聘会为众多的谋职者和公司提供直接见面的机会,为双方减少了交易成本,谋职者在短时间内可以获得对众多公司情况和公司人员素质的直接印象。招聘会大多比较喧闹,谋职者对此要有心理准备,力求做到闹中取静,沉着应对。参加招聘会以穿着职业装为宜。为了提高成功率,谋职者应该尽量长时间地和尽量多的公司招聘者进行交流。

三、谋职材料的准备

（一）个人简历

简历,顾名思义,就是对个人学历、经历、特长、爱好及其他有关情况所作的简明扼要的书面介绍。找工作,最开始竞争的是简历。简历是求职者和组织进行沟通的第一通道,往往是招聘人员了解求职者的第一个途径。简历的好坏,直接影响到求职的成败。一份好的简历,可以使你在众多谋职者中脱颖而出,给招聘人员留下深刻的印象。可以说,优秀的谋职简历是迈向成功的第一步,是帮助谋职成功的敲门砖。

制作简历应注意:

(1)言简意赅:简历应在重点突出、内容完整的前提下,尽可能简明扼要,不要作无关紧要的说明。

(2)强调经验:别平铺直叙自己在校的学习经历,一定要提一提自己在校时除学习外所取得的其他成绩,特别是集体协作能力应重点突出。企业在招聘中很看重这一点,特别是大企业。

(3)内容真实:写好简历还有一个最基本的要求,就是确保内容真实。有许多初次谋职者,为了能让公司对自己产生好的印象,往往对自己的简历造假。这在面试时很容易露出破绽,即使侥幸进入企业,也总归有水落石出的一天。企业看重求职者人品。

(4)重点突出:学业成就也是要求提供的内容。个人详情,包括姓名和联系方式,是不可缺少的。由于时间的关系,招聘人员可能只会花短短几秒钟的时间来审阅你的简历,因此,你的简历一定要重点突出。谋职者应根据企业和职位的要求,巧妙突出自己的优势,给人留下鲜明深刻的印象。但注意不能简单重复,而是作点睛之笔。

(5)信息有效:作为一名谋职者,在简历中,你应该向用人单位传递一些有效的信息。这些信息应能够:①体现自己明确的奋斗目标;②明确自己强烈的工作意愿;③表达自己良好的团队精神;④掌握诚恳真实原则。

(6)词语准确:最好不要使用拗口的语句和生僻的字词,更不要有病句、错别字。使用外文时要特别注意不要出现拼写和语法错误。

(7)突出技能:列出所有与求职有关的技能,你将有机会展现你的学历和工作经历以外的天赋与才华。回顾以往取得的成绩,对自己从中获得的体会与经验加以总结、归纳。你的选择标准只有一个,即这一项能否给你的谋职带来帮助。

(二)谋职信

有人说谋职信是"敲门砖",是"通行证"。的确如此,因为一封好的谋职信在你人未到之前,就给招聘单位留下了一个很好的第一印象,这对你的"中选"是大有帮助的。那么,如何写好谋职信呢?谋职信的写作虽有一定的自由度,但务必注意文明礼貌,诚朴雅致,特别要注意突出才艺与专长的个体特征,注意展现经验、业绩和成果,精心设计装帧,讲求格式美观雅致、追求庄重秀美,使其像一只报春的轻燕,择家落户,为你带来佳音。

1. 基本格式

一般来说,谋职信是属于书信范畴的,所以,基本格式应当符合书信的一般要求:主要包括称呼、正文、结尾、署名、日期、附录共六方面的内容。

(1)称呼:谋职信的称呼往往比一般书信的称呼正规一些,在实际书写时要区别对待:如果写给国家机关、事业单位的人事部门领导,则用"尊敬的×××长(处长、负责人等)"称呼;如果写给"三资"企业老板,则用"尊敬的××董事长(或总经理)先生";如果给各类企业厂长经理写谋职信,则可以称之为"尊敬的××厂长(或经理)";如果写给大学校长或人事处长的谋职信,则称之为"尊敬的××教授(或校长、老师等)"。

(2)正文。这是谋职信的中心部分,其形式多种多样,一般都要求说明谋职信的信息来源、应聘岗位、本人基本情况、工作成绩与能力等内容。

①说明本人基本情况。在正文中要简明扼要地介绍自己,重点是介绍自己与应聘岗位有关的学历水平、经历、成就等,让招聘单位从一开始就对你产生兴趣,但详细的个人简历应作为附录。

②说明应聘岗位和能胜任本岗位工作的各种能力。这是谋职信的核心部分,主要是向对方表明自己有本专业知识和工作经验,有本专业技能和成就,有与本工作要求相符的特长、兴趣、性格和有关能力。总之,要让对方感到,你都能胜任这个工作,在如实介绍自己的知识、学历、经验或成就时,一定要突出适合这项工作的特长和个性。

③介绍自己的潜力。比如,向对方介绍自己曾做过的各种社会工作与取得的成绩,则预示着你有管理和组织才能,有发展和培养的前途;如介绍自己刚从国外留学回来,则预示着你外语熟练,并熟悉国外生活和工作环境,将来有可能开拓海外市场。

(3)结尾。一般应写明:①希望对方给予答复,并盼望能有机会参加面试;②写上简短的表示敬意、祝愿之类的词语。如"祝贵公司兴旺发达"、"顺致安康"、"深表谢意"等等,也可以用"此致,敬礼"之类的通用词。

(4)署名:应注意与信首的"称呼"相一致。在国外一般都在署名前加上诸如

"你诚挚的××、你可信赖的××、你忠实的××"之类的形容词,在国内可以写成"您的学生××"等,也可以什么都不写,直接签上自己的名字。

(5)日期。一般写在署名右下方,最好用阿拉伯数字写,并把年、月、日全写上。

(6)附录:谋职信一般都要求同时寄一些有效证件复印件,如学历证、学位证、职称证、身份证、工作证(求职证)、获奖证书、户口等复印件以及简历、近期照片等,最好在复印件左下方一一注明。这样做,一是方便招聘单位审核,二是给对方留下一个"有条不紊、很负责任、办事周到"的好印象。

(三)履历表

面试的成功是以良好的自我介绍为基础的。在写好谋职信的同时,有时需附上自己的一份履历表。写好履历表对谋职十分重要,因为用人单位要从中了解求职者的学历与资历、能力与水平、兴趣与特长。履历表的作用等于将自己的一切情况表现在一张纸或一张表格上,让素未晤面的用人单位有关领导在有限时间内决定对你的取舍态度。

1. 主要内容

个人与家庭情况,包括姓名、性别、婚姻状况、户籍、出生年月、民族、专业、学位、学历、担任何种学生干部、系别、成绩、学校奖惩、社会荣誉或获奖情况、社会关系、婚姻状况、家庭住址、邮编及电话号码等;工作经历;谋职目标;以往成就;有何特长,等等。

2. 基本格式

完全表格履历表(综述多种资料,易于阅读);半文章式履历(使用几项长资料的记载,表格的数量和文字记载的长短可随自己的经历而变化);时序式履历(即依时间先后顺序编列学历和工作经历。通常按中国人的习惯是由远及近、由过去到现在顺着写)。

3. 制作要点

(1)原则:醒目、引人注意、大方得体。有针对性,对不同行业需制作侧重点不同的简介。

(2)艺术性:版式应该力求漂亮、新颖,栏花图案应当恰当有趣,适当插入与职业有关的图景。这样不仅会使主考官心情愉快,而且可以显示出你高超的电脑设计技术与艺术素养。

(3)文字功底:简介是一份提纲式的介绍,完整的长句没有必要,简单的短句最受欢迎。各项内容都要点到为止，这体现了你的概括能力。最好不要超过2页（可以把自己以前发表过的较好的作品整理后附在一起）。

四、谋职面试中的公共关系

面试是谋职必经的关键环节，面试过程中的沟通反映了公共关系手段的运用，主要是社交手段的运用。成功入围面试，证明应试者在前面的网申海选、笔试后表现良好、成功晋级，现在进入了最后也是最关键的一个环节。

（一）面试的种类

1. 模式化面试

模式化面试由主考官根据预先准备好的询问题和有关细节逐一发问。其目的是为了获得有关应试者全面、真实的材料，观察应试者的仪表、谈吐和行为，以及沟通意见等。

2. 问题式面试

问题式面试由主考官对应试者提出一个问题或一项计划，要求应试者在限定时间内回答。其目的是为了观察应试者面临特殊情况时的表现，以判断其解决问题的能力。

3. 非引导式面试（无目的式面试）

非引导式面试（无目的式面试）即主考官海阔天空地与应试者交谈，让应试者自由地发表议论，尽量活跃气氛，在闲聊中观察应试者的能力、知识、谈吐和风度。

4. 压力式面试

压力式面试由主考官有意识地对应试者施加压力，针对某一问题连续发问，不仅详细，而且追根问底，直至应试者无法回答。甚至有意识刺激应试者，看应试者在突如其来的压力下能否作出恰当的反应，以观察其机智程度和应变能力。

5. 综合式面试

综合式面试由主考官通过多种方式综合考察应试者多方面的才能。如用外语同应试者会话以考察其外语水平，让应试者抄写一段文字以考察其书法，让应试者讲一段课文以考察其演讲能力等，也许要求应试者现场操作等。

（二）面试的基本内容

从理论上讲，面试可以测评应试者的素质。但在人员甄选实践中，并不是以面试去测评一个人的所有素质，而是有选择地用面试去测评最方便测评的内容。

面试测评的主要内容如下：

1. 仪表风度

这是指应试者的体态、外貌、气色、衣着举止、精神状态等。像国家公务员、教师、公关专业人员、企业经理人员等职位，对仪表风度的要求较高。研究表明，仪表端庄、衣着整洁、举止文明的人，一般做事有规律，注意自我约束，责任心强。求职者应该注意着装得体，举止文雅、大方，表情丰富，回答问题认真、诚实。

2. 专业知识

了解应试者对专业知识掌握的深度和广度，其专业知识更新是否符合所要录用职位的要求，作为对专业知识笔试的补充，面试对专业知识的考察更具灵活性和深度，所提问题也更接近空缺岗位对专业知识的需求。

3. 实践经验

考官根据应试者的个人简历或求职登记表作相关提问，查询应试者有关背景及过去工作情况，以补充、证实其所具有的实践能力，通过对工作经历与实践经验的了解，还可以考察应试者的责任感、主动性、思维能力、口头表达能力及遇事的理智状况等。

4. 口头表达能力

观察应试者能否将要向对方表达的内容有条理地、完整地、准确地转达给对方；引例、用语是否确切；发音是否准确，语气是否柔和；说话时的姿势、表情如何；面试中应试者是否能够将自己的思想、观点、意见或建议顺畅地用语言表达出来。考察的具体内容包括：表达的逻辑性、准确性、感染力、音质、音色、音量、音调等。应试者在面试时应注意以下几点：谈话是否前后连贯；主题是否突出；思想是否清晰；说话是否有说服力。

5. 分析能力

考察观察应试者能否准确、迅速地判断面临的状况，能否恰当地处理突发事件；能否迅速地回答对方的问题，且答案简练、贴切。应试者应在准确、迅速、决断方面重点准备。

6. 应变能力

主要考察应试者对主考官所提问题的理解是否准确，回答的迅速性、准确性等；对于突发问题的反应是否机智敏捷，回答恰当，对于意外事情的处理是否妥当等。

7. 操作能力

主要考察应试者对于自己认定的事情能否坚持做下去;能否适应紧张的工作节奏;对于集体作业的适应性;是否具备单位领导能力。

8. 交际能力

主要考察应试者遇到难堪问题后的反应;能否让人亲近,对他人有无吸引力等。在面试中,通过询问应试者经常参与哪些社团活动,喜欢同哪种类型的人打交道,在各种社交场合所扮演的角色,可以了解应试者的人际交往倾向和与人相处的技巧。

9. 控制能力

自我控制能力对于国家公务员及许多其他类型的工作人员(如企业的管理人员)显得尤为重要。一方面,在遇到上级批评指责、工作有压力或是个人利益受到冲击时,能够克制、容忍、理解地对待,不致因情绪波动而影响工作;另一方面,对工作要有耐心和韧劲。

10. 工作态度

一是了解应试者对过去学习、工作的态度;二是了解其对应征职位的态度。在过去学习或工作中态度不认真,做什么、做好做坏无所谓的人,在新的工作岗位也很难说能勤勤恳恳、认真负责。

11. 职业责任

主要考察求职者责任心是否强烈,能否令人信任地完成工作;考虑问题是否偏激;情绪是否稳定;对于要求较高深的业务能否适应。应试者回答时应该突出自己的自信心、坚强的意志、强烈的责任心。责任心强烈的人,一般都确立事业上的奋斗目标,并为之而积极努力。表现在把现有工作努力做好,且不安于现状,工作中常有创新。消极的人,一般都安于现状,无所事事,不求有功,但求无过,对什么事都不热心。

(三)面试的礼仪

1. 时间观念是第一道题

守时是职业道德的一个基本要求,提前 10~15 分钟到达面试地点效果最佳,可熟悉一下环境,稳定一下心神。面试时迟到或是匆匆忙忙地赶到是最致命的,如果你面试迟到,那么不管你有什么理由,也会被认为缺乏自我管理和约束能力,即缺乏职业能力,给面试者留下非常不好的印象。不管什么理由,迟到会影响自身的形象,这是一个对别人、对自己尊重的问题。

2. 进入面试单位的第一印象

到了办公区,最好径直进入面试单位。一进面试单位,若有前台,则开门进出说明来意,经指导到指定区域落座;若无前台,则向工作人员咨询。这时要注意用语文明,开始的"您好"和被指导后的"谢谢"是必说的,这代表你的教养;一些小单位没有等候室,就在面试办公室的门外等候;当打开办公室门时应有礼貌地说声"打扰了",然后向室内的考官说明自己是来面试的。

3. 与面试官照面

(1)把握进屋时机:自己的名字被喊到,就有力地答一声"是",然后再敲门进入。听到里面说"请进"后,要回答"打扰了"再进入房间。将上半身前倾约30度,向面试官鞠躬敬礼,面带微笑称呼一声"您好"。

(2)专业化的握手:在面试官的手朝你伸过来之后就握住,要保证你的整个手臂呈 L 型(90 度),有力地摇两下,然后把手自然地放下。握手应该坚实有力,要有"感染力"。双眼要正视对方,自信地说出自己的名字。

(3)无声胜有声的形体语言:在面试中,应恰当使用非语言交流的技巧。除了讲话以外,主要有:手势语、目光语、身势语、面部语、服饰语等。通过仪表、姿态、神情、动作来传递信息,它们在交谈中往往起着有声语言无法比拟的效果,这是职业形象的更高境界。形体语言对面试成败非常关键,有时一个眼神或者一个手势都会影响到整体评分。比如面部表露出的适当微笑,显现一个人的乐观、豁达、自信;服饰的大方得体、不俗不妖,能反映出应试者风华正茂、有知识、有修养、青春活泼的独有魅力,可以在考官眼中形成一道绚丽的风景线,增强你的谋职竞争能力。

4. 巧妙回答问题

(1)把握重点,有理有据:一般情况下回答问题要结论在先,议论在后,即先将自己的中心意思表达清晰,然后再作简要叙述和论证,否则,长篇大论会让人不得要领。面试时间有限,面试者神经太紧张会说多余的话,容易离题,将主题冲淡或漏掉。

(2)讲清原委,避免答题过于抽象或语焉不详:主考官提问,总是想了解应试者的具体情况,切不可简单地以"是"、"否"作答。针对所提问题的不同,作细节回答,有的需要解释原因,有的需要说明程度。不讲原委、过于抽象的回答,往往不会给主考官留下具体的印象。语焉不详,会给主考官留下滥竽充数的映象。

(3)确认提问内容,切忌答非所问:面试中,一定要集中精力,认真听题,抓住问题核心。如果对主考官提出的问题一时摸不到边际,以至于不知从何答起或难以理解对方问题的含义时,可请主考官将问题复述一遍,并先就自己对这一问题的理解请教主考官以确认内容,对不太明确的问题,一定要搞清楚,这样才会有的放矢,不至于答非所问。

(4)发表个人见解,体现个人特色:主考官接待应试者若干名,相同的问题问若干遍,类似的回答也要听若干遍。因此,对于大众化、缺乏主见的回答,主考官会感到乏味、枯燥。只有具体独到的个人见解和有个人特色的回答,才会引起对方的兴趣和注意。

(5)知之为知之,不知为不知:面试遇到自己不知、不懂、不会的问题时,回避问题、言词闪烁、默不作声、牵强附会、不懂装懂的做法都不可取。诚恳坦率地承认自己的不足之处,反倒会赢得主考官的信任和好感。

第四节 公共关系案例编写

一、公共关系案例的价值意义

公共关系案例指的是对重要的、成功的公关策划活动进行程序性、情景性的描述与推广,并以书面形式加以概括总结的文字材料或文章。公共关系案例对社会组织开展公关活动与工作十分有益,它是进行公关教育和宣传不可或缺的、有说服力的文字材料。公共关系案例的价值意义在于:

第一,通过案例把公关策划与工作程序、成效书面化。它有利于社会组织有目的、有计划地组织和实施公关活动。

第二,有利于按案例的方案要求,统一思想与行动,调动人力、物力、财力等各方面的积极因素,很好地帮助社会组织与公众之间进行交流与合作。

第三,成功的公共关系案例,可树立榜样,形成典型示范,让更多的社会组织学习借鉴。合理采用案例的经验做法,避免实施中可能出现的问题,排除障碍,将会大大促进公关策划活动,能收到事半功倍的效果。

第四,通过案例的编写与分析,可以提高公关专业人员分析问题、解决问题的能力,激发他们的热情与智慧,从而创造性地开展工作。也能提高公关专业人员的认识水平和理论水平。

二、公共关系案例编写的主要形式

公共关系案例可有多种编写形式,其中使用较广泛的有:

1. 计划方案式案例

它主要包括:立项的形势背景,目的任务,宗旨意图,立项的依据等;案例实施的过程,分几个阶段,每个阶段安排哪些活动,采取哪些措施办法等;人力、物力、财力的预算与调配;实施的要求和注意事项等;分期、分段或分项的监督与检查,肯定和发扬优点,修正或改进做法。计划方案式案例是最常见、最有序、最好做工作的案例。它往往运用于大型的公关项目与活动,或运用于创造性、智慧性、复杂且有深度的策划活动之中。

2. 经验总结式案例

这种案例主要运用经验总结的写作方式组织材料。它主要包括:形势分析,发展和经历的过程,主要的成绩和收获,经验归纳与认识体会,未来的取向与建议等。它对案例涉及的事物或问题,由表及里,由现象到本质,抽象概括出规律、理念和经验与教训,以便积累经验,降低损失,指导未来工作。

3. 新闻报道式案例

这种编写方式,运用新闻报道的写法,标示醒目的单项或多项标题,用叙述的方式,交待说明案例的来龙去脉、前因后果,其内容往往单一,篇幅也较短小,反映问题的速度很快。这种案例主要是概述要点,报道事实,传播信息,扩大影响。

三、公共关系案例编写的基本工作

1. 做好调研

根据组织发展和实际工作的情况,进行调查,收集材料,先分析研究,再进行立项,着手具体工作。

2. 策划活动,总结经验

按立项要求,有针对性的策划活动包括:明确目的任务,总结已取得的成绩和存在的问题,有针对性地组织各项活动,形成有计划的、有效的实践工作。

3. 宣传推广

案例的编写不仅对内有利于更好地组织工作,而且应借助媒体,如报刊、电视、广告等进行宣传,树立组织的形象,扩大组织的社会影响。既利己,又利他,充分发挥案例的价值作用。

四、公共关系案例的阅读分析

1. 案例的阅读

公共关系案例的重要价值之一,就是积累经验,强化操作,启迪工作,起树立榜样、示范引导的作用。所以,优秀的公共关系案例,不仅对自己的组织有价值,而且对其他组织也有借鉴意义。用好、学好公共关系案例,一个重要的环节就是对案例进行认真的阅读分析。其做法是:首先,阅读案例,弄清案例所包含的目的、宗旨以及实务操作的经验、技术。初读案例,在于了解案例全过程和基本内容;再读案例,抓住案例的主题和中心问题以及佐证的关键材料依据;最后,通过阅读进一步作具体的分析研究,不仅要了解案例的程序、阶段、做法,还要找出基本规律和经验。通过反复的阅读与思考,真正弄懂案例,然后联系本组织的实际,灵活加以应用。学习案例切忌走马观花、不求甚解、停留在表面、学得肤浅。

2. 案例的具体分析

对具体问题作具体的分析,是能否借鉴和运用优秀案例的关键。分析案例有多种方法,各组织可以选择使用。

第一,用比较法。比较同类组织,包括自己的组织与案例所描述组织之间的共性和差异,找出各自的优势和不足,确定必要的取舍,扬其长,避其短。也可截取某一时段进行历史与现实的比较,看进步在哪里,以增强员工奋发图强的信心。比较是一种好的方法,它可以让人们直观地看到组织的优势与问题,也可以具体地研讨一些重要的策划与组织工作问题。比较可以走捷径,事半功倍,也可以激发员工热情,增强人们胜利前进的决心。

第二,抓主要矛盾和核心问题。一个优秀的公共关系案例,往往容纳了众多的问题,只有抓主要的、核心的部分,才能得其精华和要领。抓住了主要矛盾和矛盾的主要方面,就很容易确定工作的重点,分清工作的主次。实际操作时,不纠缠于复杂的、琐碎的事务活动,可以准确、省时、省力、省钱地把案例组织工作做好。

第三,抓特色。成功的案例,特别是大型的公共关系案例方案的制定与实施,往往涉及大量的问题。如不仔细思考,有时难以理清头绪。成功的案例又往往有不同于他人的特色,而这往往是案例成功的、创新的、出奇致胜的法宝。一个重要的案例往往面对重大的场面和众多问题,要想归纳得很清晰,确实不容易。所以编写案例,学习和借鉴案例,应力所能及地抓住事物的本质特色,案例才能写得精彩、学到要领、用得有效。

【案例与点评】

案例:危机公关的伟大创举
——四川汶川特大地震大营救启示

2008年5月12日14日28分,四川汶川发生了8级特大地震,造成巨大的人员伤亡和财产损失。在震后的第10天,人们得知:遇难、受伤、失踪人数高达30多万,500多万人无家可归,财产损失难计其数。这场特大地震,揪痛了13亿中国人民的心,也震撼了全世界。面对空前的灾难,中国有史以来最迅速、最有效、最大规模的抗震救灾,在人们的泪水中、勇敢坚韧中、全民大营救中空前地展开了。在党中央、国务院、中央军委和各级地方政府的领导与支持下,短短的10个昼夜,我们的救援创造了一个又一个奇迹,向全世界最充分地展示了中华民族的顽强精神、崇高美德和高度的责任感,赢得了各国政府、人民以及各大媒体的一致称赞。中国政府危机公关的伟大创举和宝贵经验。不仅对中国,而且对全世界将会产生超常的影响和持久的作用。在这场中国式的危机公关前期大营救工作中,究竟有哪些成功的思维理念、经验措施、决策谋略、信息传递与情感沟通等经验值得弘扬光大呢?本文将从宏观上、整体上在超快应对、高效指挥决策、精心布置谋划、公开透明宣传和凝聚一心救援等几大方面进行探索和总结。

1. 超快应对

超常的反应速度,第一时间启动抗震救灾机制,强调对灾民的大营救,赢得了时间、赢得了民心、赢得了舆论支持。地震发生时,中国政府反应迅速、措施及时:

(1)在第一时间向全国、全世界发布四川汶川特大地震的消息。

(2)国家最高领导人胡锦涛立即指示尽快救民救灾,迅速成立由温家宝总理任总指挥的抗震救灾总指挥部。地震发生几个小时内,温总理就飞抵四川震区,在不断发生的余震中组织大营救,稳定了人心,稳定了大局。

(3)以最快的速度,大规模地调动十几万武警、公安消防人员、解放军等开赴灾区,投入抢险救灾第一线。

(4)以最快的速度从全国调动大量的器械、医药、食品等抗灾物资及专业队伍,引导和组织大批的志愿者,迅速有序地投入救灾。可以说,在特大地震发生的最短时间内,实现了全民总动员,争分夺秒、克服万难进行大营救,以最大限度地挽救生命和减少重大损失。这场全国性特大行动在世界上都是超快的、史无前例的。

2. 高效决策指挥

高效能地英明决策和集中、统一地领导指挥是5·12抗震救灾的重要特色。抗震救灾总指挥部是由国务院总理温家宝领衔,中央政治局常委、国务院副总理、各部委负责人以及四川省主要领导等组成的。这个庞大周密的指挥系统,多次开会作出决定和布署。并有效地调动数十万人,组织部队、交通、航空、通讯、医疗等行业通力合作。万众一心,众志成城,抗震救灾。这是世界各国从来没有过的。

这个最高层次的指挥部,一开始就作出英明决策:

(1)以人为本。救人是重中之重,只要有一线希望,就用百倍的努力施救,工作的主题明确,重点突出。强调调动一切力量,采取一切办法,抢救被瓦砾掩埋的生命。而且坚持到底,不离不弃,突破72小时救援生命极限,创造出100小时、150小时、196小时、216小时挽救生命的奇迹。

(2)在极端困难的条件下对20多万的伤者,进行治疗和帮助。组织安排几十万儿童、学生、老人、灾民成功进行大转移。

(3)最大效能地调动中央和地方的潜能,形成了有力的全国运转一盘棋,有序地进行大营救。

(4)向世界开放,以诚恳的姿态向世界说明灾难真相,寻求国际大援救。不仅如此,从胡锦涛、温家宝开始的中央和各级党政军领导还走出办公室,深入第一线,踏遍灾区的每一个区域,实现面对面的指挥与抚慰,对稳定民心、解决具体问题起到重要作用。受到重创的灾区政府也奋力带领人民自救。

3. 精心布置谋划

运筹得当,谋划灵活,科学安排调度,大大提高了大营救的效能。这次特大地震级别极高,波及影响很广,损害极其严重,施救难度巨大。实施非常规的应变谋略和灵活多变的应对手段十分必要。这次大营救的谋划清晰,创造性的工作十分出色:

(1)四川震区多山,地震造成大面积山体滑坡,交通全面阻塞瘫痪。因此,打通出路是攻坚战的关键。在救灾指挥部统一指挥下,利用大型现代机械南北突围,多路开进,克服困难和危险,打通生命线。

(2)动用全国民航空运,争分夺秒;利用空军力量紧急空投空降,努力营救偏远山区乡村的灾民。

(3)利用水路运送抢险人员,转移灾民。

(4)采取特殊手段,组织突击队,冒着生命危险翻山越岭,深入深山救助灾民,清除死角。

(5)借助专业队伍,利用现代化的技术装备,搜寻挽救废墟下的生命。

(6)抢修和利用现代通讯网络,进行内外的沟通与互动。

(7)借助广播、电视、报刊、书籍、互联网等各种媒体,及时传递真实信息,倡导慈爱,弘扬道义,呼吁救助。

(8)一边营救,一边派专家进行心理健康咨询,抚慰灾民受到创伤的心灵。

(9)在救人的同时,抓好各项卫生防疫工作。

(10)组织紧急救灾物资和紧缺医药用品、设备的生产、运输、发放工作。

(11)接受国际款物援助,接受国际救灾医疗救援队的帮助,交流救灾经验,加快救灾进度,提高救灾效能。

大营救需要大战略、战术,也需要具体的谋划与举措。这场与天斗、与地斗、与艰难险阻大自然搏斗的伟大"人民战争",不仅显示了中国人民的意志、信心和勇气,而且显示了中国人民的谋略智慧和创新能力,显示了中国共产党坚强的执政能力、政府工作的高效能和高度负责任精神。

4. 公开透明宣传

这次特大地震信息的采集与传播是空前的、全方位的。从地震发生的那一刻起,我国的中央、地方包括港澳媒体,派出数百名记者,冒着生命危险,克服种种困难,奔波在震区第一线的所有区域,及时地、真实地、全天候地、全过程地大量报道了灾情。国务院和四川省定时召开多次新闻发布会,第一时间公布灾情信息。允许众多的国外媒体深入灾区采访,接触灾民,其传播完全公开透明,获得世界各大媒体的信服和称赞。媒体还全面报道了国内外各界的捐助与救助行动,感动社会良知,吸引社会的广泛关注,赢得帮助;也稳定了灾民的情绪,保证了抗震救灾工作的紧张有序进行。媒体的全面、公开、及时报道也显示,震区没有发生化学物质泄漏,没有引起大的疫病流行,消除了人们的疑虑。

这次灾情的大传播,动用了电视、广播、报刊、网络等一切传播手段和技术,

把数以万计的动人场面、英雄事迹、灾民的需求与心声,用声音、画面、文字等形式活生生地展现给国内外公众:

(1)是他们以最快的速度传播了大量的抗震救灾的信息。

(2)是他们的呼吁、献计,协助救灾的有序有效进行。

(3)是他们引起了全社会公众对灾区人民的高度关注和人文关怀。

(4)是他们立体地、鲜明地、最真实地让世界再一次认识中华民族的美德与责任,展现了中国政府及人民的真实形象,有利于与世界各国人民的沟通,也纠正了受蒙蔽宣传的许多人的偏见。

4. 凝聚一心救援

万众一心,众志成城,一方有难,八方支援,大团结、大关爱、大奉献,书写一首最壮丽多彩的诗篇。

(1)十几万大军,数万救灾的干部、群众、志愿者,出生入死,为挽救瓦砾下的每一个生命战斗不止。为数万名伤者和孤儿、老人,献上关心与博爱。中华民族的传统美德和现实的人性、情感、品德,得到最充分的展示、弘扬与升华。

(2)大灾难引起席卷中国大地的募捐潮,所幸改革30年来民富国强,募捐救灾有了强固的物质基础。人们真实地看到,身为炎黄子孙的中国人,包括13亿的中国民众,孩子、老人、教师、战士、干部、白衣天使、企业家,甚至乞丐、艾滋病患者,所有的人捐款捐物,人人都在献爱心做奉献。港澳台同胞、海外华人,用各种方式表达了他们的赤子之心和血浓于水的、动人心魄的关爱与支持。外国政府、世界组织也对我国灾区表示了慰藉和巨大援助。大爱无边!

(3)尊重人生、人情。5月18日国务院发布公告:"为表达全国各族人民对四川汶川大地震遇难同胞的深切哀悼,国务院决定,2008年5月19日至21日为全国哀悼日。在此期间,全国和各驻外机构下半旗志哀,停止公共娱乐活动,外交部和我国驻外使领馆设立吊唁簿。5月19日14时28分起,全国人民默哀3分钟,届时汽车、火车、舰船鸣笛,防空警报鸣响。"对平民死者发出最沉重的哀思,把对人的尊重升华到极致,真实体现了政府的民本思想,这是最大的、最实在的民主、民权。人民发出呐喊:四川挺起,中国加油!

回首惊天动地、揪心洒泪和顽强抗争的10个日日夜夜,在我们炎黄子孙心灵的深处将永远铭记住这页历史的一切一切。抗震救灾前期的大救营,牵动了中华儿女和世界人民的心。灾区人民和全国人民凝聚一心,众志成城,空前大团结。多难兴邦,这种万众同心的民族凝聚力,不仅可以帮助我们成功进行艰难的救灾、长期的重建工作,还应善加维护利用,为我们民族的伟大振兴提供不竭的动力。人民对于政府寄予厚望,政府在危机处理的初期掌握了完全的主动权,取得了巨大成功。通过这场空前的大救灾,我们将弘扬德善,在废墟上为灾民重建家园,进一步推进我国各项事业的改革,培养大国风范,让屹立世界的中国大旗永远飘扬。

(本文以特稿发表于中国公关核心期刊《公关世界》2008年第6期)
(作者:丁乐飞　王先斌　丁晨　王黎)

点评:

这是一篇在当时影响很大的报道性、经验性的公共关系案例。它所反映的内容是震惊世界的汶川特大地震的抢救工作。案例揭示的特点与经验是:

第一,案例的作者在地震发生的第一时间,用最快的速度描述了特大地震发生时的几天惊心动魄、震撼人心的抢救景象,展示了当时严峻的、触目惊心的灾情和众多抗震抢险的可歌可泣的英雄事迹。案例充分地肯定了我国政府和人民以及世界各国友好人民参与抗震救灾的热心与工作。

第二,案例突出了在这场特大政府公关危机心理中,我国党中央、国务院、各省市高层领导胡锦涛书记、温家宝总理等,亲临震区第一线指挥抗震救灾工作。如此众多高层领导组成抗震救灾总指挥部,在我国、在世界上都是史无前例的。案例把我国各级领导人关心民生、解决危难、出色指挥组织工作,写得感人至深。

第三,案例反映了我国各级政府,用最快捷、最透明、最开放的理念和行动,欢迎各大媒体,包括国际重要媒体的记者,投身第一线采访报道,让全国人民和世界各国人民及时了解救灾的信息情况,帮助政府沟通和解决一系列现实问题,很好地发挥了媒体舆论报道的重要作用。这次对中外媒体采访报道的大开放,其规模之大,透明度之高,也是空前的。

第四,案例综合地反映了特大地震的各种信息和情况,大量地宣传了解救危难的动人事迹,以及艰难万分的工作。这次各级政府、人民群众、海外华侨以及友好国家人民的无私援助,彰显了中华民族的坚韧与美德,书写了中华民族大团结、大相助的历史新篇章。

第五,案例注重事实,感人至深,充满热情。同时案例又进行了理性归纳,抽象总结出多方面、富有创造性的危机公关经验。案例为我国日后公共关系事业的发展,特别是克服危难、化解危机、重塑形象等,提供了十分宝贵的经验,对世界公关事业危机公关也作出了重要的贡献。

【练习设计】

1.假如你大学毕业去找工作:

(1)你将从哪些渠道去获取谋职信息?

(2)你准备哪些材料供谋职使用?

(3)写一份内容充实的"自荐书"。

(4)面试时,你怎样应对下列常见的问题:

  你为何选择本单位?

  你的学业情况如何?

  你有何经验或特长?

  你对待遇有何要求?

  你对本单位有何期望和意见?

2.以下是两个谋职落败案例,请分析其原因。换了你,会如何应对?

(1)会计专业的小李收到知名企业发来的面试通知时,心里既高兴又紧张。一开始,考官对她的素质挺满意。最后,考官对她说:"根据你的性格特点,我们想把你安排在办公室,可能跟你的专业不对口,但是我们认为你更适合这个岗位。"小李拿不定注意,小声地说:"要不,我回去和爸爸妈妈商量一下。"

主考官愣了一下,"好吧",他微笑着说:"不过要记得,以后你参加面试的时候,不要说'和爸爸妈妈商量一下',因为这样会显得你没有主见,明白吗?"

(2)"我的首选是出国,其次是上海,再不行呆在杭州也可以。"在一家跨国公司的面试现场,当被问到"你打算在哪里开始你的职业生涯"时,社会学专业的小林这样回答。考官皱着眉头问:"我们打算在一些二线城市开拓市场,你有没有兴趣?""说实话,我本来就是从小地方来的,如果还回到那里,有点无颜面对父老。还是大城市更适合我吧。"

3.自己选题,学习写作一份公关案例。

第八章　组织形象设计

【本章提要】　塑造良好的组织形象是公共关系的重要任务和组织追求的完美理想目标。了解组织形象的内涵和 CI 三个识别系统，进而运用公共关系的理念和各种具体的设计技术与手段，是组织形象设计的高智能工作。组织形象设计广泛运用于企业、政府、文化教育等行业，其现实和远期意义很大。

第一节　组织形象

一、组织形象的组合

组织形象是社会组织内在精神和外部特征在社会公众心目中的地位、整体印象和看法评价。或者说，它是社会组织的整体特征、个体风格和公众的总评价及总印象。它主要包括综合形象、人员形象、产品形象、管理形象、文化形象和评价形象。

1. 综合形象

综合形象又称整体形象，它是一个社会组织精神理念、目标使命、机构建设、管理制度体系、技术设计硬件、干部员工、财力和物力、历史和现状实力的综合反映，是组织软硬件的有机组合，它最能反映组织的形象。

2. 人员形象

人员形象即组织的全员形象，它包括管理干部、科技人员、一般员工等各类人员的文化素质、科技水平、文明道德、能力智慧、品行、作风、仪表、言行风范等，人员形象最具活力、最能展示组织形象。一个社会组织只有拥有高度管理水平的领导、高度服务和工作水准的员工，组织才有竞争力和活力。

3. 产品形象

产品形象是指通过组织产品的质量、性能、商标、包装等要素所形成的认知和评价。产品是组织形象的物质载体，通过产品体现出来的形象最为直观，产品形象是整个组织形象的客观基础。不同的组织有不同的产品形式，如政府的公共政策，企业的产品，餐馆的菜肴，出版社的书籍，电视台的节目，学校培养的学生等等，都是其特定的产品形象。

4. 管理形象

管理形象是指经过组织的管理行为所展现的形象。通过组织的管理行为展现的形象是全面的、整体的，包括经营作风和管理效率，财务资信和履行合同的信用，技术开发和市场拓展的业绩，以及管理体制、人事制度、就业条件、职工福利、价格策略、售后服务等等。

5. 文化形象

文化形象是指通过组织的特定文化要素展现出来的形象。组织的特定文化体现着公共关系形象的特定风格。它以组织的价值观为基础，以组织系统和物质系统为依托，以组织员工行为和群体意识为表现，形成具有特色的生产经营管理的思想作风和风格。文化形象主要包括组织的价值观念、管理哲学、组织使命、职业道德、组织目标、榜样人物等方面的形象。文化形象是组织形象的精髓所在。它制约着组织形象的个性，决定着组织行为的取向，对内产生凝聚力，对外产生号召力。

6. 标识形象

标识形象是指通过标志和其他可视系统所展现的形象。标识是组织形象的标志，能够帮助公众识别和记忆组织的形象。标识形象包括组织的名称、产品的品牌、商标或徽标、广告代言人、宣传主题词和典型音乐、特定的字体和色彩、包装的设计，宣传品的格调等方面的形象。

7. 评价形象

评价形象指的是社会公众对组织的总评价和总印象，它主要包括：(1)知名度:即社会公众对组织的知晓、熟悉的程度,名气的大小。影响越大,知晓的人越多越好。(2)美誉度:即社会公众对组织的信任、赞赏、好评的程度。公众越信赖、越赞赏越好。(3)认可度:即社会公众对组织承认和接纳的程度。认可度越高越好。

总之,一个组织的形象是一个有机体,内容丰富,形式多样,需要从不同的方面去塑造和维护,其中任何一方面的失调或者出现问题,都可能损害组织的整体形象。所以,要塑造良好的组织形象,就必须使这个形象系统中的每一个要素都发挥作用。

二、组织形象特征

(一)一般特征

1. 整体性

组织形象是整体性的。组织的内在素质和外在表现是组织形象形成的客观基础。也就是说,组织形象不是细枝末节、零碎的拼凑,也不是组织的某种具体形象如产品形象、管理形象等,而是包括员工、产品、管理各方面在内的整体或综合形象。

2. 主观性

由于组织形象的评价者和感知者是多元的,如员工、消费者、新闻媒体、社区、居民、政府部门等,各类公众都有自己独特的利益和评价方式,他们的认知能力、价值观念、思维方式、道德标准、审美取向、性格差异等主观因素各不相同,他们对组织形象有不同的理解、认识和不同的要求,因此,同一组织在不同公众心目中会产生不同程度差异的形象。

3. 相对稳定性

组织形象是组织综合行为的结果。新形象的建立和塑造要经历一个较长的过程。在塑造、推广组织形象初期,纵使组织的若干形象要素很出色,但要被公众广泛知晓直至深入人心,也非一日之功。然而,组织形象一旦形成,不论其内在理念还是外在形象,都会在一定时空条件下,在一定的公众心目中存在和持续一定的时间,形成一种心理定势,它不会轻易地随组织行为的某些变化而马上改变或消失,因此,它具有一定的稳定性。所以,组织形象在塑造过程中要重视公众心理上的首因效应。

（二）个性特征

形象的一般特征是认识组织形象的基础，它更多地体现在形象设计中应把握的一般原则和要求。要想真正区分一个组织与另外一个组织的形象区别，还必须具体地掌握个性特征。

1. 理性个性

即每一个组织在观念上、奉行哲理上、精神理念上、价值观上以及各自的目标、使命和寻求的理想境界上，所呈现的自我规范与内涵运转的深层次理性个性。

2. 外识个性

组织形象更多为人们所认识的还是外部的标识。如组织的名称即是自成一体的、不同于其他的标识印记。

3. 风格个性

风格个性指的是组织的气质、作风、思想品格的特征。它是组织形象的最高理想境界。组织的风格，是由组织长期发展积淀而成的，有时用语言文字一下子难以表述，但它又真切地存在于人们对组织的感受之中。一些历史悠久、大型的、老字号的组织都有自己的风格。

三、组织形象的价值意义

（一）良好的组织形象能够促进组织内部团结

良好的组织形象是组织生存发展的精神资源，它具有以下的功能：

1. 良好的组织形象具有协调与整合功能

组织内不同的人从事不同的工作，人的性格、爱好、追求又不一样，如果没有一种精神力量把他们"粘合"起来，组织就会成为一盘散沙。在组织形象设计过程中，为了使组织有一个美好的、统一的形象，设计者可能提出对组织各形象要素、各工作环节、各利益主体等关系进行协调整合的要求，将组织全体员工紧紧地凝聚在一起，形成"命运共同体"，产生"集体安全感"，这就可能会提高组织的工作水平，增强凝聚力和吸引力。组织成员将更有目标感，组织内部各方面"心往一处想，劲往一处使"，将成为协调一致、配合默契的高效能集体。

2. 良好的组织形象具有规范与导向功能

组织形象能够把组织的价值观念和行为规范加以确定，为组织自身的生存和发展树立一面旗帜，向全体员工发出一种号召。这种号召一经广大员工的认可、接受和拥护,就会产生巨大的规范与导向作用。像历代"同仁堂"人恪守的"炮制虽繁必不敢省人工,品味虽贵必不敢减物力"的传统古训,美国 IBM 公司提出的"IBM 意味着最佳服务"等等,都是在教育、引导、规范着员工的言行、态度,让他们在尽善尽美的工作中注意把自己的形象与组织的形象联系起来,使本组织成为世界一流的组织。

3. 良好的组织形象具有凝聚与激励功能

每个人都有获得尊重的需要,希望得到他人的尊重与爱戴。具有良好形象的组织,在对员工的态度上往往表现为在企业内部尊重知识,尊重人才,重视员工的意见和建议,强调满足员工心理的成就感和舒适感,力促组织内部的员工产生一种骄傲感和自豪感、"荣辱与共"的归宿感,让员工保持一种士气高昂、奋发进取的精神状态。这种对组织的热爱会产生强烈的激励作用,诱导并刺激员工产生高昂的工作热情和积极性,增加员工的向心力和归属感,增强组织对人才的吸引力。良好的组织形象为保留和吸引人才创造优越的条件,使员工为自己在一个优越的组织中工作而感到满意和自豪。其他人才将慕名而来,使组织招揽到更多的优秀人才。

(二)良好的组织形象能促进组织外部发展与合作

1. 良好的组织形象有利于提高传播效果

为树立统一、鲜明的组织形象,组织对各种形象信息要加以整合,从而有利于形成传播中的整体冲击力,增强公众的识别力和记忆力。良好的组织形象可以赢得社会舆论褒扬,铺垫潜在市场。良好的评价是产生有利行为的基础,组织一旦树立起良好形象,就容易获得各类公众的支持与合作。社会各界的了解、信任、好感和合作,有利于改善组织的生存与发展环境,便于组织的对外扩张。

2. 良好的组织形象有利于提高竞争力

良好的组织形象,可以为任何一种产品和服务创造一种消费信念,使消费者产生"信得过"的购买心理与行为,培养起对组织、对产品的忠诚度。因此,树立了良好的组织形象,就等于留住了顾客。同时消费者对组织服务所进行的评价,通过口头传播将产生惊人的效力,从而吸引和产生更多的顾客。所以,良好的组织形象有利于组织争夺更大的市场份额,提高竞争力。这也就是所谓的形象竞争。一些"老字号"企业在激烈的市场竞争中立于不败之地,久盛不衰,与其拥有良好信誉是分不开的。

3. 良好的组织形象有利于增强扩张能力

具有良好形象的组织在进一步扩张中能预先为自己的行为作出信誉保证，容易获得公众和政府部门的好感、喜爱和谅解，因而能够优先获得更多、更好的投资条件和其他支持。一个值得信赖的企业，由于其资信能力强，银行和政府都乐意提供优惠的贷款和财政支持，股东也乐意购买其股票和债券，保险公司欣然作保，企业就能获得充裕的资金，同样也能获得可靠的原材料、能源及零部件的供应，建立稳定、畅通的供应渠道和销售网络，社区也愿意为企业提供劳动力、生活服务和各种生活设施等方面的支持。

第二节　组织形象识别系统

一、组织形象识别系统的概念

CIS 是英语"Corporate Identity System"的缩写，System 是系统的意思，CIS 即组织形象识别系统、企业形象识别系统，是指社会公众和组织员工对组织的整体印象和评价，是组织的表现与特征在公众心目中的反映。Corporate 除了有企业的意思外，还有组织、机构、团体等含义。Identity 有三个含义：一是识别、证明；二是同一性（Sameness）；三是持久性、一贯性（Continuity）。CIS 就是组织机构或企业自身的同一性和主体性，而主体性的根本意义是"我是谁"，是对自我的认同；从同一性来看，Identity 是指组织机构或企业本身某些事物的共通性。

CIS 的早期实践可以追溯到第一次世界大战前。1914 年德国 AEG 电器公司率先采用设计师彼德·贝汉斯所设计的商标，并将之运用到便条、信封以及系列性电器产品上，这便成为企业统一视觉形象设计的雏形。第二次世界大战以后，特别是 1950 年以后，欧美等国的各大企业纷纷导入 CIS。1956 年，美国国际商业机器公司以公司文化和企业形象为出发点，突出表现制造尖端科技产品的精神，将公司的全称"International Business Machines"设计为象征高科技的蓝色的富有品质感和时代感的造型"IBM"。这使八条纹的具有个性的标准字在其后四十多年中成为"蓝色巨人"的形象代表，也是 CIS 正式诞生的重要标志。70 年代以后，日本东洋物产株式会社马自达汽车的开发设计 CIS 树立了日本企业

第八章 组织形象设计

开发企业识别系统的典范,其后掀起"CIS革命"。80年代后期,以广东太阳神集团为代表的企业纷纷引进CIS设计,CIS战略在中国受到重视。

二、组织形象识别系统类别

一般而言,CIS是以企业识别标志为中心,由理念识别(MI)、行为识别(BI)、视觉识别(VI)三大要素融合而成的。视觉识别比较直观,行为识别比较复杂,理念识别比较抽象。CIS通过三大识别系统网络组合的组织形象识别系统,贯穿和渗透于组织生产经营的整个过程之中;三大识别系统通过企业识别标志网络组合为组织形象识别系统,塑造和传播组织及其产品的同一识别系统。

1. 理念识别系统(MIS)

理念识别系统指的是组织形象的理念定位和思想精神规范准则。它主要包括:(1)规划战略,即组织的整体设计、发展蓝图、战略思想、长期的计划。(2)目标使命,即组织的现实奋斗目标、任务和承担的历史责任及使命。(3)精神作风,即精神状态及品格作风。(4)品德文明,即职业道德、社会公德、现代文明、法规与文化。

理念识别是公共关系活动的原动力和理论基础,属于组织思想、文化的意识形态范畴,是最高的决策层次。如企业及其产品特别是名牌产品的设计开发、品质控制、市场营销、过程服务、形象传播等等,归根结底有赖于并且取决于企业生产经营的独特发展战略及其强大有力的信息传播和总体调控。否则,企业生产经营的运行状态和行为方式,非但难以定位、规范,而且极易盲目、自发以至偏离、背离既定的发展战略和效益目标。所以,理念识别是实施CIS的重心,它制约与决定了视觉识别和行为识别。能否开发完善的CIS,要看组织经营理念的建立与贯彻,由这一思想体系带动动态的活动与静态的视觉传达设计来创造独特的组织组织形象。

2. 行为识别系统(BIS)

组织形象的行为识别系统指的是社会组织的行为模式与各种活动的策划与实施。它主要包括:(1)组织的体制系统,即组织的结构组合、管理系统和基本体制。(2)组织的规章制度,即组织的章程与各项制度、守则、公约、条例、规定等。(3)教育培训,全员文化科技质素的提高,岗前、岗上、岗后的专业培训等。(4)策划活动,诸如新闻、广告宣传、庆典、营销、联谊及各种公益活动。(5)优化环境,和谐地域、社区、市场、人文环境等。

行为识别是CIS的中介系统,是组织实践经营理念与创造组织文化的准则对组织运作方式所作的统一规划。它以理念识别为基本出发点,联系与贯通了理念识别和视觉识别。它来自于组织经营过程,又要回归于组织经营过程,既约束又激励员工的生产经营行为及其整个运动过程,且激励约束社会公众的选择使用行为及其整个运动过程。

3. 视觉识别系统(VIS)

视觉识别系统指的是组织形象外部的标识和风格特征,它能让社会公众一看便知。它是CIS设计最常见的、最有效的、最为社会公众所喜爱的部分。它主要包括:(1)基本标志,如名称、商标等。(2)徽标造型,如门面招牌、代表性建筑、典型的图案、雕塑、书法艺术等。(3)标准字与标准色。(4)统一办公用品、产品运输包装,富有代表性的色彩。(5)宣传语词,如专题广告词、宣传口号等。

第三节 组织形象设计流程

组织形象设计是一项周密、复杂、系统的长期发展规划。作为一项系统工程,它必须按照一定的规则,灵活运用各种技术手段,循序渐进地开展工作,才能达到预期的目标。组织形象设计的流程一般分以下几项工作。

一、组织形象调研

组织形象设计需要与内外环境相配合,才能使组织形象在市场竞争中保持优胜的状态。组织形象的调研工作是组织塑造良好形象的开端,是制定CIS的基础性工作,其目标就是明确组织环境所存在的问题,了解社会公众对有关组织的政策和行为的意见、态度和建议,为制定组织形象提供依据。组织形象调研可以细分为以下几个方面的工作:

1. 实际组织形象调查

对于组织进行的实际组织形象的调查,可以从两个角度着手:内部公众调查和外部公众调查。

内部公众组织形象调查是在掌握了组织内部的基本情况后,调查组织内部成员的意见,掌握全体成员对本组织的态度、看法和评价等,了解全体成员对组

第八章 组织形象设计

织的意见、希望和要求。在这一步骤中,重点在于把握组织的经营现状、设计现状,客观地分析组织现有形象的优劣。它是组织形象建立的依据。内部公众的组织形象调查应从对高层主管访谈、对员工访谈、文案调查、情报视觉审查等四个方面入手。

外部公众组织形象调查可以反映一个组织实际的社会形象。社会公众对组织的认识、看法和评价可以用知名度和美誉度两项指标来衡量。知名度和美誉度反映了社会公众对一个组织的总态度和总评价。

2. 社会环境调查

所谓社会环境是指与组织有关的各类公众和各种社会条件的总和。社会环境调查可以了解和掌握组织面临的外在状况,为准确、顺利建立组织形象提供重要的依据。社会环境的调查可以分为两个层面:一个是宏观层面,主要调查分析与本组织有关的政治、经济、技术、社会、文化等因素的发展变化趋势,调查与组织有关的政府机构、法律部门的方针政策、法律、法规的制定和实施情况;调查组织面临的国内外市场机构、产品的市场分布,了解新闻传播媒介的传播效果。另一个是微观层面,它包括竞争对手、市场调研等方面。掌握同类公众和其他与本组织有联系的各类公众的基本资料,研究公众行为的动机等方面的问题。同时,还要了解竞争者的状况。

二、组织形象确定

不管出于何种原因需要进行形象设计,形象设计的根本任务是要组织根据环境变化的要求、竞争对手的实力,进行形象定位或再定位,选择自己的经营目标、领域及经营理念,以塑造理想的、别具一格的良好形象。明确独特的组织形象定位,能使信息深入人心,让它们在公众心中扎下根。否则组织形象根本不可能产生。

(一)组织形象定位

组织形象定位的方法主要有以下几种:

1. 优势定位

公众对组织形象的认识实质上是对其优势性的个性形象的认识。在同类产品品牌众多、竞争激烈的情况下,组织要想立于不败之地,必须扬长避短,重视表现组织的优势,根据品牌向公众提供利益定位。

优势定位的方法:首先,诉求的利益点必须是目标公众感兴趣或关心的;其次,诉求的利益点必须是竞争对手无法提供或者没有诉求过的独特之处,在品牌和说辞方面是独一无二的,强调人无我有的唯一性;最后,这种主张还必须是强而有力的,聚焦在一个主要利益点上,以打动、感动和吸引目标公众。

2. 情感定位

情感定位主要是指组织直接或间接地冲击公众的情感体验而进行定位的方法。情感定位在保证产品具有某些特定属性和一定质量水平的基础上,顺应公众心理的变化,以恰当的情感定位唤起公众心灵的共鸣,赋予品牌独特的情感内涵,进而获得理性的共识,充实和加强产品的营销力量。一个触动消费者内心世界的情感诉求往往会给消费者留下深刻而长久的记忆,消费者在作出购买决策的同时激发出一种直觉,从而增强品牌忠诚度。

使用情感定位的组织,首先要充分了解目标公众的态度、信仰、性格、理想、价值观、对产品和品牌的看法、对竞争对手的评价等。在分析、归纳、整理这些信息的基础上,提炼、整理、归纳出目标公众可能的品牌情感取向。然后进行筛选,衡量各情感价值的感染力、排他性、与组织文化的一致性,留下适合由本组织产品类别传达的情感价值。最后,组织还要有效地与目标公众沟通。组织可以通过广告宣传、选用合适的代言人、发起或参与一些公益活动、设计合适的包装等营销手段与目标公众交流,宣传自己的情感价值。

3. 形象层次定位

形象层次定位是根据组织形象表现为表层形象与深层形象来进行的。表层形象定位是指构成组织形象外部直观部分的定位,比如厂房、设备、环境、厂徽、厂服、厂名、吉祥物、色彩、产品造型等的直接定位。深层形象定位主要是根据组织内部的信仰、精神、价值观等组织哲学的本质来进行的。

4. 指向定位

指向定位主要是针对内部形象定位和外部形象定位而言。内部形象定位主要是指向企业家、管理人员、科技人员以及全体员工的管理水平、管理风格的定位。如喜来登酒店的"在喜来登小事不小"。外部形象定位是指向组织外部的经营决策、经营战略策略、经营方式与方法等方面的特点与风格的定位。如今日集团的"一切为了国人的健康"。

5. 附加定位

通过加强服务、提供公共工程等树立和强化组织形象,称为附加定位。对生产企业而言,附加定位需要借助于组织产品实体形成诉求点,从而提升产品的价值。对非生产性组织来说,附加定位可以直接形成诉求点。

三、组织形象框架设定

组织形象的框架设定主要从以下三个方面来进行:

1. MI 的确定

MI 对于组织的作用如同空气对于生命一样重要,虽然看不见、摸不着,但足以影响组织的兴衰成败。MI 是组织生命力和创造力的综合和整体反映,是一切组织形象的出发点和和归宿点。从现状来看,MI 具体的表现形式为:口号、标语、守则、歌曲、警语、座右铭以及组织高层人员的讲话。它把组织的价值观念、最高追求连为一体,为组织的发展指明方向。它把模糊、抽象而又分散的意念统合起来,概括成明确、精练、具有感染力的语言文字,从而对员工起到教育、激励、榜样和增强凝聚力的作用。

2. BI 的确定

BI 一般包括群体心态、领导风格、组织形态、创新活力、交往活动、礼仪风范、管理举措、行为规范、章程制度等。其中起基本作用的是软性的领导风格和创新活力与刚性的行为规范和规章制度。通过 BI,让各部门明确自己的基本职能、工作范围、工作标准、权力和责任,以及与其他部门的关系等,使组织紧张有序地运转,使本组织从意识到行为达成完全统一,从而有效地塑造和提升组织形象。

3. VI 的确立

确立 VI 理念把重要的形象要素视觉化、符号化,或者说,进行系统的形式化形象要素设计。视觉识别是组织形象外在的硬件表现。视觉识别所包括的内容清晰可见,非常明确,具有极强的感染力和传播力。视觉识别的设计必须以组织理念为核心,讲究美学、情感、习惯、法律、民族个性等,化繁为简、化具体为抽象、化静为动,才能使识别系统具有很强的冲击力、识别性。

四、CIS 手册的编制

CIS 手册是组织极重要的智慧资产。它主要针对组织发展概况、形象战略、CIS 的设计思路、导入和管理 CIS 的机构等作出既明确又具体的规范,其中包括操作要点、使用方法、违例禁忌。既有文字说明,又有样图标示,图文并茂。

CIS 手册大体上有四种编制方式。第一种方式称为系统型,包括视觉、行为、理念三大识别系统的所有规范。第二种方式称为基本型,行为、理念两大识别系统的项目和规范仅为概述,视觉识别基础系统和应用系统的项目和规范比较齐全。第三种方式称为展开型,主要是视觉识别系统所有的项目和规范。第四种方式称为广告型,以视觉识别系统的基本项目和规范为主,比较简单,一般用于对外交流和宣传。有些组织根据 CIS 手册的项目和规范,摄制了电视系列录像片,供员工培训时使用。这可以称为视听型 CIS 手册,大大提高了 CIS 导入和实施的力度、效果。

CIS 手册的编排形式没有固定的限制,只要便于使用,说明清楚就可以。良好的设计与管理是达成 CIS 成效的最终条件。严格遵守手册内的规定虽然是必须的,但规定的目的只是为了确保作业的水准。对于那些有工作能力的人,手册的规定非但不会阻碍其创造力的发挥,反可助其一臂之力。

第四节 组织标识形象设计的基本技术与手段

组织标识形象设计的具体技术与手段,一般的、最简单的、最常用的有以下几类:

一、词语

词语设计是一种视觉文字符,它包括词、词组、短语等。

1. 词和词组

词和词组最容易表达组织机构思想、个性和风格,如组织名称、产品名称等。"安徽大学"是毛主席题词的校名,表明它的安徽区域范畴、综合性大学的性质和毛主席独特的书法艺术。"中国公共关系实用教程",书名,突出它的实用性质和大专院校作为教材的体系内涵。"茅台酒"表明为中国名酒的产地,优良品质和名扬国内外的品牌价值。

2. 短语

短语更多地用于广告宣传,即主题广告词,过去宣传很广的"中国人的生活,中国人的美菱",不仅揭示了美菱的品牌中国制造的特有性,又蕴含着赶超日本三菱、创造美好生活的雄心壮志。"喝孔府宴酒,作天下文章",把酒的古文化传统和饮酒诗百篇的酒与诗的关联表现得很巧妙,当然它的地域特产也表现在词语之中。

二、字型

用特有的、有代表性的中外语言的单词或缩写,表达某种思想,象征某种内容含义。常见的有:

1. 英文的缩写

NBA、CBA 分别代表美国和中国的职业篮球赛,WTO 代表世界贸易组织,CCTV 代表中央电视台,PR 代表公共关系。这种设计流行世界,简洁、方便、表意明确。

2. 汉语拼音字母

A 代表安徽。AD 代表安徽大学。

3. 汉字

用代表性的汉字表意。如四川电视,用四川两字合成;山东电视采用艺术化的山字造型。

三、图型

用几何图形、绘画图形等代表组织。用五环旗表示奥运五大洲、世界各民族大团结、友谊和奋进。五星红旗、天安门图形代表中华人民共和国国旗、国徽。北京奥运会设计的申奥徽标是一个极富中国艺术特色的"太极人"。图型在形象设计中标志性、艺术性、构图性很美感。

四、实物

直接用代表性的实物表述思想理念,这种设计朴实、亲切,可视性、可触性很强。它主要包括:

1. 人物

北京奥运会的吉祥物福娃就是用 5 个可爱的娃娃,巧妙地表达"北京欢迎你"的思想情感。肯德基的代表形象采用其创始人桑德斯头型。

2. 动物

广州的五羊雕塑象征广州的美好历史。鹿回头,表示天涯海角旅游胜地三亚。各地域、各组织可根据自己的文化传统和历史特点选择代表的动物，组成象征性的图象。

3. 植物

用名花草木表示一定的理念含义。市花，如洛阳的牡丹，合肥的广玉兰，香港的紫荆花，日本的樱花，荷兰的郁金香等。

4. 建筑

各组织代表性的建筑或形成统一风格的建筑群。如北京的天安门，法国的铁塔。

五、色调

色调是每个组织按照各自的性质、功能、理念和审美习惯而统一确定的基本颜色与格调。色调能增强美感、视觉刺激感，给人带来美好的艺术享受，它对表意和记忆有一定的意义。如中国传统文化中红色的吉利、蓝色的高雅、白色的净洁、绿色的和悦畅达等。

每个组织的产品可以选择一、两种标准色显示形象特征，蕴藏一定的涵意。如：国旗的红，航空的蓝，医疗的白，邮政的绿；可口可乐的红，富士胶卷的绿、意大利的蓝，巴西的黄，荷兰的橙等。各个国家、各个组织、各个产品，都有不同的颜色标志。

六、乐歌

音乐与歌曲带来的听觉感受，不同于视觉感受，但其宣传功能不可忽视，有的十分重要。如国家的国歌，军队的军歌，校园的校歌，企业的厂歌，还有广告的配乐，其传播效果和宣传价值很大。

七、设计技术手段的综合运用

上述各种设计的基本元素在具体使用中，往往是多种方式有效组合，其内涵多样，表现多彩，更富形象的效果。如香港回归的标志图案是由数字"97"加紫荆花等构成的；北京奥运徽标是由"京"字、人形、舞动、印章再加中英文组成的；中国的探月工程由弯月加上人的脚印构成。上海世博会会徽是用书法写成的"世"字，细看又是由合臂相拥的三个人组合而成，表达世博会"理解、沟通、欢聚、合作"的理念。

八、设计的要求

形象设计不管使用什么技术手段，不管是两种和多种元素的组合，都应遵循以下基本原则要求：

1. 简洁

设计的图像简单，一看就明白，好记忆，好流传，容易在观众心目中打下烙印。

2. 有内涵

设计的各元素包含一定的内涵，特别是文化色彩，不能过于单薄、肤浅。

3. 个性化

每个设计有自己的特色、自己的独特创造，不要停留在一般的共性上。

【案例与点评】

案例：北京奥运会吉祥物的设计与诞生

1. 北京奥运会五大吉祥物

北京奥运会吉祥物昨晚正式公布，北京奥组委对这组融儿童与动物于一体的五个娃娃形象组成的吉祥物进行了解读。

"福娃"是北京2008年奥运会吉祥物，其色彩与灵感来源于奥林匹克五环、来源于中国辽阔的山川大地、江河湖海和人们喜爱的动物形象。福娃向世界各地的孩子们展现友谊、和平、积极进取的精神，传递人与自然和谐相处的美好愿望。

"福娃"是五个可爱的亲密小伙伴，他们的造型融入了鱼、大熊猫、藏羚羊和燕子以及奥林匹克圣火的形象。每个娃娃都有一个朗朗上口的名字："贝贝"、"晶晶"、"欢欢"、"迎迎"和"妮妮"。当把五个娃娃的名字连在一起，你会读出北京对世界的盛情邀请："北京欢迎你"。

"福娃"的原型和头饰蕴含着其与海洋、森林、火、大地和天空的联系，应用了中国传统艺术的表现方式，展现了灿烂的中华文化。

"福娃贝贝"传递的祝福是繁荣。在中国传统文化艺术中，"鱼"和"水"的图案是繁荣与收获的象征，贝贝温柔纯洁，是水上运动的高手，和奥林匹克五环中的蓝环相互辉映。

"福娃晶晶"是一只憨态可掬的大熊猫,无论走到哪里都会带给人们欢乐。晶晶来自广袤的森林,象征着人与自然的和谐共存,他的头部纹饰源自宋瓷上的莲花瓣造型。晶晶憨厚乐观,充满力量,代表奥林匹克五环中黑色的一环。

"福娃欢欢"是福娃中的大哥哥。他是一个火娃娃,象征奥林匹克圣火。欢欢是运动激情的化身,他将激情播撒世界,传递更快、更高、更强的奥林匹克精神。所到之处,洋溢着北京2008对世界的热情。欢欢的头部纹饰源自敦煌壁画中火焰的纹样,代表奥林匹克运动五环中红色的一环。

"福娃迎迎"是一只机敏灵活、驰骋如飞的藏羚羊,他来自中国辽阔的西部大地,将健康的美好祝福传向世界。迎迎的头部纹饰融入了青藏高原和新疆等西部地区的装饰风格,代表奥林匹克五环中黄色的一环。

"福娃妮妮"来自天空,是一只展翅飞翔的燕子,妮妮把春天和喜悦带给人们,飞过之处播撒"祝你好运"的美好祝福。天真无邪、欢快矫捷的妮妮代表奥林匹克五环中绿色的一环。

2. 把祝福带给世界——"中国福娃"诞生记

11日夜,北京工人体育馆吸引了全球关注的目光。第29届奥林匹克运动会吉祥物——"中国福娃"揭开了神秘的面纱,正式亮相。

北京奥运会吉祥物征集从去年8月5日开始,到12月1日止。北京奥组委收到有效参赛作品662件。其中,中国内地作品611件,占总数的92.3%;港澳台作品12件,占总数的1.8%;国外作品39件,占总数的5.9%。征集作品中,既有公众十分熟悉的大熊猫、美猴王、藏羚羊和麋鹿等形象,也有许多表现力鲜明、风格独特的新造型。

吉祥物征集活动得到全社会的广泛关注。奥组委共收到建议来信和业余设计稿3000多件,咨询电话也多达数千个。许多省市自治区还掀起了吉祥物的征集热潮,众多网民自发地进行北京奥运会吉祥物的网上推荐和评比。

北京奥运会吉祥物方案的产生凝聚了众多艺术家和社会各界代表的心血,是集体智慧的结晶。

从12月下旬开始,奥组委多次召开专题会议进行研究,提出修改意见。众多艺术家参与了吉祥物的创作和修改研讨。在集思广益的基础上,由推荐评选委员会推荐成立的修改创作小组组长、著名艺术家韩美林执笔,最终完成了吉祥物方案的设计。

2005年3月11日,由韩美林担任组长,集中了国内工艺美术、三维动画设计、玩具制作等方面9名专家组成的吉祥物修改创作小组,驱车奔赴北京远郊的怀柔雁栖山庄,在这里进行了两个星期的封闭式修改和创作。

3月29日至6月9日,北京奥运会吉祥物的修改和创作进入主攻阶段。工作地点搬到了位于北京东郊通州的韩美林工作室。在这里,作品的细化工作得到完善。封闭创作期间,修改小组进行了艰苦的艺术探索,韩美林两次因病住院,紧急治疗后马上返回创作地继续夜以继日地工作,表现了高度的爱国热情和忘我的奉献精神。

6月9日,北京奥组委第54次执委会一致审议通过了修改后的吉祥物方案。8月18日,吉祥物设计方案通过国际奥委会审核。之后,又完成了国内、国际知识产权注册登记保护工作。

点评:

这篇北京奥运会吉祥物诞生记的案例,由两部分组成。

第一部分如实记载了奥运吉祥物诞生的过程:从2007年8月5日开始到12月1日止,共收到国内外参赛作品662件。公众提供的这些作品,既有中国传统可爱的动物形象,又有设计独特的造型之作。它凝结了广大社会公众的热心和关注。以此为基础,经过认真的评选及专家、艺术家们精心的修改、加工、创作,最终形成设计方案——5个可爱的中国福娃。这个方案获得北京奥组委和国际奥委会审核通过。

这部分采用纪实的方式,将北京奥运会吉祥物形成的全过程简明扼要地记载下来。它充分体现了中国人民的智慧和热心以及北京奥组委工作的细致认真。而同时出现5个吉祥物形象的做法,也突破了单一形象的传统,使吉祥物更加丰富多彩,突显北京奥运会的理念。

第二部分详细地说明了福娃的丰富意象。五个卡通福娃及鱼、大熊猫、藏羚羊、燕子、圣火头饰相融构成美好的造型,十分可爱。特别是五个福娃的命名,并利用中国文字意蕴与音韵,有机地组成了"北京欢迎您"的绝妙创意,把北京奥运的主题及中国人民的好客,用语言文字表露得鲜明清晰。

这部分使用创意性的手法,详细地诠释和深刻地揭示了五个福娃的含义,它对人启发良多,使人联想联翩。

总之,整个案例把国内外亿万公众所关爱的北京奥运吉祥物由整体到个体、由面到点地奉献出来。其写法"实"、"意"结合:"实"重在记载过程,给人以整体印象,写作风格朴实无华、大众化,让人一看就明白;"意"则重在揭示创意,使形象美好高远,体现创作者的智慧、文化传统和人文奥运、绿色奥运的理念。这篇案例短小精干,写得很有特色。

【练习设计】

1.分析比较下列各大学的校训(办学思想理念)。

北京大学:勤奋　严谨　求实　创新

清华大学:自强不息　厚德　载物

中山大学:博学　审问　慎思　明辨　笃行

北京师范大学:学为人师　行为世范

安徽大学:至诚　至坚　博学　笃行

剑桥大学:此乃启蒙之所　智识之源

哈佛大学:以柏拉图为友　以亚里斯多德为友　更要以真理为友

2.以《中国公共关系实用教程》封面设计为例:

(1)该封面设计使用了哪些具体的设计技术与手段(元素)?

(2)对各技术手段(元素)进行解释说明。

(3)对设计的整体效果作综合评价。

3.设计徽标

为你所熟悉的企业、学校或社团设计一个徽标(选择其一),并具体说明你所使用的设计技术手段和徽标所包含的丰富含义。

后语　为公共关系教与学铺好路

《中国公共关系实用教程》的组编

进入新世纪,安徽高校的公关学者、专家、教育管理家,曾多次联合省外公关界的各位同仁,编写了几本不同类型和用途的公关教材,有的在国内还获过奖,广大用书单位反映良好。

为了应对教育改革和社会人才需求的新变化,从去年开始,一些第一线的公关教师建议再编一本全新的、重实践操作、全心为学生服务的新书《中国公共关系实用教程》。在这本书的编写出版过程中,《公关世界》的一篇教材建设专文也对此作了简要的推介。

这本书主要是面向普通院校、高职院校公关基础课以及重点大学、理工大学素质教育公选课编写的。全书篇幅不长,但很实用。参加本书编写和工作的院校有:安徽大学、安徽城市管理职业学院、湖南商学院、湖南工程学院、南京财经大学、廊坊师范学院、集美大学、安徽中医学院、安徽医科大学、合肥学院、滁州学院、安庆师范学院、淮南师范学院、安徽文达职业信息学院、万博职业学院。

全书由丁乐飞、徐永森、刘建芬、钟瑶、陈锦伦、阿迎萍、杜娟、汪艳、徐小平主笔,联合各位合作者,历时一年完成出书。

《中国公共关系实用教程》的特色

以和谐理念为核心,顺应中央关于和谐社会的伟大决策,结合中国传统的和谐哲理和现实的国情,把公关教育融合于政治、经济、科学文化发展的大政之中,为社会组织和广大公众所用,充分地发挥公关的重要作用。

以实用为重心,把长期以来公关教学偏重理论的套路扭转过来,切实在实用上下功夫。为满足现实社会公关工作和人员培养的需求,大力倡导和提高学生的公关应用操作能力。因此,在编写时,尽量使理论与知识简洁化,对人际交往、礼仪文化、各项策划与工作,则加大书写量,把公关的经验和技术、技巧、组织工作放在突出的位置上。

以创新为原则,反复酝酿编制新体例、新框架、新系统。全书分 A、B、C 三大部分,共八章。每部分形成一个中心,每章设置本章提要、正文、案例与点评、练习设计栏目。新的体例既为老师课堂讲授和案例阅读分析以及具体实用的练习提供方便,同时便于学生从抽象到具体地获取经验与技能。

致 谢

本书在组织编写的过程中,得到一些热爱公共关系的人士和组织的大力支持和帮助,在此表示衷心的感谢!他们是:

  沈海军 丁 泉 沈新宇
  安徽高教公关教育研究中心

编写组
2011 年 3 月

主要参考文献

1. 张龙祥主编:《中国公共关系大百科全书》,中共中央党校出版社,2002。
2. 翟向东主编:《中国公共关系教程》,中国商业出版社,1994。
3. 熊源伟主编:《公共关系学》,安徽人民出版社,2003。
4. 居延安主著:《公共关系学》,复旦大学出版社,2001。
5. 丁乐飞、翟年祥主编:《公共关系教程》,安徽大学出版社,2004。
6. 李道平:《公共关系学》,高等教育出版社,2010。
7. 翟年祥、丁乐飞主编:《公共关系》,安徽大学出版社,2003。
8. 李兴国主编:《公共关系实用教程》,高等教育出版社,2002。
9. 余明阳主编:《现代公共关系实务大全》,企业管理出版社,1996。
10. 方宪玶等:《公共关系教程》,浙江大学出版社,2000。
11. 邢颖、曾宪植等:《社交与礼仪》,民族出版社,1993。
12. 廖为建主编:《公共关系学》,高等教育出版社,2000。
13. 陈先红:《现代公共关系学》,高等教育出版社,2009。
14. 郭惠民、居易主编:《公关员职业培训与鉴定教材》,复旦大学出版社,1999。
15. 斯科特·卡特李普等:《有效公共关系》,中国财政经济出版社,1988。
16. 萨姆·布莱克:《公共关系学新论》,复旦大学出版社,2000。